WORKBOOK/LABORATORY MANUAL
TO ACCOMPANY

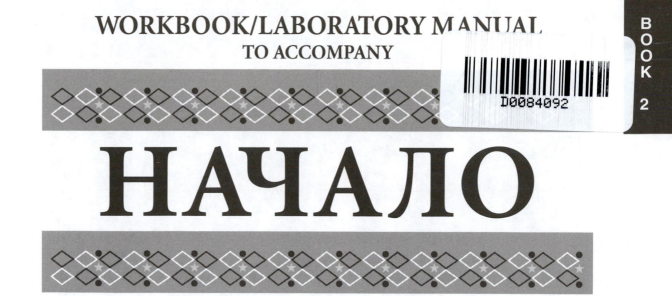

НАЧАЛО

Second Edition

WORKBOOK/LABORATORY MANUAL
TO ACCOMPANY

НАЧАЛО

BOOK 2

Second Edition

Ruth Warner
Windsor High School (Colorado)/
University of Northern Colorado

Larry McLellan
University of California, Santa Barbara

Gerard L. Ervin
Ohio State University, Emeritus

Sophia Lubensky
University at Albany/
State University of New York

Donald K. Jarvis
Brigham Young University

Boston   Burr Ridge, IL   Dubuque, IA   Madison, WI   New York   San Francisco   St. Louis
Bangkok   Bogotá   Caracas   Kuala Lumpur   Lisbon   London   Madrid   Mexico City
Milan   Montreal   New Delhi   Santiago   Seoul   Singapore   Sydney   Taipei   Toronto

McGraw-Hill Higher Education

*A Division of The **McGraw-Hill** Companies*

This is an ⓔ book.

Workbook/Laboratory Manual to accompany НАЧАЛО, Book 2

Published by McGraw-Hill, an imprint of The McGraw-Hill Companies, Inc.,
1221 Avenue of the Americas, New York, NY 10020. Copyright © 2002, 1996
The McGraw-Hill Companies, Inc. All rights reserved. No part of this publication may be
reproduced or distributed in any form or by any means, or stored in a data base or retrieval
system, without the prior written permission of The McGraw-Hill Companies, Inc.,
including, but not limited to, in any network or other electronic storage or transmission,
or broadcast for distance learning.

1 2 3 4 5 6 7 8 9 0 CUS CUS 0 9 8 7 6 5 4 3 2

ISBN 0-07-230952-0

Vice president/Editor-in-chief: *Thalia Dorwick*
Senior sponsoring editor: *Leslie Oberhuber*
Development editor: *Stacy Drew*
Senior marketing manager: *Nick Agnew*
Project manager: *David Sutton*
Senior production supervisor: *Rich DeVitto*
Compositor: *Interactive Composition Corporation*
Typeface: *10/12 Minion*
Printer: *Von Hoffman Graphics*
Illustrator: *Eldon Doty*

Grateful acknowledgment is made for use of the following:

Page 15, 16 Moy Mir; 88 Rovesnik; 133 L'Officiel; 210 Courtesy, European Medical Center,
used with permission; *241 Moy Mir; 281* "Used with permission from McDonald's Corporation."

http://www.mhhe.com

Contents

Preface

TO THE INSTRUCTOR

ORGANIZATION OF THE WORKBOOK/LABORATORY MANUAL

The purpose of this Workbook/Laboratory Manual is to give students additional opportunities to practice Russian outside of class. The setup of Lessons 8 through 14 is similar to that of Lessons 2 through 7 in the Workbook/Laboratory Manual to accompany **НАЧАЛО** Book 1:

Часть первая/вторая/третья/четвёртая
- Работа дома (*Homework*)
    - Письмо (*Written exercises*)
        - Понимание текста
        - Grammar Points (including *reVERBerations*)
        - Перевод (*Translation*)
        - Повторение — мать учения (*Practice makes perfect*)
        - Ситуации (*Situations*)
        - Ваша очередь! (*It's your turn!*)
        - Сочинение (*Composition*)
        - Fun with grammar! Case review (at end of Part 4 only)
    - Работа в лаборатории (*Laboratory exercises*)
        - Диалоги (*Dialogues*)
            - Диалог 1
            - Диалог 2
        - Аудирование (*Listening comprehension*)
            - Three or more listening exercises
        - Говорение (*Speaking drills*)
            - Three or more speaking exercises

Like the main text, Lessons 8 through 14 of the Workbook/Laboratory Manual are divided into Parts (**Части**), thus allowing students to work concurrently on assignments in corresponding sections. The optional Epilogue is divided into three scenes, each of which has three Workbook exercises (**Понимание текста,** one content-based activity, and **Сочинение**) and two Audio Program activities (one **Диалог** and one **Аудирование** exercise). The Audio Program, which is also available on either audio cassettes or audio CDs for students to purchase, must be used with the Laboratory Exercises.

About the Workbook Exercises

The Workbook exercises section of each **Часть** opens with the **Понимание текста,** an exercise that checks students' comprehension of the reading that appears in the corresponding **Часть** in the main text. These exercises occur in a variety of formats including true/false, sentence completion, and matching.

The discrete grammar points are practiced in the same order as they occur in the main text. At least one exercise is provided for each point. Although many of the exercises have been contextualized, most of the formats are traditional: question/answer, fill-in-the-blank, and so forth.

At the end of each **Часть** is a series of exercises that reviews vocabulary and grammar in a holistic manner. The first exercise is a short **Перевод** (*Translation*). Following the **Перевод** is the **Повторение — мать учения** (*Practice makes perfect*) exercise, which is a cloze passage based on the reading in the corresponding **Часть.** The missing words are listed in dictionary form alongside the exercise, and students must place them in the appropriate blank in the correct declined or conjugated form. Next is the **Ситуации** (*Situations*) exercise, for which students must provide a Russian question or statement appropriate for the situation given. Then there is **Ваша очередь!** (*It's your turn!*), which asks a series of personalized questions to which students must respond. The last of the written exercises is **Сочинение** (*Composition*), which allows students to creatively combine vocabulary and grammar from the current **Часть** with that from previous lessons. It also helps prepare students for the composition portion of the corresponding lesson test. At the end of the fourth **Часть** only is **Fun with grammar! Case review,** a crossword puzzle that reviews and consolidates case material covered through that lesson.

About the Audio Program

Each Audio Program (available on either CD or cassette) contains all of the Laboratory exercises as they appear in the Workbook/Laboratory Manual. A written version of the Laboratory exercises, including the dialogues and the cues for the listening comprehension exercises and speaking drills, can be found in the Audioscript that appears in the Instructor's Manual.

The Laboratory exercises begin with the **Диалоги.** These functional dialogues, which appear in the corresponding **Части** of the main text, have been recorded to provide students with additional listening and speaking practice. The **Диалоги** are practiced in three phases: (1) pauses for students to repeat each line of the dialogue, (2) pauses in which students speak the lines of the second speaker, and (3) pauses in which students speak the lines of the first speaker. Following each **Диалог** is at least one printed comprehension question.

After the dialogues are several listening comprehension exercises (**Аудирование**) in various formats. Some exercises focus on a particular problem in pronunciation; others ask students to perform a specific task or answer questions based on information that they hear. The answers for these exercises are provided in the Answer Key, which is part of the Instructor's Manual.

The Laboratory exercises conclude with several speaking drills (**Говорение**). Here students are required to respond verbally to an aural and written cue. After a pause, the correct answer is given as part of the recorded material. Because students are given immediate feedback on the recording, the answers are not included as part of the Answer Key.

NEW TO THIS EDITION

This edition of the **НАЧАЛО** Workbook/Laboratory Manual has been revised, incorporating new art as well as new exercises, to provide students with more exposure to spoken and written Russian in addition to enhancing students' studies outside of class. Below is a list of new exercises in the order in which they appear in each **Часть:**

- **Повторение — мать учения** (*Practice makes perfect*) These activities consist of cloze passages based on the corresponding readings in the main text. The missing words are listed in dictionary form alongside each exercise, and students must place them in the appropriate blank using the correct declined or conjugated form.
- **Ситуации** (*Situations*) Here students are asked to provide a Russian question or statement appropriate for the given situation.
- **Ваша очередь!** (*It's your turn!*) These exercises present a series of personalized questions to which students must respond.
- **Сочинение** (*Composition*) Brief writing assignments such as these allow students to creatively combine vocabulary and grammar from the current **Часть** with that from previous lessons. They also help students prepare for the composition portion of the corresponding lesson test.
- **Fun with grammar! Case review** These activities appear only at the end of the fourth **Часть** of each lesson. The exercises contain crossword puzzles that review and consolidate case material covered through that lesson.
- **Говорение** (*Speaking drills*) New to the Laboratory Manual, the speaking drills require students to respond verbally to an aural and written cue. After a pause, the correct answer is given as part of the recorded material.

SUGGESTIONS FOR ASSIGNING THE WORKBOOK AND LABORATORY MATERIAL

We highly recommend that you assign the Workbook and Laboratory Manual activities for a given grammar topic as you cover the corresponding topics of the text in class. Once students have become familiar with the new vocabulary and structures presented in the reading portion of a **Часть,** we recommend that they listen to the recordings of functional dialogues (which take about five minutes). These dialogues present only vocabulary and structures already encountered in the reading or in earlier lessons. You can assign the **Аудирование** and **Говорение** exercises as the final activities for that **Часть,** though some students may find they can do them easily before that time.

If students do this outside preparation faithfully, it should not be necessary to spend class time doing "listen and repeat" work except, perhaps, for an occasional checkup to determine their progress. Class time can then be used for guided practice and communicative, interactive activities, in which instructor monitoring and on-the-spot feedback are irreplaceable.

An Answer Key to the exercises that focus on grammatical forms in this Workbook/Laboratory Manual can be found in the Instructor's Manual. You may wish to provide students with a copy of the Answer Key to facilitate independent study and self-checking. Another possibility is to provide students with an abridged Answer Key containing answers to only the first few items in each grammatical exercise so that they can make sure they understand the topic (and review the grammar explanations in the textbook, if necessary) before completing the remaining items.

ACKNOWLEDGMENTS

The authors of **НАЧАЛО** would like to express their heartfelt appreciation to Tatiana Smorodinskaya, whose tireless work on the first edition provided a solid foundation for this book, and to Anelya Rugaleva, Valentina Lebedeva, and Nelly Zhuravlyova, who read the manuscript of the Book 2 Workbook/Laboratory Manual for authenticity of language and provided many constructive suggestions for improving it. Further thanks are due Jennifer Bown of The Ohio State University for preparing the Answer Key. We would also like to thank Stacy Drew and David Sweet, who put in many hours of careful editorial work, and Rich DeVitto and David Sutton, who shepherded this Workbook/Laboratory Manual through production. Finally, we would like to express our gratitude to Thalia Dorwick, William R. Glass, and Leslie Oberhuber for their many developmental suggestions and ongoing support in this project.

TO THE STUDENT

There is probably no more important key to success in language learning than regular, daily, and systematic contact with the language. You can learn Russian with success by conscientiously preparing your homework assignments, whether they are from your instructor, the main text, or this Workbook/Laboratory Manual. For every hour you spend in class, you should plan on spending at least another hour each day outside of class.

ACCOMPLISHING YOUR DAILY WORK

It is important that you do all exercises and other class work on time, as it is assigned. Your instructor will be coordinating each day's classroom work on the assumption that you have done the assignment for that day and previous days. If you fall behind on those assignments, you will find it difficult to keep up with the class and to participate fully in class activities.

DOING THE WRITTEN EXERCISES

The exercises in this Workbook/Laboratory Manual are intended to be done outside of class. There is at least one Workbook exercise for each grammar point in the main text. Be sure to write out all your answers in full. Once you've become familiar with a grammar point, you can apply it to classroom activities, which are often of a real-life, communicative nature.

LEARNING FROM YOUR MISTAKES

Language is perhaps the most complex form of observable human behavior. In learning a new language, therefore, you'll find that mistakes are inevitable. Don't be distressed by them, but rather learn from them. When you correct your written work (or when you receive corrections from your instructor), whether it is an in-class assignment, a homework assignment, or a test, go over the corrections carefully and mark your mistakes in a distinctive color so that you can review them easily.

REVIEWING

When you have completed an exercise in this Workbook/Laboratory Manual and it has been corrected, keep it handy so that you can look at it over the next few days. Pay particular attention to reviewing your errors so that you can learn from them. Over the longer term, keep all of your corrected written work in a special file or binder. If you file all of your corrected assignments and tests, you will be able to locate them quickly whenever you need to review them.

USING THE AUDIO PROGRAM

For each lesson in the main text, there is a corresponding audio CD or cassette that runs approximately forty-five to fifty minutes. You should listen to this recording section by section, several times per section, over the days that you are working on a given **Часть** (*Part*). Many students find that they learn the words to popular songs effortlessly just by hearing them often on the radio; you can learn Russian the same way by listening to your Audio Program again and again. You might follow a schedule like this:

As you work through each **Часть** (Part) *of a lesson:* Listen to the first portion of the audio CD or cassette, where the functional dialogues (**Диалоги**) (which also appear in the main text for in-class work) are read aloud by native speakers of Russian. Each **Диалог** is first read in its entirety; it is then broken down into individual lines, with pauses for you to repeat or take a speaker's role.

Following each **Диалог** is at least one question about the grammar, vocabulary, or content of the dialogue. Don't be satisfied, however, with simply answering the question; rather, go back and listen to the dialogue again. The more often you listen to the **Диалоги,** the more comfortable you will become with their grammar, vocabulary, intonation patterns, word stress, and content. In particular, you should try to approximate the speakers' intonation and rate of speech. Don't worry about perfection; just try to come as close as you can.

As you complete each **Часть** (Part) *of a lesson:* After the last **Диалог** in each **Часть** there are several listening comprehension exercises (**Аудирование**) that will give you further practice in understanding Russian. As with the **Диалоги,** listen to each **Аудирование** as often as you need to; do not feel that you must "get it" the first time around.

Following the listening comprehension exercises are several speaking drills (**Говорение**). Once again, perform each exercise as often as you need to. Check your responses with the given responses on the recording. If at first you are not sure how to respond, listen to the given responses, then go back and try again. Do the exercise again the next day to see if you are able to respond more quickly. Before the oral portion of your test, go back and review all the speaking exercises.

ESTABLISHING A DAILY ROUTINE

Most students find it helpful to do their class preparation (written homework, lab work, studying with a friend, and so forth) on a fixed schedule. Pick a convenient time each day to prepare your Russian work; then stick to that schedule. For example, if you will be listening to the audio CDs or cassettes in your school's language laboratory, you might make that part of your daily routine. Go to the lab and listen to the appropriate portion of the recorded program several times as needed. Then do your written homework, while still in the lab. Finish up your daily study session by reviewing the same portion of the recorded program again. The entire process will probably take no more than one hour each day. In this way, you will have heard each portion of the lab program several times. Each day you should also listen to the reading on the Listening Comprehension audio CD or cassette (supplied with the main text) that corresponds to the **Часть** you are currently working on.

If you faithfully follow a daily schedule of outside preparation, including doing your assigned written homework, reviewing errors on corrected papers, and reviewing the audio CDs or cassettes, you will find that in only a few days what may have at first sounded like incomprehensible gibberish will have become familiar and understandable. Then you know that you're ready to move on!

МОСКОВСКАЯ ЖИЗНЬ

УРОК 8

ЧАСТЬ ПЕРВАЯ
Ле́на идёт на свида́ние

РАБОТА ДОМА (*Homework*)

ПИСЬМО (*Written exercises*)

Понима́ние те́кста

А.   Each of the following statements about the reading on pages 3–4 of your textbook is false. Review the reading, then rewrite the sentences correctly.

1. Ната́лья Ива́новна говори́т по телефо́ну.

   _____

2. Серге́й Петро́вич спра́шивает, куда́ идёт Ле́на.

   _____

3. Ле́не то́лько девятна́дцать лет.

   _____

4. Ле́на и Во́ва опя́ть ссо́рятся (*are arguing*).

   _____

5. Серге́й Петро́вич зна́ет, куда́ идёт Ле́на.

   _____

6. Серге́й Петро́вич ду́мает, что Ле́на идёт на свида́ние с Джи́мом.

   _____

7. Бе́лка уже́ четвёртый день ничего́ не ест.

   _____

8. Ната́лья Ива́новна не ве́рит Во́ве.

   _____

Making inquiries: спра́шивать / спроси́ть and задава́ть / зада́ть вопро́с

Б. Fill in the blanks with the correct forms of the verbs **спра́шивать / спроси́ть** or **задава́ть / зада́ть.** The first one has been done for you.

Мои́ друзья́ Ри́та и Ди́ма о́чень лю́бят _____ задава́ть _____ (*to ask*) вопро́сы на́шему

учи́телю англи́йского языка́. Иногда́ они́ _____[1] (*ask*) хоро́шие и интере́сные

вопро́сы, но ча́сто их вопро́сы о́чень стра́нные (*strange*). Вчера́ они́ _____[2]

(*asked*), где живу́т его́ роди́тели. Ри́та _____[3] (*asked*), как зову́т его́ жену́ и

соба́ку, а Ди́ма _____[4] (*asked*), где и когда́ он роди́лся. Ка́ждый день они́

_____[5] (*ask*), что он бу́дет де́лать ве́чером. Сего́дня они́ опя́ть

_____[6] (*asked*) ему́ э́тот вопро́с. Он сказа́л: «Почему́ вы всегда́

_____[7] (*are asking*) мне вопро́сы? Вы хоти́те знать, что я бу́ду де́лать ве́чером?

_____[8] (*Ask*) свои́х отцо́в (*your fathers*)! Мы с жено́й (*My wife and I*) сего́дня

ве́чером бу́дем говори́ть о вас!» Интере́сно (*I wonder*), како́й вопро́с Ри́та и Ди́ма ему́

_____[9] (*will ask*) за́втра.

В. How would you translate the following sentences into Russian?

1. May I ask you a question?

   _____

2. Tanya asked if [*use the conjunction* **ли**] I recognized her yesterday.

   _____

3. My parents asked if I'm going on a date.

   _____

4. Kristina asked an interesting question.

   _____

5. Masha, ask him when he's leaving.

   _____

Vocabulary building: «-ость» nouns

Г. What noun could you form from the adjective on the left? Write the noun in the blank provided. Then match the noun with the appropriate definition on the right.

ОБРАЗЕЦ: аккура́тный _____аккура́тность_____ ___е___ а. specialty

1. элега́нтный _____ _____ б. triviality

2. логи́чный _____ _____ в. elegance

3. молодо́й _____ _____ г. popularity

4. популя́рный _____ _____ д. fatality

5. реа́льный _____ _____ ~~е. accuracy~~

6. специа́льный _____ _____ ж. logicality

7. субъекти́вный _____ _____ з. difficulty

8. тривиа́льный _____ _____ и. formality

9. тру́дный _____ _____ к. subjectivity

10. фата́льный _____ _____ л. youth

11. форма́льный _____ _____ м. reality

Going places: идти́ / пойти́ and éхать / поéхать

Д. In each of the two sets of questions below, match the questions on the left with the most appropriate answer on the right. The second set of questions has one extra answer in the right-hand column.

ОБРАЗЕЦ: О́ля и На́стя, куда́ вы идёте? ___б___

1. Мари́я, куда́ ты идёшь? _____ а. Я ду́маю, она́ поéхала в

2. Ма́ма и па́па до́ма? _____   Герма́нию на конферéнцию.

3. Где Вади́м? _____ ~~б. Мы идём в кино́.~~

4. Ви́ка, куда́ ты éдешь? _____ в. Нет, они́ пошли́ в зоопа́рк.

5. Ты зна́ешь, почему́ Надéжды г. В Но́вгород.

    Ви́кторовны сего́дня нет? _____ д. В теа́тр.

    е. Он пошёл на футбо́льный матч.

* * * * * * * * * * * *

6. Где на́ши сосéди? _____ ж. Я не могу́, я иду́ на свида́ние.

7. Ты не ви́дел Серёжу и Са́шу? _____ з. Ви́дел. Они́ шли на дискотéку.

8. Ва́ня, хо́чешь пойти́ в кино́? _____ и. В Амéрику.

9. Куда́ вы поéдете лéтом? _____ к. Да, я éду в аэропо́рт.

10. Ты зна́ешь, куда́ пошла́ твоя́ л. Я ду́маю, она́ пошла́ к подру́ге.

    сестра́? _____ м. Они́ поéхали в Петербу́рг.

Е. The students in your study-abroad group have all taken off for the day. Choose from the destinations in the box and tell where they have gone. Decide whether you will need **пойти** or **поехать** and remember that they would walk if they went someplace in town. Cities are marked with an asterisk. Remember also to choose the correct preposition «**в**» or «**на**».

кино́   ~~библиоте́ка~~

~~*Во́логда~~   зоопа́рк   *Яросла́вль

*Кострома́   Истори́ческий музе́й

*Ту́ла

футбо́льный матч   свида́ние

ОБРАЗЕ́Ц: Тим __пошёл в библиоте́ку.__   Суса́нна __пое́хала в Во́логду.__

1. Ке́лли _____

2. Бри́ттани _____

3. Майк и Боб _____

4. Кри́стофер _____

5. Ка́ролайн _____

6. Дже́ннифер и Том _____

7. Ро́бин и Джу́ля _____

8. Джеф _____

Destination and location: Я иду́ к ба́бушке, я был (была́) у ба́бушки

Ж. Rephrase your classmates' sentences so that instead of saying, "She was at . . . ," you'll say, "She went to . . . ," and vice versa. Remember that the prepositions «**у**» and «**к**» require different cases.

ОБРАЗЕ́Ц: ДА́ША. «Я ходи́ла к ба́бушке.» __Да́ша была́ у ба́бушки.__

МИ́ША. «Я был у дру́га.» __Ми́ша ходи́л к дру́гу.__

1. БО́РЯ. «Я ходи́л к сестре́.» _____

2. И́РА И О́ЛЯ. «Мы бы́ли у сосе́да.» _____

3. ТА́НЯ. «Я была́ у дя́ди Пе́ти.» _____

4. СО́НЯ. «Я ходи́ла к но́вому америка́нскому студе́нту.» _____

_____

5. НА́ДЯ И АЛЁША. «Мы ходи́ли к Ири́не Петро́вне.» _____

_____

6. СЕРЁЖА. «Я был у неме́цкой аспира́нтки.» _____

7. ВА́НЯ И ТО́ЛЯ. «Мы бы́ли у Бори́са Ви́кторовича.» _____

_____

8. МАРИ́НА. «Я ходи́ла к тёте Ни́не.» _____

З. Fill in the blanks with the appropriate preposition: «**в**», «**на**», «**к**», or «**у**». The first one has been done for you.

Вчера́ Анто́н весь день был не до́ма. У́тром он был ___в___ це́нтре го́рода. Он был два часа́

_____¹ универма́ге, а пото́м пошёл _____² по́чту, _____³ кни́жный магази́н и _____⁴ кафе́.

_____⁵ кафе́ он встре́тил (*met*) сестру́, и они́ вме́сте пошли́ _____⁶ ба́бушке. _____⁷ ба́бушки они́

бы́ли час, а пото́м пошли́ _____⁸ стадио́н _____⁹ футбо́льный матч. Пото́м сестра́ пошла́ _____¹⁰

подру́ге _____¹¹ общежи́тие, а Анто́н пошёл _____¹² дру́гу. _____¹³ дру́га он был то́лько три́дцать

мину́т. Они́ вме́сте пошли́ _____¹⁴ дискоте́ку, а _____¹⁵ дискоте́ке они́ бы́ли пять часо́в!

И. Here is a page from Professor Sidorov's calendar. He has planned his day carefully. Using the prepositions «**в**», «**на**», and «**к**», describe where he'll go. Give the events in order and you will not have to indicate A.M. or P.M. since the time is established in the example sentence.

7.00	~~клуб здоро́вья~~	2.30	врач
9.30	университе́т	4.00	библиоте́ка
11.00	О́льга Алексе́евна	5.00	мать
12.00	кафе́	6.30	япо́нский аспира́нт
1.00	по́чта	8.00	конце́рт

ОБРАЗЕ́Ц: В 7 утра́ профе́ссор Си́доров пойдёт в клуб здоро́вья.

1. _____
2. _____
3. _____
4. _____
5. _____
6. _____
7. _____
8. _____
9. _____

reVERBerations: Verbal aspect

К. Fill in the blanks in the second half of each sentence with the appropriate future perfective form of the verb used in the first half.

ОБРАЗЕ́Ц: Сего́дня я **смотрю́** футбо́льный матч по телеви́зору, а за́втра

_____посмотрю́_____ бале́т.

1. В четве́рг мой оте́ц **открыва́ет** но́вый магази́н в на́шем райо́не, а в ию́не он

_____ магази́н в це́нтре го́рода.

2. Я ча́сто **получа́ю** откры́тки от ба́бушки. Мой день рожде́ния на бу́дущей неде́ле, поэ́тому я уве́рена,

что _____ откры́тку от неё.

3. Ми́ша сего́дня **пла́тит** за обе́д, а че́рез две неде́ли ты _____, а че́рез ме́сяц

   я _____ .

4. Ве́ра **продаёт** мне кре́сло. Я наде́юсь (*hope*), что Ли́да мне _____ дива́н.

5. Валенти́на Петро́вна нам **сдаёт** ко́мнату зимо́й и весно́й, но ле́том она́ её

   _____ америка́нцу из Мичига́на.

6. Не беспоко́йся (*Don't worry*), всё бу́дет сде́лано (*done*). Ви́дишь, я **чиню́** то́стер, а в суббо́ту

   _____ пылесо́с.

7. Джо́нни, как ты до́лго пьёшь молоко́! Так ты его́ никогда́ не _____ !

Перево́д (*Translation*)

Л. Translate the following dialogue into Russian.

"Vera, where are you going?"
"I'm going to Oleg's [house]."
"Are you (*plural*) going to the movies?"
"Why do you always ask me such questions? What business is it of yours?"

_____

_____

_____

_____

_____

Повторе́ние — мать уче́ния (*Practice makes perfect*)

М. Following is a summary of the reading in Part 1. Fill in the blanks with words that maintain the context of the reading. You will have to change the form of some of the words. Use each word only once. The events are retold in the present tense, as they occur in the reading. Events that happen after the action of the reading will call for the corresponding future tense (marked with two asterisks**).

Че́рез де́сять мину́т Ле́на ухо́дит на _____ .[1]	задава́ть
Её мать _____ ,[2] куда́ она́	идти́
_____ ,[3] но Ле́на не хо́чет говори́ть.	пойти́
Она́ про́сит мать не _____ [4] ей э́тот вопро́с.	пра́во
Ле́на ду́мает, что она́ име́ет _____ [5] име́ть свои	принести́
_____ .[6] Во́ва ду́мает, что она́ идёт на свида́ние с	проси́ть
Джи́мом. Он наде́ется (*hopes*), что они́ _____ [7]**	свида́ние
в рестора́н. Он _____ [8]	секре́т
Ле́ну _____ [9] что́-нибудь вку́сное для Бе́лки.	спра́шивать

Ситуа́ции (*Situations*)

H. How would you . . .

1. say that your history instructor [instructor of history] asked why you were studying in Russia?

   _____

2. tell your classmate not to ask you that question?

   _____

3. ask your host parents if they are going to the Bolshoi Theater this evening?

   _____

4. say that your neighbor went to the airport?

   _____

5. say that your father went to the doctor and then to work?

   _____

6. ask your classmate if he was at Stepan's place today?

   _____

7. say that you are going to Anya's?

   _____

8. say that in the summer you are going to Germany?

   _____

Ва́ша о́чередь! (*It's your turn!*)

O. Answer the following questions.

1. Куда́ ты пойдёшь за́втра ве́чером?

   _____

2. Куда́ ты пое́дешь ле́том?

   _____

3. Ты ча́сто задаёшь вопро́сы на заня́тиях?

   _____

4. Роди́тели ча́сто спра́шивают тебя́, куда́ ты идёшь?

   _____

5. Ты име́ешь пра́во име́ть секре́ты? А твои́ роди́тели име́ют пра́во всё знать о тебе́?

   _____

6. Ты ча́сто хо́дишь на свида́ние? Куда́?

   _____

Сочинéние (*Composition*)

П. Write a short paragraph (seven or eight sentences) about a busy day that you had recently. Ideas: Where did you go in the morning? Where did you go from there? Where did you go in the afternoon? How long were you there? Did you go to a friend's house or to an instructor's office? When did you finally arrive home?

_____

_____

_____

_____

_____

_____

_____

_____

РАБОТА В ЛАБОРАТОРИИ (*Laboratory exercises*)

ДИАЛОГИ (*Dialogues*)

Диалог 1 Кудá вы идёте? (Asking where someone is going)

AA. Follow along as you listen to the dialogue.

ЍРА.	Вéра, Серёжа, кудá вы идёте?
СЕРЁЖА.	На стадиóн.
ЍРА.	А что там сегóдня?
СЕРЁЖА.	Баскетбóл.
ВÉРА.	Игрáет нáша комáнда (*team*).

- Now read and repeat aloud in the pause after each phrase.
- Now read the lines for Seryozha aloud.
- Now read the lines for Ira aloud.

1. How would Vera and Seryozha have replied if they were going to see their grandmother?

_____

2. What if they were going to the movies?

_____

Диалог 2 Куда́ ты идёшь? (Asking where someone is going)

ББ. Follow along as you listen to the dialogue.

АНТО́Н. Мари́на, ты ухо́дишь?

МАРИ́НА. Да, ухожу́. А что?

АНТО́Н. А куда́ ты идёшь?

МАРИ́НА. В университе́т, пото́м в библиоте́ку, а пото́м на стадио́н. Ме́жду про́чим, э́то не твоё де́ло (*it's none of your business*).

- Now read and repeat aloud in the pause after each phrase.
- Now read the lines for Marina aloud.
- Now read the lines for Anton aloud.

How would Marina have responded if she were going first to Ivan's place, then to a soccer game, then to a disco?

_____

_____

АУДИ́РОВАНИЕ (*Listening comprehension*)

ВВ. You will hear a series of questions. Choose the most appropriate response from the list below.

ОБРАЗЕ́Ц: Та́ня, куда́ ты идёшь?

1. _____ Мы пойдём в зоопа́рк.

2. _____ Они́ пое́хали в аэропо́рт.

3. _____ Ка́жется, он пошёл на стадио́н.

4. _____ Да, пять мину́т наза́д. Она́ шла на рабо́ту.

5. _Об._ На свида́ние с А́ликом.

6. _____ Нет, она́ пошла́ в кино́.

7. _____ В Ита́лию.

ГГ. Your study-abroad group had a meeting today and many questions were asked. Who asked what? Match the person's name with the question asked. The first one has been done for you.

1. Brandy _____г_____ a. "Where are we going Saturday evening?"

2. Shanna _____ б. "Why aren't we going to the Bolshoi Theater?"

3. Brandon _____ в. "Who will be going to Petersburg?"

4. Emily _____ г. ~~"What time are we going to the movies?"~~

5. Brianna _____ д. "Where are we going to stay in Petersburg?"

6. Chris _____ е. "When are we going to Kostroma?"

7. Kelly _____ ж. "What are we planning to do on Sunday?"

ДД. Listen to Nina tell about her day. Number the following locations in the order that she went to them. The first one has been done for you.

а. _____ the park д. _____ Professor Dmitriev's office

б. _____ Dasha's brother's place е. _____ the movies

в. _____ the post office ж. _____ the library

г. ___1___ a lecture at the university з. _____ Dasha's place

ГОВОРЕНИЕ (*Speaking drills*)

ЕЕ. How would you say that you will be going to the following places?

ОБРАЗЕЦ: *You hear and see:* (*Nina's place*)
You say: Я пойду́ к Ни́не.

or *You hear and see:* (*Germany*)
You say: Я пое́ду в Герма́нию.

1. (*the movies*) 6. (*Oleg's place*)
2. (*grandma's house*) 7. (*St. Petersburg*)
3. (*a date*) 8. (*the office*)
4. (*the airport*) 9. (*a soccer game*)
5. (*a meeting*) 10. (*Sveta's place*)

ЖЖ. Using the locations in Exercise **ЕЕ**, how would you say that the person in question *was at* that location rather than *went to* it?

ОБРАЗЕЦ: *You hear and see:* Мы ходи́ли к Ни́не.
You say: Мы бы́ли у Ни́ны.

or *You hear and see:* Мы е́здили в Герма́нию.
You say: Мы бы́ли в Герма́нии.

1. Та́ня ходи́ла в кино́. 6. Ли́да ходи́ла к Оле́гу.
2. Я ходи́ла к ба́бушке. 7. Студе́нты е́здили в Санкт-Петербу́рг.
3. Ве́ра ходи́ла на свида́ние. 8. Ма́ма ходи́ла в о́фис.
4. Мы е́здили в зоопа́рк. 9. Ми́тя ходи́л на футбо́льный матч.
5. Па́па ходи́л на собра́ние. 10. Мой брат ходи́л к Све́те.

33. How would you say that you have the right to do the following things?

ОБРАЗЕЦ: *You hear and see:* (*to have secrets*)
You say: Я име́ю пра́во име́ть секре́ты.

1. (*to ask you* [plural] *questions*) 4. (*to watch TV at 3 in the morning*)
2. (*to be late for classes*) 5. (*to sleep all day*)
3. (*to eat and drink when I want*) 6. (*to talk loudly*)

ЧАСТЬ ВТОРАЯ
Кого́ что интересу́ет

РАБО́ТА ДО́МА (*Homework*)

ПИСЬМО́ (*Written exercises*)

Понима́ние те́кста

А. Review the reading on pages 17–18 of your textbook and match the following sentence halves. Some numbers may be used more than once.

1.	Ве́ра Никола́евна	а.	_____ организова́л ру́сско-америка́нскую фи́рму.
2.	Дочь Ве́ры Никола́евны	б.	_____ в ноябре́ пое́дет в Лос-А́нджелес.
3.	У до́чери Ве́ры Никола́евны	в.	_____ роди́лся сын.
		г.	_____ интересу́ет бу́дущее до́чери.
4.	Муж Ве́ры Никола́евны	д.	_____ интересу́ют футбо́л и хокке́й.
5.	Джим	е.	_____ вы́шла за́муж за америка́нского бизнесме́на.
6.	У Ле́ны	ж.	_____ не бизнесме́н, он исто́рик.
7.	Серге́й Петро́вич	з.	_____ свида́ние с Джи́мом.
8.	Серге́я Петро́вича	и.	_____ живёт в Лос-А́нджелесе.
9.	Ната́лью Ива́новну	к.	_____ — сосе́дка Ната́льи Ива́новны.
		л.	_____ не слу́шает жену́.

In which month? В како́м ме́сяце?

Б. Answer the following questions according to the calendar year and your own experience.

ОБРАЗЕ́Ц: В како́м ме́сяце День благодаре́ния (*Thanksgiving*)?
<u>В ноябре́.</u>

1. В како́м ме́сяце Рождество́ (*Christmas*)? _____

2. В како́м ме́сяце Но́вый год? _____

3. В како́м ме́сяце День незави́симости (*Independence Day*)? _____

4. В како́м ме́сяце роди́лся президе́нт Вашингто́н? _____

5. В како́м ме́сяце начина́ется ле́то? _____

6. В како́м ме́сяце начина́ется весна́? _____

7. В како́м ме́сяце вы начина́ете учи́ться? _____

8. В каком месяце вы конча́ете учи́ться? _____

9. В каком месяце вы роди́лись? _____

10. В каком месяце родила́сь ва́ша ма́ма (сестра́, подру́га)? _____

11. В каком месяце роди́лся ваш па́па (брат, друг)? _____

Going places: *to leave* and *to arrive, come back*

B. Choose the correct verb to complete the following sentences.

1. (*Ira is interested in knowing how much time Yura spends at work, so her questions and his answers refer to his arrival at work and departure from there for home.*)

ЙРА. Когда́ ты обы́чно _____ª (ухо́дишь, прихо́дишь)

на рабо́ту и _____б (ухо́дишь, прихо́дишь) домо́й?

ЮРА. Я _____в (ухожу́, прихожу́) в 9 утра́ и

_____г (ухожу́, прихожу́) в 6 ве́чера.

2. БА́БУШКА. Лёня, ты _____ª (ухо́дишь, прихо́дишь)?

ЛЁНЯ. Нет ещё, я _____б (ухожу́, прихожу́) че́рез 20 мину́т.

БА́БУШКА. А когда́ ты _____в (уйдёшь, придёшь)?

ЛЁНЯ. Мо́жет быть, _____г (уйду́, приду́) в 7, а мо́жет

быть, в 8.

3. АНДРЕ́Й. Скажи́те, пожа́луйста, Ива́н Васи́льевич до́ма?

О́ЛЬГА ИВА́НОВНА. Нет, он уже́ _____ª (ушёл, пришёл).

АНДРЕ́Й. А когда́ он _____б (уйдёт, придёт)?

О́ЛЬГА ИВА́НОВНА. Не зна́ю. Вчера́ он _____в (ушёл, пришёл) в 6 часо́в.

Г. Below is a list of people and the times they usually arrive at the university and leave for home. How would you express this in Russian? All arrival times are in the morning, all departure times are in the afternoon or evening. This is not ordinarily indicated unless the given time differs from what is expected.

	ARRIVAL / DEPARTURE		ARRIVAL / DEPARTURE
Ва́ля	10.00 / 4.00	Ната́лья Степа́новна	8.00 / 7.00
Андре́й	9.00 / 3.00	Никола́й Миха́йлович	7.00 / 5.00
Ри́та	11.00 / 4.30	Алексе́й Леони́дович	8.30 / 6.00

ОБРАЗЕ́Ц: Ва́ля обы́чно прихо́дит в университе́т в 10 часо́в, а ухо́дит домо́й в 4 часа́.

1. _____

2. _____

3. _____

4. _____

5. _____

Д. Owing to various meetings, exams, field trips, and deadlines, tomorrow the same people mentioned in Exercise **Г** will have to arrive at work and leave at times other than the usual. How would you express this in Russian? Because the hours are not what one would expect, use **утра́, дня, ве́чера,** or **но́чи** to indicate whether the time refers to morning, afternoon, evening, or night hours. All A.M. times are marked below with an asterisk.

	ARRIVAL / DEPARTURE		ARRIVAL / DEPARTURE
Ва́ля	4.00 / 10.00	Ната́лья Степа́новна	3.00* / 1.00
Андре́й	1.00* / 2.00	Никола́й Миха́йлович	2.00* / 8.00
Ри́та	6.00* / 9.00	Алексе́й Леони́дович	11.00* / 7.00

ОБРАЗЕ́Ц: За́втра Ва́ля придёт в университе́т в 4 часа́ дня, а уйдёт домо́й в 10 часо́в ве́чера.

1. _____

2. _____

3. _____

4. _____

5. _____

Getting married

Е. You are writing a letter to some Russian friends who were formerly exchange students at your school. You want to tell them about all the recent marriages of the people they know. Use the constructions <**вы́йти за́муж за** + Accusative> and <**жени́ться на** + Prepositional> to tell who married whom in the pictures below. The personal names given are your friends so you would say, "John married so-and-so," not "so-and-so married John."

Ма́ртин и о́чень бога́тая (*rich*) же́нщина

Са́ндра и краси́вый хоккеи́ст

Стив и ру́сская балери́на

А́нджела и францу́зский бро́кер

А́лан и неме́цкая актри́са

Са́ра и молодо́й врач

Кристи́на и наш профе́ссор геогра́фии

ОБРАЗЕЦ: Кристи́на вы́шла за́муж за на́шего профе́ссора геогра́фии.

1. _____

2. _____

3. _____

4. _____

5. _____

6. _____

In what year? В како́м году́? and ordinals 40th–99th

Ж. Match the numerical form of each year with its written-out form. There are two extra choices on the right. The first one has been done for you.

1. ___ж___ В 72-о́м году́.

2. _____ В 47-о́м году́.

3. _____ В 96-о́м году́.

4. _____ В 58-о́м году́.

5. _____ В 65-ом году́.

6. _____ В 83-ем году́.

7. _____ В 50-ом году́.

8. _____ В 71-ом году́.

9. _____ В 42-о́м году́.

10. _____ В 94-ом году́.

11. _____ В 89-ом году́.

а. В се́мьдесят пе́рвом году́.

б. В во́семьдесят девя́том году́.

в. В девяно́сто четвёртом году́.

г. В шестидеся́том году́.

д. В пятидеся́том году́.

е. В девяно́сто шесто́м году́.

ж. ~~В се́мьдесят второ́м году́.~~

з. В со́рок второ́м году́.

и. В шестьдеся́т пя́том году́.

к. В девяно́сто восьмо́м году́.

л. В со́рок седьмо́м году́.

м. В во́семьдесят тре́тьем году́.

н. В пятьдеся́т восьмо́м году́.

3. How good is your knowledge of history? See how many years you can match with the correct event. The first one has been done for you.

1. В 40-о́м году́ ___м___   а. у́мер (*died*) Э́лвис Пре́сли.

2. В 53-ем году́ _____   б. на луну́ (*moon*) ступи́л (*stepped*) пе́рвый челове́к.

3. В 61-ом году́ _____   в. была́ катастро́фа в Черно́быле.

4. В 63-ем году́ _____   г. у́мер Ста́лин.

5. В 68-о́м году́ _____   д. в Москве́ откры́лся пе́рвый МакДо́налдс.

6. В 69-ом году́ _____   е. принц Чарльз жени́лся на Диа́не Спе́нсер.

7. В 73-ем году́ _____   ж. был путч в Росси́и.

8. В 77-о́м году́ _____   з. уби́ли (*killed*) президе́нта Джо́на Ке́ннеди.

9. В 80-ом году́ _____   и. постро́или (*built*) сте́ну в Берли́не.

10. В 81-ом году́ _____   к. Олимпи́йские и́гры бы́ли в Москве́.

11. В 86-о́м году́ _____   л. уби́ли Ро́берта Ке́ннеди и Ма́ртина Лю́тера Ки́нга.

12. В 90-ом году́ _____   ~~м. Уи́нстон Че́рчилль стал (*became*) премье́р-мини́стром~~

13. В 91-ом году́ _____   ~~Великобрита́нии.~~

н. ко́нчилась Вьетна́мская война́ (*war*).

И. Elizabeth Taylor is a legend of our time, known not only for her acting but also for her many husbands. Below is part of an article about the actress from the Russian magazine *Мой мир*. First answer the questions about Taylor and her family. Then construct several sentences in Russian, as directed, to tell your Russian classmates about this celebrity.

► Все дети Лиз носят фамилии отцов

Для Элизабет Тейлор семья всегда была важнее карьеры

Майкл, Кристофер, Лайза и Мария в один голос заявляют, что нисколько не страдали от того, что их мать часто разводилась и снова выходила замуж.

— У нас были прекрасное детство и юность, — уверены дети Элизабет Тейлор. Куда бы ни забрасывала их судьба вслед за матерью — в джунгли или в пустыню, — у них всегда был дом. Не было ни одного дня, чтобы нежная мамочка не поцеловала их на ночь.

Лиз никогда не впутывала детей в свои личные проблемы.

— Мы были окружены любовью, а о семейных драмах или попытках самоубийства узнавали позже всех остальных, — вспоминает Майкл Уайлдинг. Мать по-прежнему остается для него большим авторитетом.

Лайза и Мария Дочери Лиз Тейлор очень дружат между собой

Кристофер Уайлдинг Актер унаследовал у матери фиалковый цвет глаз

Майкл Уайлдинг Сын актрисы очень благодарен ей за любовь и заботу

1. What are the first names of Elizabeth Taylor's two daughters and two sons?

   _____

2. Whose last name do they have—hers or that of their respective fathers?

   _____

3. The children all feel they had a good childhood, in spite of Taylor's many divorces and marriages. What did they always have, no matter where they were? _____

4. You learned the expression **спасибо за...**, meaning *thanks for* .... Taylor's son Michael expresses thanks for his mother's love and care. What word does the author of the article use instead of **спасибо** to express Michael's gratitude? _____

5. How would you tell your Russian classmates about Taylor's first three marriages? Tell when she got married and to whom.

   a. _____

   б. _____

   в. _____

6. Your classmates know that Taylor married the famous actor Richard Burton but want to know when. How would you say when they married? (Use a complete sentence.) _____

   _____

Перево́д (*Translation*)

К.   Translate the following dialogue into Russian.

"Vera, are you leaving? Where are you going?"
"To the pharmacy. I have to buy aspirin."
"And then where will you go?"
"To my friend Sveta's. She recently got married."
"To whom?"
"To Misha Medvedev. Do you remember him?"
"Of course! We studied together at the institute."

_____

_____

_____

_____

_____

_____

_____

Повторе́ние — мать уче́ния (*Practice makes perfect*)

Л.   Following is a summary of the reading in Part 2. Fill in the blanks with words that maintain the context of the reading. You will have to change the form of some of the words. You will need to use one of the words twice. The events are retold in the present tense, as they occur in the reading. Events that happen outside the action of the reading, either before or after, will call for the corresponding past tense (marked with an asterisk*) or future tense (marked with two asterisks**).

Ната́лья Ива́новна и Серге́й Петро́вич сидя́т (*are sitting*) в гости́ной. Серге́й Петро́вич чита́ет газе́ту, а Ната́лья Ива́новна говори́т о	
_____¹ Ве́ре Никола́евне. Два го́да	выходи́ть / вы́йти
_____² дочь Ве́ры Никола́евны	е́хать / пое́хать
_____³* в Петербу́рг,	за́муж
_____⁴* с америка́нским бизнесме́ном и	интересова́ть
_____⁵* за него́ за́муж. Тепе́рь она́ живёт в	наза́д
Лос-А́нджелесе. В _____⁶ Ве́ра Никола́евна	ноя́брь
_____⁷** туда́. Ната́лья Ива́новна ду́мает, что,	познако́миться
мо́жет быть, Ле́на вы́йдет _____⁸ за Джи́ма.	сосе́дка
Но всё э́то Серге́й Петро́вич не слу́шает. Ка́жется, его́	
_____⁹ то́лько футбо́л.	

Ситуáции (*Situations*)

M. How would you . . .

1. ask a classmate if she's leaving for the university?

_____

2. ask a classmate when she usually arrives home?

_____

3. ask a classmate in what month she was born?

_____

4. say that your aunt married a Russian musician?

_____

5. say that your uncle married a French journalist?

_____

6. say that your brother was born in August?

_____

7. say that you started driving a car in '98?

_____

8. ask your Russian instructor if she was in Germany in '89?

_____

Вáша óчередь! (*It's your turn!*)

H. Answer the following questions.

1. В каком мéсяце ты родился (родилáсь)?

_____

2. В каком году́ ты родился (родилáсь)?

_____

3. В каком году́ ты нáчал (началá) ходи́ть в шкóлу?

_____

4. В каком мéсяце ты начинáешь учи́ться?

_____

5. Когдá ты обы́чно ухóдишь в университéт?

_____

6. Когдá ты обы́чно прихóдишь домóй?

_____

7. Что тебя́ интересу́ет?

_____

8. Тебé нрáвится, когдá идёт дождь? А когдá идёт снег?

_____

Сочинéние (*Composition*)

О.   Write a short paragraph (seven or eight sentences) about a day you had recently. Ideas: When did you leave for the university (or another destination)? What did you do there? And then where did you go? What did you do there? When did you arrive home?

_____

_____

_____

_____

_____

_____

_____

_____

_____

РАБОТА В ЛАБОРАТОРИИ (*Laboratory exercises*)

ДИАЛОГИ (*Dialogues*)

Диалог 1 Ты ухóдишь? (Discussing a departure)

АА.   Follow along as you listen to the dialogue.

ДИ́МА.	Сла́ва, ты ухóдишь? Кудá ты идёшь?
СЛА́ВА.	На пóчту. Мне нáдо купи́ть мáрки.
ДИ́МА.	А потóм кудá ты пойдёшь?
СЛА́ВА.	К дру́гу. Он недáвно жени́лся.
ДИ́МА.	Как зову́т егó жену́?
СЛА́ВА.	Ири́на, Йра. Онá óчень симпати́чная. Бóже мой, ужé четы́ре часá! Я опáздываю! Покá!

- Now read and repeat aloud in the pause after each phrase.
- Now read the lines for Slava aloud.
- Now read the lines for Dima aloud.

How would you say in Russian, "My goodness, it's already seven o'clock! We're late!"

_____

Диалог 2 Какóй прия́тный сюрпри́з! (Sharing personal news)

ББ.   Follow along as you listen to the dialogue.

О́ЛЯ.	Привéт, Сла́ва! Как я рáда тебя́ ви́деть!
СЛА́ВА.	О́ля! Какóй прия́тный сюрпри́з! Что у тебя́ нóвого?
О́ЛЯ.	Знáешь, я вы́шла зáмуж.
СЛА́ВА.	Что ты говори́шь! За когó?
О́ЛЯ.	За Волóдю Васи́льева. Сейчáс мы живём в Оренбу́рге, недáвно у нас роди́лáсь дочь.
СЛА́ВА.	Поздравля́ю (*congratulations*)! Рад за тебя́!

- Now read and repeat aloud in the pause after each phrase.
- Now read the lines for Slava aloud.
- Now read the lines for Olya aloud.

Rewrite the dialogue and switch the parts of Slava and Olya so that Slava has married a woman named **Ири́на Королёва.** They have just had a son and they now live in Petersburg.

СЛА́ВА. _____

О́ЛЯ. _____

СЛА́ВА. _____

О́ЛЯ. _____

СЛА́ВА. _____

О́ЛЯ. _____

АУДИРОВАНИЕ (*Listening comprehension*)

ВВ. During your stay in Russia your international group was always celebrating somebody's birthday. Listen to the text, then match each person with the month in which she or he was born. The first one has been done for you.

1. _____ January	а. Андре́	к. ~~Па́бло~~		
2. _____ February	б. Анто́нио	л. ~~Пьер~~		
3. _____ March	в. Брент	м. Рау́ль		
4. _____ April	г. Джи́на	н. Ро́нда		
5. _____ May	д. Ди́тер	о. Са́ра Лин		
6. _____ June	е. И́льза	п. Свен		
7. _____ July	ж. Кла́ус	р. Си́нди		
8. _____ August	з. Лин Чен	с. У́рсула		
9. _л, к_ September	и. Масаю́ки	т. Юка́ри		
10. _____ October				
11. _____ November				
12. _____ December				

ГГ. Your friend Masha is telling you about a housewarming party she went to last night. You were sick and couldn't go. When did each person arrive and leave? The first one has been done for you.

	ARRIVAL	DEPARTURE
1. Ма́ша	6.00	10.00
2. А́ня	_____	_____
3. Оле́г	_____	_____
4. Анто́н	_____	_____
5. На́дя	_____	_____
6. Ка́тя	_____	_____
7. Мари́на	_____	_____
8. Ми́ша	_____	_____
9. То́ля	_____	_____
10. Ве́ра	_____	_____
11. Стёпа	_____	_____

ДД. Your Russian host parents are telling you about their lives and when they did what. Listen to the years and write the number in the space provided.

ОБРАЗЕЦ: В 57-ом году́ мы пожени́лись.

Об. __57__ (*We married.*)

1. _____ (*We arrived in Moscow.*)   5. _____ (*Our daughter got married.*)

2. _____ (*Our daughter was born.*)   6. _____ (*Our son graduated from the institute.*)

3. _____ (*Our son was born.*)   7. _____ (*Our son got married.*)

4. _____ (*We moved to a new apartment.*) 8. _____ (*We bought a car.*)

ГОВОРЕНИЕ (*Speaking drills*)

ЕЕ. You will hear a series of questions asking if you did a certain thing in a certain month. Respond negatively and give the cued month.

ОБРАЗЕЦ: *You hear:* Вы родили́сь в октябре́?
          You see: (*August*)
          You say: Нет, я роди́лся в а́вгусте.

1. (*May*)   4. (*March*)

2. (*November*)   5. (*February*)

3. (*July*)   6. (*December*)

ЖЖ. As an assignment, you and your fellow students had to attend an all-day festival and you were responsible for keeping track of when students arrived and when they left. You will hear a series of questions asking you when people arrived. When you answer you should also tell when people left.

ОБРАЗЕЦ: *You hear:* Когда́ пришёл Марк?
          You see: 10.00 / 2.00
          You say: Он пришёл в 10 часо́в, а ушёл в 2.

1. 9.00 / 12.00   5. 9.30 / 1.00

2. 11.00 / 3.00   6. 11.30 / 2.00

3. 10.30 / 1.30   7. 12.00 / 2.30

4. 10.00 / 3.30

33. You will hear a series of questions asking about the interests of your friends and family members. Answer according to the cued item.

ОБРАЗЕЦ: *You hear:* Что интересу́ет ва́шего бра́та?
          You see: (*soccer*)
          You say: Его́ интересу́ет футбо́л.

1. (*opera*)   5. (*new movies*)

2. (*rock music*)   6. (*Russian literature*)

3. (*hockey*)   7. (*Chekhov's plays*)

4. (*tennis*)   8. (*Russian*)

ЧАСТЬ ТРЕТЬЯ
Давáйте кýпим вам нóвый компью́тер

РАБОТА ДОМА (*Homework*)

ПИСЬМО (*Written exercises*)

Понимáние тéкста

А. Review the reading on pages 31–32 of your textbook and complete the following statements.

1. Ильé Ильичý бы́ло сты́дно, потомý что _____

_____

2. Компью́тер у Ильи́ Ильичá ужé _____

3. Для электрóнной пóчты нýжен _____

4. Большóй вы́бор компью́теров и при́нтеров (где?) _____

_____

5. Друг Джи́ма познакóмился по Интернéту с _____

и скóро _____

6. Илья́ Ильи́ч даёт продавцý не дéньги, а _____

7. Илья́ Ильи́ч покупáет _____

Inclusive imperatives: *Let's . . .* Давáй(те) . . .

Б.   What suggestions might you give to people in the following situations? Use **давáй** or **давáйте** as required by context. Choose from the verbs in the box below and think about whether you need an imperfective or perfective verb.

~~открывáть / откры́ть~~   говори́ть / сказáть

организовáть

покупáть / купи́ть

уходи́ть / уйти́   занимáться

приглашáть / пригласи́ть   звони́ть / позвони́ть

ОБРАЗЕЦ: You want you and your friends to open the gifts you gave each other.

Дава́йте откро́ем пода́рки.

1. Suggest that you and your classmates organize an excursion to the Kremlin (**Кремль**). _____

_____

2. It's been a long day at work. You can't bear staying until 5:00. Suggest (*informal*) to a coworker that you leave

at 3:00 today. _____

_____

3. Suggest to your parents that you invite Marina Mikhailovna for dinner. _____

_____

4. Suggest to your American classmates that everybody speak only Russian tonight. _____

_____

5. Suggest to a friend that you buy tickets to a rock concert. _____

_____

6. Suggest to classmates that you study at the library. _____

_____

7. Suggest to a classmate that you call your Russian instructor [instructor of Russian] in Chicago.

_____

_____

Hundreds, Thousands

B. How would you write out the following numerals?

ОБРАЗЕЦ: 6428 _шесть ты́сяч четы́реста два́дцать во́семь_

1. 2951 _____

2. 4169 _____

3. 7372 _____

4. 1536 _____

5. 9280 _____

6. 3045 _____

7. 8818 _____

8. 5794 _____

Prices in Russian and U.S./Canadian currencies: Ско́лько сто́ит...?

Г. You are going shopping. Here are the things you buy and how much they cost. For some things you pay rubles, for others you pay dollars. Write out the question you will ask, the response, and the complete numeral. Be sure to use the appropriate form of **рубль (рубля́, рубле́й), до́ллар (до́ллара, до́лларов),** and **цент (це́нта, це́нтов).**

ОБРАЗЕЦ: биле́т в теа́тр — 120 р.
          — Ско́лько сто́ит биле́т в теа́тр?
          — Сто два́дцать рубле́й.

1. э́ти ро́зы — 600 р.

   — _____

   — _____

2. ча́шка ко́фе — 24 р.

   — _____

   — _____

3. биле́т в кино́ — 75 р.

   — _____

   — _____

4. журна́л — 42 р.

   — _____

   — _____

5. газе́та — 6 р.

   — _____

   — _____

6. ка́рта метро́ — 200 р.

   — _____

   — _____

7. моро́женое — $3.73

   — _____

   — _____

8. гита́ра — $176.99

   — _____

   — _____

9. э́та кни́га — $21.41

   — _____

   — _____

Genitive plural of nouns

Д. How many of the following items does Pyotr Aleksandrovich have?

ОБРАЗЕЦ: ⌦ ⌦ ⌦ ⌦ ⌦ ⌦   У него шесть газет.

1. _____

2. _____

3. _____

4. _____

5. _____

6. _____

7. _____

8. _____

9. (two separate items!) _____
   _____

Е. Below are the corresponding items belonging to Pyotr Aleksandrovich's neighbor, Ivan Ivanovich, who never seems to be able to keep up with Pyotr Aleksandrovich. How many of each does he have? Think about whether you need to use Genitive singular or Genitive plural.

ОБРАЗЕЦ: ⌦ ⌦ ⌦   У него три газеты.

1. _____

2. _____

3. _____

4. _____

5. _____

6. _____

7. _____

8. _____

9. (two separate items!) _____

Genitive plural of nouns: Variations

Ж. Here are more of Pyotr Aleksandrovich's belongings and some of his friends and family members. How many of each does he have?

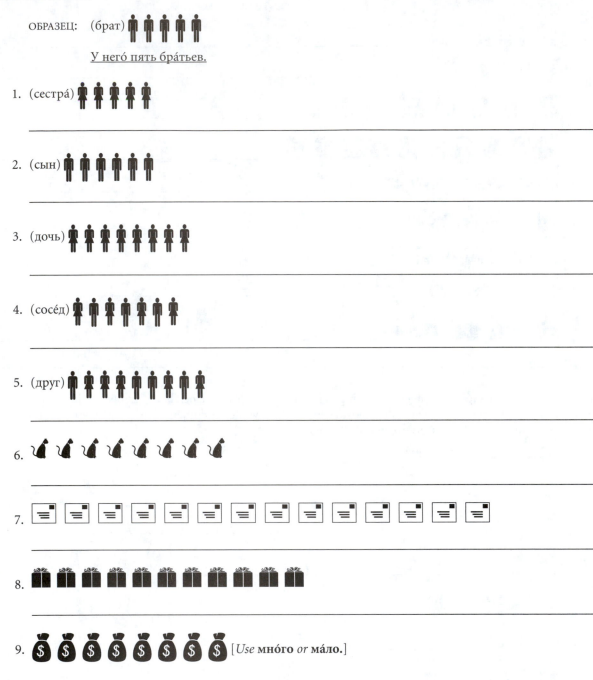

ОБРАЗЕЦ: (брат) 🚹🚹🚹🚹🚹

У него́ пять бра́тьев.

1. (сестра́)

_____

2. (сын)

_____

3. (дочь)

_____

4. (сосе́д)

_____

5. (друг)

_____

6.

_____

7.

_____

8.

_____

9. [*Use* мно́го *or* ма́ло.]

_____

3. Again we see that Pyotr Aleksandrovich's neighbor, Ivan Ivanovich, doesn't have as much. How many of each does he have? Think about whether you need to use Genitive singular or Genitive plural.

ОБРАЗЕЦ: (брат)

У него́ два бра́та.

1. (сестра́)

_____

2. (сын)

_____

3. (дочь)

_____

4. (сосе́д)

_____

5. (друг)

_____

6.

_____

7.

_____

8.

_____

9. [_Use_ **мно́го** _or_ **ма́ло.**]

_____

Count vs. noncount nouns

И. Would you classify the following nouns as "count nouns" or "noncount nouns"?

	COUNT NOUNS	NONCOUNT NOUNS
ОБРАЗЕЦ: при́нтер	✕	_____
1. автоотве́тчик	_____	_____
2. снег	_____	_____
3. цена́	_____	_____
4. экску́рсия	_____	_____
5. мя́со	_____	_____
6. учи́тель	_____	_____
7. джаз	_____	_____
8. вода́	_____	_____
9. вопро́с	_____	_____
10. день рожде́ния	_____	_____

Genitive with quantity words: ско́лько, мно́го, ма́ло, and нет

К. Write out the correct form of the word given in parentheses. Then solve the math problem. You may write your numerical answers in figures, but you should be able to read them aloud in Russian.

ОБРАЗЕЦ: (студе́нт) Вчера́ на уро́ке бы́ло пять <u>студе́нтов</u>. Сего́дня на уро́к пришли́ ещё два <u>студе́нта</u>. Ско́лько <u>студе́нтов</u> бы́ло сего́дня на уро́ке? = <u>семь (7)</u> <u>студе́нтов</u>

1. (соба́ка) Год наза́д у нас бы́ло две _____.[а] Пото́м мы купи́ли

   ещё пять _____[б] Ско́лько у нас _____[в]

   сейча́с? = _____ _____[г]

2. (ко́шка) Три го́да наза́д у нас бы́ло три _____[а] Пото́м мы нашли́

   шесть _____[б] Ско́лько у нас _____[в] сейча́с?

   = _____ _____[г]

3. (письмо́) Вчера́ мой друг написа́л пять _____[а] Сего́дня он написа́л три

   _____[б] Ско́лько _____[в] он написа́л?

   = _____ _____[г]

4. (ма́рка) Моя́ сестра́ купи́ла на по́чте де́сять _____[а] Пото́м она́ пошла́ и

   купи́ла ещё две _____[б] Ско́лько _____[в] она́

   купи́ла? = _____ _____[г]

5. (час) Мой брат ушёл гуля́ть в три _____,[а] а пришёл в де́сять

_____.[б] Ско́лько _____[в] он гуля́л?

= _____ _____[г]

6. (преподава́тель) На физи́ческом факульте́те рабо́тает три́дцать четы́ре

_____,[а] на математи́ческом факульте́те — со́рок оди́н

_____.[б] Ско́лько _____[в] рабо́тает на

математи́ческом и физи́ческом факульте́тах? = _____

_____[г]

7. (кни́га) Вчера́ мы прочита́ли двена́дцать _____[а] и

сего́дня три _____.[б] Ско́лько _____[в] мы

прочита́ли? = _____ _____[г]

8. (упражне́ние) Студе́нты сде́лали 125 _____,[а] ве́чером ещё 202

_____.[б] Ско́лько _____[в] сде́лали студе́нты?

= _____ _____[г]

Л. Many older people like to reminisce about the past and complain about the present. Here is one woman's story. Choose the correct form of the nouns. The first one has been done for you.

У нас в го́роде бы́ло мно́го музе́ев (музе́й, музе́я, музе́ев), а тепе́рь то́лько три

_____[1] (музе́й, музе́я, музе́ев). У меня́ бы́ло мно́го

_____[2] (друг, друзья́, друзе́й), а тепе́рь то́лько две

_____[3] (подру́га, подру́ги, подру́г). Я получа́ла мно́го

_____[4] (письмо́, пи́сьма, пи́сем), а сейча́с получа́ю две

_____[5] (газе́та, газе́ты, газе́т) и пять _____[6]

(журна́л, журна́ла, журна́лов). В газе́тах ма́ло _____[7] (фотогра́фия,

фотогра́фии, фотогра́фий), но мно́го _____[8] (сло́во, слова́, слов).

Перевод (*Translation*)

M. Translate the following dialogue into Russian.

"Do you have a large family?"
"Yes. I have five brothers and five sisters."
"My goodness! Do they all live at home? Where do they sleep?"
"It's no problem. One sister is studying in New York. One sister is working in Denver. And one brother is working in Germany."
"So four brothers and three sisters are living at home?"
"We have a big house."

_____

_____

_____

_____

_____

_____

_____

_____

Повторение — мать учения (*Practice makes perfect*)

H. Following is a summary of the reading in Part 3. Fill in the blanks with words that maintain the context of the reading. You will have to change the form of some of the words. Use each word only once. The events are retold in the present tense, as they occur in the reading. Events that happen before the action of the reading will call for the corresponding past tense (marked with an asterisk*).

Илья Ильич _____ [1] Джима помочь ему. У него очень старый компьютер и принтер, и он не понимает, как работает _____ [2] Они идут в новый магазин _____, [3] где большой выбор _____ [4] и _____. [5] Там всегда много _____. [6] Когда Илья Ильич платит, он даёт продавцу _____. [7] По дороге (*on the way*) Джим расказывает Илье Ильичу, что его друг _____ [8]* по Интернету с девушкой. Они переписывались и скоро будет _____. [9]	компьютер кредитная карточка люди познакомиться принтер просить свадьба электроника электронная почта

Ситуáции (*Situations*)

О. How would you . . .

1. suggest to your girlfriend/boyfriend that you get married?

_____

2. say that the car you want costs $19,879?

_____

3. say that the tickets to the soccer game cost 80 rubles?

_____

4. ask a woman on the train how many children she has?

_____

5. ask your classmate how many cats and dogs he has?

_____

6. say that you (your family) has 3 cars, 4 vacuum cleaners, 5 refrigerators, 7 armchairs, 9 couches, 10 beds, 12 televisions, and 20 lamps?

_____

_____

_____

7. say that you eat a lot of chocolate and drink a lot of milk?

_____

Вáша óчередь! (*It's your turn!*)

П. Answer the following questions.

1. Скóлько стóит твоя́ маши́на?

_____

2. Скóлько стóит обéд в твоём люби́мом ресторáне?

_____

3. Скóлько стóит хорóший компью́тер и при́нтер в Амéрике?

_____

4. Скóлько у тебя́ брáтьев и сестёр?

_____

5. Скóлько у вас преподавáтелей на факультéте?

_____

6. Скóлько студéнтов ýчится в вáшем университéте?

_____

7. Скóлько лет ты ужé ýчишься в университéте?

_____

8. Скóлько бáров и дискотéк у вас в гóроде?

_____

Сочинение (*Composition*)

P. Write a short paragraph (seven or eight sentences) about some of the things you and your family have.
Ideas: How many cars, computers, printers, TVs, telephones, etc., does your family have, and how much did they cost?

_____

_____

_____

_____

_____

_____

_____

_____

_____

_____

РАБОТА В ЛАБОРАТОРИИ (*Laboratory exercises*)

ДИАЛОГИ (*Dialogues*)

Диалог 1 В киоске (Making purchases)

AA.   Follow along as you listen to the dialogue.

ТА́НЯ.	Скажи́те, у вас есть ка́рта Москвы́?
ПРОДАВЕ́Ц.	Ка́рта Москвы́? Есть.
ТА́НЯ.	Ско́лько она́ сто́ит?
ПРОДАВЕ́Ц.	Есть ка́рта за 17 рубле́й и есть за 29.
ТА́НЯ.	Покажи́те, пожа́луйста, за 29.

- Now read and repeat aloud in the pause after each phrase.
- Now read the lines for the salesperson aloud.
- Now read the lines for Tanya aloud.

How would the dialogue sound if you were trying to buy an American newspaper in Brighton Beach, the Russian enclave outside New York City?

ВЫ. _____

ПРОДАВЕ́Ц. _____

ВЫ. _____

ПРОДАВЕ́Ц. _____

ВЫ. _____

Диалог 2 В магази́не (Making purchases)

ББ. Follow along as you listen to the dialogue.

ВИ́КА.	Покажи́те, пожа́луйста, альбо́м (*picture book*) «Москва́».
ПРОДАВЕ́Ц.	Э́тот?
ВИ́КА.	Нет, вон тот, ма́ленький.
ПРОДАВЕ́Ц.	Пожа́луйста.
(*Продаве́ц пока́зывает альбо́м.*)	
ВИ́КА.	А ско́лько он сто́ит?
ПРОДАВЕ́Ц.	Сейча́с скажу́. [*Pause.*] 200 рубле́й.
ВИ́КА.	Я беру́ его́ (*I'll take it*). Где ка́сса (*cashier station*)?
ПРОДАВЕ́Ц.	Ка́сса там.

- Now read and repeat aloud in the pause after each phrase.
- Now read the lines for the salesperson aloud.
- Now read the lines for Vika aloud.

How would you say in Russian, "I'll take it," referring to the jacket (**ку́ртка**) you have decided to buy?

_____

АУДИ́РОВАНИЕ (*Listening comprehension*)

ВВ. What would be the most appropriate response to the following suggestions? It may help you to read the answers through before doing the exercise. The first one has been done for you.

1. _____ Хоро́шая иде́я. Магази́н электро́ники ря́дом.

2. _____ Меня́ зову́т Татья́на Серге́евна. А вас?

3. _____ Заче́м? Ведь он наш сосе́д.

4. _____ Когда́? Ты у́чишься у́тром и днём, а я рабо́таю ве́чером.

5. _____ Како́й фильм идёт?

6. ___а___ Ты зна́ешь его́ но́мер телефо́на?

ГГ. Listen to the description of Nikita Vaselyevich's office and write down the total number he has of each listed item. The first one has been done for you.

а. ___6___ telephone(s)   д. _____ printer(s)

б. _____ answering machine(s)   е. _____ copier(s)

в. _____ computer(s)   ж. _____ fax machine(s)

г. _____ modem(s)

ДД. **Ско́лько э́то сто́ит?** You will hear a series of prices, either in dollars or rubles. Write down the prices you hear.

ОБРАЗЕЦ: три́ста се́мьдесят пять рубле́й 375 р.

1. _____

2. _____

3. _____

4. _____

5. _____

6. _____

7. _____

ГОВОРЕНИЕ (*Speaking drills*)

ЕЕ.   How would you suggest to your friends that you do the following things?

ОБРАЗЕЦ: *You hear and see:*   (*go to the zoo*)
            You say: Дава́йте пойдём в зоопа́рк!

1. (*show photographs to your instructor*)   4. (*call up Anya*)
2. (*watch the movie* Erin Brockovich)   5. (*ask Professor Antonov about the test*)
3. (*play tennis every Saturday*)   6. (*study at Mitya's every evening*)

ЖЖ.   Some Russian exchange students are curious about how much things cost in America. Respond to their questions with the listed prices.

ОБРАЗЕЦ: *You hear:*   Ско́лько сто́ит биле́т на рок-конце́рт?
            You see: ($35.00)
            You say: Три́дцать пять до́лларов.

1. (*$.34*)   5. (*$1.25*)
2. (*$3.00*)   6. (*$5.50*)
3. (*$18.00*)   7. (*$2.60*)
4. (*$160,000.00*)   8. (*$140.00*)

33.   How would you ask a classmate how much or how many he has of the following?

ОБРАЗЕЦ: *You hear and see:*   (*brothers*)
            You say: Ско́лько у тебя́ бра́тьев?

1. (*sisters*)   5. (*tickets*)
2. (*money*)   6. (*cars*)
3. (*photographs*)   7. (*letters*)
4. (*cats*)

ЧАСТЬ ЧЕТВЁРТАЯ
Мой а́дрес: <jimrich@usex.msk.ru>

РАБОТА ДОМА (*Homework*)

ПИСЬМО (*Written exercises*)

Понима́ние те́кста

A. Review the reading on page 50 of your textbook, then answer the following questions. Give no more than a one- to five-word answer to any question! You do not need to write complete sentences.

1. Кому́ Джим посыла́ет (*send*) электро́нную по́чту?

   _____

2. Что Джи́му о́чень нра́вится?

   _____

3. Что де́лает Джим, когда́ у него́ есть вре́мя?

   _____

4. Что он обы́чно берёт с собо́й, когда́ гуля́ет?

   _____

5. Когда́ Джим вчера́ гуля́л, все лю́ди спеши́ли. А как шёл Джим?

   _____

6. Почему́ прохо́жие (*passersby*) остана́вливали Джи́ма?

   _____

7. Почему́ Джим зна́ет, где у́лица Лесна́я?

   _____

8. Что сде́лал Джим, когда́ он заблуди́лся?

   _____

9. Почему́ в письме́ Джи́ма совсе́м нет оши́бок?

   _____

10. Почему́ Та́ня удиви́лась (*was surprised*)?

    _____

Making requests: проси́ть / попроси́ть

Б.   What would you ask somebody to do in each of the following instances? Choose from the phrases in the box below and insert a name of your choice for the person you ask.

~~закры́ть окно́~~   заплати́ть за ко́фе   прода́ть футбо́лку

остано́ви́ться   показа́ть свою́ маши́ну   назва́ть ко́шку «Спот»

отве́тить на вопро́с   присла́ть де́ньги   вы́пить молоко́

ОБРАЗЕЦ: You're sick in bed, it's cold, and the window is open.

   <u>Я попрошу́ Мари́ну закры́ть окно́.</u>

1. You and friend just had coffee at a café, but you left your money at home.

   _____

2. Your friend bought a new car that you want to see.

   _____

3. Your friend doesn't want to answer the question you asked her, but you *really* want to know the answer.

   _____

4. You are driving with a friend and see something you'd like to check out.

   _____

5. You want your friend to name his new cat "Spot."

   _____

6. You would like to have the new T-shirt your friend has and you can't buy it in the store.

   _____

7. You had some unexpected bills and are out of money.

   _____

8. You are taking care of a ten-year-old who needs to drink her milk.

   _____

B. Choose between the verb of *requesting* and the verb of *inquiring*. Circle the correct verb.

ОБРАЗЕЦ: Áлик (попроси́л), спроси́л) меня́ помо́чь ему́.

1. Вчера́ Ива́на не́ было на ле́кции, и он (попроси́л, спроси́л) меня́, о чём говори́л профе́ссор.

2. Ви́ктор (попроси́л, спроси́л) Ле́ну, понра́вился ли ей но́вый фильм.

3. Он ка́ждый день (про́сит, спра́шивает) меня́, что де́лать.

4. Я вас о́чень (прошу́, спра́шиваю) не опа́здывать на уро́к.

5. Мой сосе́д (попроси́л, спроси́л) меня́, где авто́бусная остано́вка.

6. Профе́ссор (про́сит, спра́шивает) нас не задава́ть вопро́сы на ле́кции.

7. Студе́нтка из Коре́и (попроси́ла, спроси́ла) а́дрес мое́й электро́нной по́чты.

Genitive plural of adjectives and possessives

Г. When studying in Russia, some foreign students live in cities other than Moscow and St. Petersburg. Here is a half-completed postcard from a student living in a smaller city. Help her finish it by choosing appropriate adjective-noun combinations from the list below.

краси́вые у́лицы	~~но́вые дома́~~
прекра́сные теа́тры	хоро́шие магази́ны
интере́сные фи́льмы	симпати́чные студе́нты
отли́чные преподава́тели	тала́нтливые профессора́

Я учу́сь в небольшо́м го́роде в Росси́и. Я о́чень люблю́ э́тот го́род. Го́род о́чень краси́вый, у нас

мно́го _____но́вых_____ _____домо́в_____ и

_____ _____,[1] В на́шем го́роде есть кинотеа́тр,

в кото́ром пока́зывают мно́го _____ _____,[2] и

шесть _____ _____,[3] где иду́т хоро́шие пье́сы.

За́втра я пойду́ в оди́н теа́тр на пье́су Че́хова «Три сестры́». На мое́й у́лице есть пять

_____ _____,[4] где продаю́т хоро́шие сувени́ры.

Университе́т здесь большо́й. Там рабо́тает мно́го _____

_____[5] и _____ _____

[6] и у́чится мно́го _____ _____.[7]

Accusative plural of nouns, adjectives, and possessives

Д. What did you see at the park yesterday? Using Accusative plural, combine the adjectives in the box below with the things you see in the picture to tell what you saw or heard. Do not use numerals.

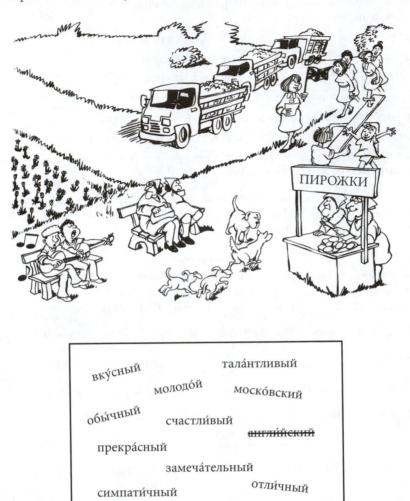

вку́сный	тала́нтливый
молодо́й	моско́вский
обы́чный	счастли́вый ~~англи́йский~~
прекра́сный	
замеча́тельный	
симпати́чный	отли́чный

ОБРАЗЕЦ: <u>Я ви́дела (слы́шала) англи́йских де́вушек.</u>

1. _____

2. _____

3. _____

4. _____

5. _____

6. _____

7. _____

One's own (third person): **свой**

E. Fill in the blanks with the correct form of **его, её, их,** or **свой** as required by context.

ОБРАЗЕЦ: Ива́н о́чень лю́бит <u>свою́</u> (*his own*) жену́.

1. Ка́ждую суббо́ту Бори́с Анто́нович игра́ет в ка́рты у Ири́ны Фёдоровны, но он пло́хо зна́ет

_____ семью́.

2. Америка́нцы о́чень лю́бят _____ маши́ны.

3. Как Ми́ша называ́ет _____ ба́бушку?

4. Ле́том Джу́стин был у друзе́й Бори́са и Ната́льи в Петербу́рге, и тепе́рь он лю́бит расска́зывать об

_____ ко́шке и соба́ке.

5. Сего́дня ве́чером Ма́ша бу́дет звони́ть _____ семье́ в Му́рманск.

6. Я две неде́ли была́ у О́льги в гостя́х, и ка́ждый ве́чер я помога́ла _____ ма́ме
гото́вить обе́д.

The many faces of «**по**»

Ж. Choose the correct «**по**» expression on the right to complete the sentences on the left. The first one has been done for you.

1. Моя́ подру́га и я говори́м ка́ждый ве́чер ___ж___ .

2. _____ домо́й мы ви́дели на́шего преподава́теля
ру́сского языка́.

3. Где вы научи́лись так хорошо́ говори́ть _____?

4. Ла́ра и Ви́тя познако́мились _____.

5. Сего́дня ве́чером _____ идёт интере́сный фильм.

6. Я о́чень люблю́ ходи́ть _____.

7. _____, Ване́сса о́чень хорошо́ игра́ет на
контраба́се.

8. Америка́нские студе́нты ча́сто называ́ют свои́х
профессоро́в _____.

9. Брат и сестра́ гото́вят обе́д _____.

10. А́нна Петро́вна пое́хала в Петербу́рг _____.

a. по о́череди

б. по го́роду

в. по и́мени

г. По-мо́ему

д. по де́лу

е. по Интерне́ту

ж. ~~по телефо́ну~~

з. по-испа́нски

и. По доро́ге

к. по телеви́зору

Перево́д (*Translation*)

3. Translate the following dialogue into Russian.

"Do you write to your mom by e-mail?"
"Sometimes. But I prefer (**предпочита́ть**) talking on the phone."
"E-mail is cheaper."
"Yes, but, in my opinion, talking on the phone is better."

_____

_____

_____

_____

_____

Повторе́ние — мать уче́ния (*Practice makes perfect*)

И. Following is a summary of the reading in Part 4. Fill in the blanks with words that maintain the context of the reading. You will have to change the form of some of the words. Use each word only once. The events are retold in the present tense, as they occur in the reading. Events that happen before the action of the reading will call for the corresponding past tense (marked with an asterisk*).

Джим пи́шет _____ [1] профе́ссору ру́сского языка́, что ему́ нра́вится в Москве́. Ему́ нра́вится, что лю́ди лю́бят чита́ть. В Москве́ есть большо́й Дом кни́ги и мно́го _____ [2] кио́сков. Кни́ги и словари́ _____, [3] чем в Аме́рике. Когда́ у Джи́ма свобо́дное вре́мя, он гуля́ет по _____. [4] Он обы́чно _____ [5] с собо́й ка́рту го́рода. Джим про́сит Фре́да (так _____ [6] он профе́ссора) _____ [7] ему́ по _____ [8] по́чте свою́ статью́ про вампи́ров. В письме́ Джи́ма нет _____, [9] потому́ что он _____ [10*] Та́ню прове́рить его́.	брать газе́тный го́род деше́вле называ́ть оши́бка попроси́ть присла́ть свой электро́нная

Ситуа́ции (*Situations*)

К. How would you . . .

1. say that you asked your friends to call you this evening?

   _____

2. tell a classmate to ask her instructor to explain the question?

   _____

3. say that there is an electronics store nearby where there are many excellent and inexpensive computers

   and printers? _____

   _____

4. say that many foreign students study at your university?

   _____

5. ask your French friend (Russian is your common language) if she understood the Russian salespeople

   at the store? _____

   _____

6. ask if Aleksei Petrovich found his credit card?

   _____

7. say that you and Chris take turns asking the instructor questions when you don't understand?

   _____

8. say that you call your American professors by their first name, but Tony calls his professors by

   their last name? _____

   _____

Ва́ша о́чередь! (*It's your turn!*)

Л. Answer the following questions.

1. Что ты ви́дишь по доро́ге в университе́т? _____

   _____

2. Каки́е ви́ды (*types*) тра́нспорта есть в ва́шем го́роде? _____

   _____

3. Как ты называ́ешь свои́х преподава́телей? По и́мени? По и́мени и о́тчеству? По фами́лии?

   _____

   _____

4. Ты де́лаешь мно́го и́ли ма́ло оши́бок, когда́ ты пи́шешь по-ру́сски? А когда́ ты пи́шешь

по-англи́йски? _____

_____

5. Что ты слу́шаешь по ра́дио? _____

_____

6. Кого́ ты про́сишь помо́чь тебе́, когда́ ты не понима́ешь дома́шнее зада́ние?

_____

7. В ва́шем го́роде мно́го пешехо́дов? Они́ спеша́т и́ли иду́т ме́дленно?

_____

Сочине́ние (*Composition*)

M. Write a short paragraph (seven or eight sentences) about your town. Ideas: What types of public transportation do you have? Do you have many good theaters? Movie theaters? Libraries? Pretty streets? Pedestrians walking around downtown?

_____

_____

_____

_____

_____

_____

_____

_____

_____

_____

Fun with grammar! Case review

H. Fill in the blanks of the following sentences with the appropriate case endings. Not all blanks, however, will have an ending. Then enter the words into the crossword puzzle below to help check your spelling. The letter-number combinations (e.g., г12) at the end of each sentence indicate the location of the word or words in the puzzle. The first letter and number are for the first word and so on. Note that **г** is for **горизонта́ль,** or horizontal; **в** is for **вертика́ль,** or vertical.

1. Э́т_____ мо́дем_____ сто́ит то́лько две́сти рубл_____. (г20) (г1) (г27)

2. У на́ш_____ дя́д_____ есть но́в_____ компью́тер_____. (в13) (в2) (в23) (в17)

3. Мо́жно _____ (*you*) зада́ть вопро́с_____? (г11) (г24)

4. В ма́_____ (*May*) мы пое́дем в Ме́ксик_____. (г6) (г28)

5. Где была́ Ви́ка? У сво_____ подру́г_____? (в25) (в21)

6. Я родила́сь в во́семьдесят втор_____ год_____. (г10) (в26)

7. Вчера́ ве́чером на конце́рте бы́ли мно́г_____ из мои́х друз_____. (в6) (в15)

8. Ты сейча́с идёшь в университе́т_____ и́ли к де́душк_____? (г12) (г4)

9. Зна́ешь, И́ра вы́шла за́муж за францу́зск_____ инжене́р_____! (г22) (г18)

10. А Па́ша жени́лся на америка́нск_____ медсестр_____! (в8) (в1)

11. Э́т_____ маши́н_____ сто́ит два́дцать пять ты́сяч_____ до́ллар_____. (г9) (в3) (в14) (в4)

12. Ско́лько у тебя́ де́н_____ (*money*)? (в16)

13. У нас в шко́л_____ рабо́тает пять неме́цк_____ учи́тел_____. (г5) (в7) (г19)

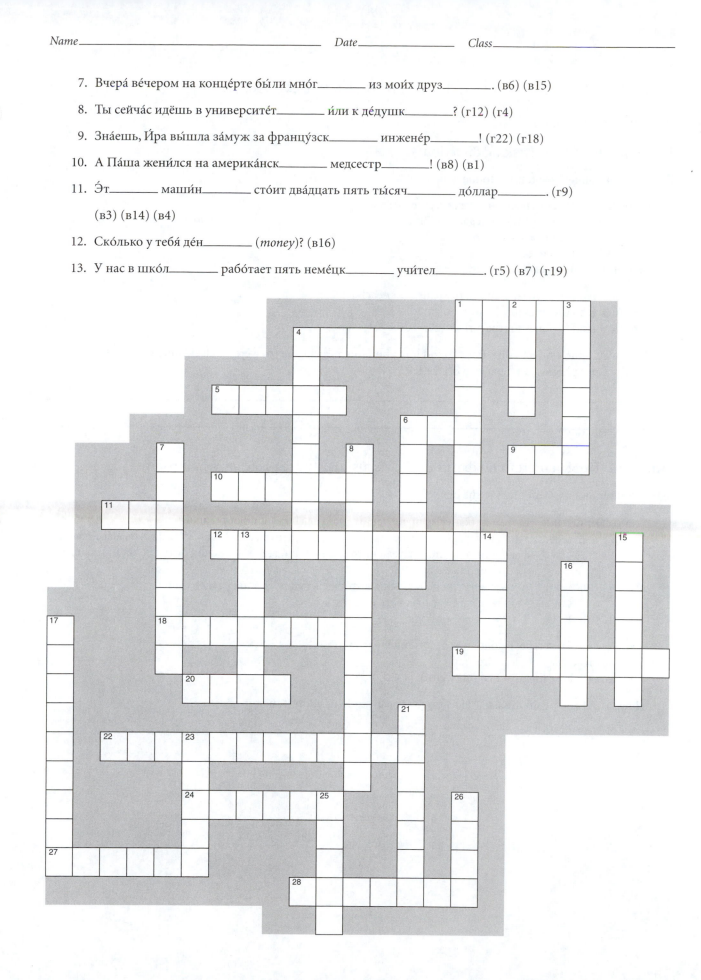

РАБОТА В ЛАБОРАТОРИИ (*Laboratory exercises*)

ДИАЛОГИ (*Dialogues*)

Диалог 1 На у́лице (Asking directions)

AA.   Follow along as you listen to the dialogue.

ДÉВУШКА.	Прости́те, вы не ска́жете, где метро́?
ЖÉНЩИНА.	Метро́? Метро́ недалеко́. Ви́дите большо́й кни́жный магази́н? Ря́дом газе́тный кио́ск, а спра́ва — метро́.
ДÉВУШКА.	Спаси́бо.
ЖÉНЩИНА.	Пожа́луйста.

- Now read and repeat aloud in the pause after each phrase.
- Now read the lines for the woman aloud.
- Now read the lines for the girl aloud.

How would the woman's directions sound if the building near the metro were an electronics store, the thing nearby a pay phone, and the metro on the left?

_____

_____

Диалог 2 По и́мени и́ли по фами́лии? (Discussing student-teacher relationships)

ББ.   Follow along as you listen to the dialogue.

ЛЕОНИ́Д НИКИ́ТИЧ.	Как америка́нские преподава́тели называ́ют свои́х студе́нтов?
СÁРА.	У нас есть ра́зные преподава́тели. Наш преподава́тель матема́тики называ́ет нас по фами́лии, а преподава́тель исто́рии хорошо́ зна́ет всех свои́х студе́нтов и называ́ет их по и́мени.
ЛЕОНИ́Д НИКИ́ТИЧ.	А у вас есть преподава́тели, кото́рые не зна́ют свои́х студе́нтов?
СÁРА.	Мо́жно я не бу́ду отвеча́ть на э́тот вопро́с?
ЛЕОНИ́Д НИКИ́ТИЧ.	Вы уже́ отве́тили!

- Now read and repeat aloud in the pause after each phrase.
- Now read the lines for Sara aloud.
- Now read the lines for Leonid Nikitich aloud.

How would you say in Russian, "How do American students address their instructors?"

_____

АУДИ́РОВАНИЕ (*Listening comprehension*)

ВВ. You will hear a series of sentences. Does the item referred to belong to the person mentioned or to somebody else?

ОБРАЗЕ́Ц:	PERSON MENTIONED	SOMEBODY ELSE
Андре́й починил свой компью́тер.	___×___	_____
Андре́й починил его́ компью́тер.	_____	___×___
1.	_____	_____
2.	_____	_____
3.	_____	_____
4.	_____	_____
5.	_____	_____
6.	_____	_____
7.	_____	_____
8.	_____	_____

ГГ. What did John ask each of the following people to do for him as he went about writing a letter to his Russian instructor? The first answer has been given for you.

1. Sara ___*to give him a pen*_____

2. Sonya _____

3. Todd _____

4. Bill _____

5. Sandra _____

6. Robert _____

ДД. You will hear a series of sentences. Place the letter of the sentence next to the most appropriate response. Read through all the answers before you begin. The first one has been done for you.

1. _____ Я ду́маю, джи́нсы и де́ньги.

2. _____ На ле́кцию. Я опа́здываю.

3. _____ Мно́го тури́стов.

4. _____ Я попроси́л её объясни́ть его́.

5. _____ Нет, у нас то́лько авто́бус.

6. ___a___ Нет, э́то компью́тер его́ бра́та.

7. _____ По-мо́ему, да.

ГОВОРЕНИЕ (*Speaking drills*)

EE. How would you say that you have a lot of the following buildings and landmarks in your city?

> ОБРАЗЕЦ: *You hear and see:*   (*old homes*)
> *You say:*   В нашем городе много старых домов.

1. (*wonderful theaters*)
2. (*inexpensive cinemas*)
3. (*pretty streets*)
4. (*cultural centers*)

5. (*clean parks*)
6. (*excellent libraries*)
7. (*expensive restaurants*)

ЖЖ. While you were walking around Moscow yesterday, what did you see and where did you see it?

> ОБРАЗЕЦ: *You hear and see:*   (*inexpensive stores in our neighborhood*)
> *You say:*   Я видел (видела) недорогие магазины в нашем районе.

1. (*French tourists near the Kremlin*)
2. (*happy children in the park*)
3. (*wonderful museums downtown*)
4. (*Russian musicians on the Arbat*)

5. (*interesting books in «Dom knigi»*)
6. (*rude students near the university*)
7. (*new kiosks near the stadium*)

33. You will hear a series of questions asking what you asked other people to do for you. Answer negatively with the given response.

> ОБРАЗЕЦ: *You hear:*   Ты попросил Ваню помочь тебе?
> *You see:*   (*call you*)
> *You say:*   Нет, я попросил его позвонить мне.

1. (*give you money*)
2. (*buy you a car*)
3. (*show you photographs*)
4. (*fix your computer*)

5. (*check your homework*)
6. (*call you on the phone*)
7. (*help you*)

ЕДЕМ ИЛИ ИДЁМ?

ЧАСТЬ ПЕРВАЯ
Джим в метро́

РАБОТА ДОМА

ПИСЬМО

Понима́ние те́кста

A. Review the reading on pages 70–71 of your textbook. Then circle the letter of the correct answers.

1. Где Джим?

   а. В метро́.

   б. В библиоте́ке.

   в. На ле́кции.

2. Что у Джи́ма?

   а. Бандеро́ль.

   б. Компью́тер и при́нтер.

   в. Портфе́ль.

3. С кем он разгова́ривает?

   а. С мужчи́нами.

   б. С же́нщинами.

   в. Со студе́нтами.

4. Как ду́мают Ра́я и Тама́ра, Джим говори́т с акце́нтом?

   а. У него́ совсе́м нет акце́нта.

   б. Он говори́т с больши́м акце́нтом.

   в. У него́ почти́ нет акце́нта.

5. Тама́ра говори́т, что Ра́я — настоя́щий Ше́рлок Холмс. Почему́?

   а. Она́ всегда́ узнаёт профессоро́в.

   б. Она́ всегда́ узнаёт иностра́нцев.

   в. Она́ всегда́ узнаёт студе́нтов.

6. Кто лю́бит разгова́ривать с людьми́ в метро́?

   а. Джим.

   б. Ра́я.

   в. Тама́ра.

7. Что ду́мают иностра́нцы о моско́вском метро́?

   а. Оно́ о́чень краси́вое.

   б. Оно́ о́чень дорого́е.

   в. Оно́ о́чень нечи́стое.

8. На како́й ста́нции выхо́дит Джим?

   а. На Третьяко́вской.

   б. На Театра́льной.

   в. На ста́нции Кита́й-Го́род.

Where are you from? Откуда вы?

Б. A group of students from Canada and the United States is studying in Russia. They are telling their new Russian acquaintances where they are from, but the Russians do not know which geographical names stand for provinces, which ones for states, and which ones for cities. Create sentences with the phrases **из го́рода, из шта́та,** and **из прови́нции** to clear things up for them.

ОБРАЗЕЦ: Майкл (Альбе́рта)   _Майкл из прови́нции Альбе́рта._

1. Мише́ль (Флори́да) _____

2. Бра́йан (Саска́чеван) _____

3. Грег (Гонолу́лу) _____

4. Ли́за (Ванку́вер) _____

5. Бриа́нна (Са́нта-Ба́рбара) _____

6. Фрэнк (Чика́го) _____

7. Э́мили (Ю́жная Дако́та) _____

8. Билл (Де́нвер) _____

В. How would each of the following people answer the question "Where are you from?" Choose the most logical country from those given in the box. If you wish to check the location of the countries, you will find most of them on the map on the inside back cover of your textbook.

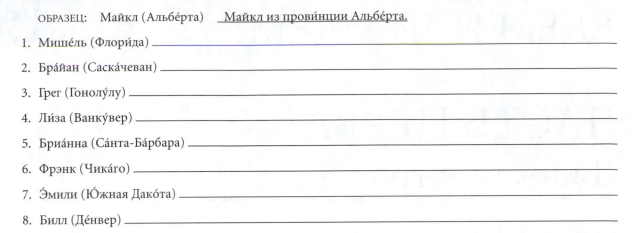

ОБРАЗЕЦ: Отку́да вы, Ичи́ро?   _Я из Япо́нии._

1. Отку́да вы, Ка́рлос? _____

2. Отку́да вы, Жан? _____

3. Отку́да вы, О́льга? _____

4. Отку́да вы, Луи́джи? _____

5. Отку́да вы, Свен? _____

6. Отку́да вы, Сенг Ман? _____

7. Отку́да вы, И́льза? _____

8. Отку́да вы, Ли́нда? _____

Instrumental case: Он говори́т с акце́нтом

Г. Here are some typical items on a restaurant menu. Make some selections from the foods and beverages shown, using <c + Instrumental>. Choose the main food from the left-hand side of either column and what you want to go with it from the right.

MAIN FOOD	WITH . . .	MAIN FOOD	WITH . . .
борщ	мя́со		колбаса́
суп	вермише́ль (*f.*)	бутербро́д	икра́ (*caviar*)
бульо́н	рис		ма́сло (*butter*)
			сыр
****************			
сала́т	грибы́ (*mushrooms*)	бли́нчики (*pancakes*)	я́блоки (*apples*)
пирожки́	капу́ста	торт	моро́женое
пи́цца	артишо́ки	фру́кты	шербе́т
		****************	
****************			
сосиски (*frankfurters*)	горчи́ца (*mustard*)	чай	лимо́н
га́мбургер	ке́тчуп	ко́фе	молоко́
ры́ба	карто́фель (*m.*)		ликёр
бифште́кс	лук		

ОБРАЗЕЦ: га́мбургер, горчи́ца   <u>га́мбургер с горчи́цей</u>

1. _____
2. _____
3. _____
4. _____
5. _____
6. _____
7. _____
8. _____

Д. Make up newspaper advertisements for the following items that you would like to buy (**куплю́**. . .) or sell (**прода́ю**. . .). Use <c + Instrumental> in your ads.

ОБРАЗЕЦ: компа́ктные ди́ски, ру́сские пе́сни

<u>Куплю́ компа́ктные ди́ски с ру́сскими пе́снями.</u>

1. япо́нский телеви́зор, видеомагнитофо́н _____

_____

2. кварти́ра, большо́й балко́н _____

_____

3. япо́нский компью́тер, америка́нский при́нтер _____

_____

4. а́тлас, истори́ческие ка́рты _____

_____

5. кассе́ты, класси́ческая му́зыка _____

6. де́тские кни́ги, хоро́шие иллюстра́ции _____

7. уче́бник (*textbook*) англи́йского языка́, кассе́ты и видеофи́льм _____

E. In the following narrative, Grisha tells about how he met a very nice girl from France. Fill in the blanks of each segment with the appropriate noun, pronoun, or adjective + noun phrase to complete his story. Choose words from the box immediately above each segment. All should be in the Instrumental case. The first one has been done for you.

друг	~~о́чень симпати́чная де́вушка~~	дочь
внук и вну́чка	большо́й портфе́ль	

Вчера́ я познако́мился с <u>о́чень симпати́чной де́вушкой</u>. Вот как э́то бы́ло.

У меня́ бы́ло два биле́та в кино́. Я хоте́л пойти́ с _____,[1] но он уже́ ви́дел э́тот фильм. У кинотеа́тра я хоте́л прода́ть ли́шний (*extra*) биле́т. У ка́ссы была́ о́чередь (*line*) — высо́кий челове́к с _____,[2] ба́бушка с _____,[3] мать с _____.[4]

они́	голубы́е глаза́ (*blue eyes*)	небольшо́й акце́нт

За (*behind*) _____[5] стоя́ла хоро́шенькая (*pretty*) де́вушка с _____.[6] Де́вушка мне о́чень понра́вилась, и я пригласи́л её посмотре́ть фильм. Она́ говори́ла с _____.[7]

Жа́нна	иностра́нцы	иностра́нки	роди́тели

Я спроси́л, отку́да она́, и де́вушка сказа́ла, что она́ прие́хала из Фра́нции и её зову́т Жа́нна.

Она́ живёт сейча́с с _____[8] в Москве́. Её оте́ц рабо́тает в университе́те.

Пото́м мы с _____[9] говори́ли о Фра́нции и о Росси́и. Я люблю́ разгова́ривать с _____.[10] И с _____[11] то́же!

Prepositions that take the Instrumental case

Ж.   Valera's mother has come for a visit. As they walk home from the metro station past the fruit store, Valera points out various buildings in the neighborhood. Refer to the map below and complete the following sentences with the prepositions <**за, пе́ред,** or **ме́жду** + Instrumental> of the words in parentheses. The first one has been done for you.

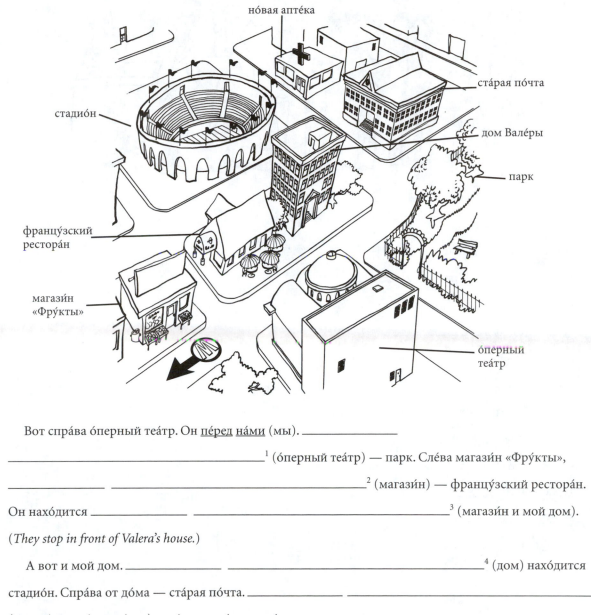

Вот спра́ва о́перный теа́тр. Он <u>пе́ред</u> <u>на́ми</u> (мы). _____

_____¹ (о́перный теа́тр) — парк. Сле́ва магази́н «Фру́кты»,

_____ _____² (магази́н) — францу́зский рестора́н.

Он нахо́дится _____ _____³ (магази́н и мой дом).

(*They stop in front of Valera's house.*)

    А вот и мой дом. _____ _____⁴ (дом) нахо́дится

стадио́н. Спра́ва от до́ма — ста́рая по́чта. _____ _____⁵

(стадио́н и ста́рая по́чта) нахо́дится но́вая апте́ка.

3. Irina and her American classmate Brenda are waiting in line near Irina's home to buy ice cream. They are whispering quietly together and Brenda is asking who is in the line, first about who is in front of them, then about who is behind them. Fill in the blanks of their dialogue with the appropriate pronouns. The first one has been done for you.

Бре́нда

Ири́на

БРЕ́НДА.   Кто э́то пе́ред <u>тобо́й?</u>

ИРИ́НА.   Э́то Ми́ша, наш сосе́д.

БРЕ́НДА.   А кто э́то пе́ред _____?

ИРИ́НА.   Э́то ба́бушка Си́дорова и её внук.

БРЕ́НДА.   А пе́ред _____?

ИРИ́НА.   Э́то Васи́лий Анто́нович. Он учи́тель.

БРЕ́НДА.   А кто э́то за _____?

ИРИ́НА.   Э́то муж и жена́ Си́мпсон, из Аме́рики.

БРЕ́НДА.   А за _____?

ИРИ́НА.   Э́то Да́ша, она́ то́же сосе́дка.

БРЕ́НДА.   А за _____?

ИРИ́НА.   Его́ я не зна́ю!

БРЕ́НДА.   Жаль!

Superlative adjectives: са́мое краси́вое

И. You work for an advertising agency with a variety of clients. Make up ads for them, choosing from the adjectives in the box below. Use as many different adjectives with **са́мый** as possible and remember to make them agree with the nouns.

> бы́стрый   удо́бный   ве́жливый   большо́й   недорого́й
>
> эффекти́вный   лёгкий   краси́вый   молодо́й   интере́сный   вку́сный   чи́стый

ОБРАЗЕЦ: Наш но́вый компью́тер — <u>са́мый бы́стрый</u>!

1. Япо́нские маши́ны — _____

2. Ру́сский язы́к — _____

3. Моско́вское метро́ — _____

4. Ста́нция «Новослобо́дская» — _____

5. Круи́зы на Гава́йи — _____

6. Продавцы́ в на́шем магази́не — _____

7. Наш университе́т — _____

8. Францу́зское вино́ — _____

9. На́ша креди́тная ка́рточка — _____

Перево́д

К. Translate the following dialogue into Russian.

Two friends run into each other at a store.

"Anya, hi. How are you?"
"Not bad, thanks. Is that your brother over there, behind the woman with the children? What is he doing in Moscow?"
"He arrived last night with a friend from Petersburg. They're here on business."
"Where do they work?"
"At an electronics store. It's the largest electronics store in Petersburg."

_____

_____

_____

_____

_____

_____

_____

_____

Повторе́ние — мать уче́ния

Л. Following is a summary of the reading in Part 1. Fill in the blanks with words that maintain the context of the reading. You will have to change the form of some of the words. You will have to use one word twice. The events are retold in the present tense, as they occur in the reading.

Джим на _____¹ метро́ и там знако́мится с _____² сёстрами Ра́ей и Тама́рой. Тама́ра говори́т, что её сестра́ — _____³ Ше́рлок Холмс. Она́ всегда́ _____⁴ иностра́нцев. Ра́я о́чень лю́бит разгова́ривать с _____⁵ и спра́шивает Джи́ма, _____⁶ он. Ра́я говори́т, что в метро́ всегда́ мно́го _____.⁷ Они́ ду́мают, что в Москве́ _____⁸ краси́вое метро́ в _____.⁹	иностра́нцы мир настоя́щий отку́да ру́сский са́мый ста́нция узнава́ть

Ситуа́ции

M. How would you . . .

1. ask someone you just met where he's from?

_____

2. say that your grandmother is from Russia?

_____

3. say that she speaks English very well but with a slight (little) accent?

_____

4. say that your dorm is located (**нахо́дится**) behind the library?

_____

5. ask who is standing between the kiosk and the entrance to the metro?

_____

6. ask a woman on a subway train if she is getting off now?

_____

7. ask somebody which city, in their opinion, is the prettiest in Russia?

_____

8. say that your house is the oldest house in your town?

_____

Ва́ша о́чередь!

H. Answer the following questions.

1. Отку́да ты? Отку́да твои́ роди́тели?

_____

2. Как по-тво́ему, како́й штат в США са́мый краси́вый? (Кака́я прови́нция в Кана́де са́мая краси́вая?)

_____

3. Как по-тво́ему, како́й го́род в США (в Кана́де) са́мый интере́сный?

_____

4. С кем ты лю́бишь разгова́ривать?

_____

5. Как по-тво́ему, ты говори́шь по-ру́сски с больши́м и́ли с ма́леньким акце́нтом? И́ли совсе́м без акце́нта?

_____

6. В ва́шем университе́те у́чится мно́го иностра́нцев? Отку́да они́?

_____

7. В ва́шем шта́те (В ва́шей прови́нции) мно́го тури́стов? А в ва́шем го́роде?

_____

_____

Сочине́ние

O. Write a short paragraph (seven or eight sentences) about your university. Ideas: In what city and state is it located (**нахо́дится**)? Which state are most of the students from? Are there many foreign students? Where are they from? What is your most interesting course (**курс**) this semester/quarter? Are any of your instructors foreigners? Do any of them speak with an accent?

_____

_____

_____

_____

_____

_____

_____

_____

РАБОТА В ЛАБОРАТОРИИ

ДИАЛОГИ

Диалог 1 Скажи́те, пожа́луйста, когда́ . . . (Asking directions in the metro)

АА.　Follow along as you listen to the dialogue.

СТУДЕ́НТ.	Скажи́те, пожа́луйста, когда́ бу́дет ста́нция Пу́шкинская?
ЖЕ́НЩИНА.	Че́рез две остано́вки.
СТУДЕ́НТ.	Мои́ друзья́ сказа́ли мне, что э́то о́чень краси́вая ста́нция. Я хочу́ её посмотре́ть.
ЖЕ́НЩИНА.	А отку́да вы?
СТУДЕ́НТ.	Из Аме́рики, из Сиэ́тла.

- Now read and repeat aloud in the pause after each phrase.
- Now read the lines for the woman aloud.
- Now read the lines for the student aloud.

1. Why does the student want to get off at the Pushkin station?

   _____

2. How would the third line read if the student's *instructors* had said that it was the *oldest* station?

   _____

3. How would the last line read if the student were from Berlin, Germany?

   _____

Диалог 2 Хоти́те пойти́? (Making sightseeing plans)

ББ.　Follow along as you listen to the dialogue.

АЛЕКСЕ́Й.	Что вы хоти́те посмотре́ть в Москве́?
ФРЕД.	Кра́сную пло́щадь, собо́р Васи́лия Блаже́нного, Кремль, Третьяко́вскую галере́ю.
АЛЕКСЕ́Й.	Я то́же хочу́ пойти́ в Третьяко́вскую галере́ю. Я о́чень хочу́ посмотре́ть ру́сские ико́ны.
ФРЕД.	Хоти́те пойти́ туда́ за́втра?
АЛЕКСЕ́Й.	С удово́льствием.

- Now read and repeat aloud in the pause after each phrase.
- Now read the lines for Fred aloud.
- Now read the lines for Aleksei aloud.

How would the third line read if Aleksei wanted to go to Red Square because he wants to see Lenin's Mausoleum (**мавзоле́й**)?

_____

_____

АУДИРОВАНИЕ

BB. **Кто где сидит?** Complete the puzzle! There are sixteen students in this class. You will hear a description of where each person sits in relation to others in the class. Below you have a list of the class members. Put the names in the proper places in the seating chart. The first name has been filled in for you.

Алексе́й	Ве́ра	Лари́са	О́льга
А́нна	Гали́на	Мари́на	Пётр
Анто́н	Евге́ний	Михаи́л	Со́фья
Бори́с	~~Ива́н~~	Ната́лья	Фёдор

BACK OF THE CLASS

			Ива́н

FRONT OF THE CLASS

INSTRUCTOR

ГГ. **Кто отку́да?** During your stay in Russia you meet another foreign student, Pierre. His family and the families of both his parents have traveled a lot and as a result many of them married people from other countries. Listen as Pierre tells about his family and match the person with the country he or she is from. One country will be used twice. The first one has been done for you.

1. ___в___ Pierre   а. Argentina

2. _____ Pierre's father   б. Canada

3. _____ Pierre's mother   в. France

4. _____ the grandmother on his father's side   г. Germany

5. _____ the grandmother on his mother's side   д. Italy

6. _____ the wife of his mom's brother   е. Mexico

7. _____ the wife of his dad's brother   ж. Russia

8. _____ his sister's husband   з. United States

9. _____ his brother's wife

ДД. Someone has left a message on the office answering machine for your supervisor, who speaks only a little Russian. Fill out a message slip for her in English.

```
┌─────────────────────────────────────────────┐
│                                             │
│   Call for: _____ │
│                                             │
│   Day/Date: _____ / _____ │
│                                             │
│   Time: _____ │
│                                             │
│   Caller: _____ │
│                                             │
│   Representing: _____ │
│                                             │
│   Phone no.: _____ │
│                                             │
│   Message: _____ │
│                                             │
│          _____  │
│                                             │
└─────────────────────────────────────────────┘
```

ГОВОРЕНИЕ

ЕЕ. You will hear a series of questions asking where certain people are from. Respond with the cued city, state, or province. All are fairly well known so you should not need to indicate which of the three it is.

> ОБРАЗЕЦ: *You hear:* Откýда Джон?
> *You see:* (*Las Vegas*)
> *You say:* Он из Лас-Вéгаса.

1. (*Michigan*)
2. (*Quebec*)
3. (*Pittsburg*)
4. (*Arizona*)
5. (*Ottawa* [**Оттáва**])
6. (*Houston*)
7. (*Wisconsin*)
8. (*Toronto*)

ЖЖ. Your neighbor is pointing people and things out to you, but you don't know for sure which people and things he's talking about so you ask for clarification.

> ОБРАЗЕЦ: *You hear:* Вон идёт нóвый студéнт из Миссисúпи.
> *You see:* (*with the expensive backpack*)
> *You say:* Какóй? Тот, с дорогúм рюкзакóм?

1. (*with the little dog*)
2. (*with the American tourists*)
3. (*with the pretty balconies*)
4. (*with the little boy*)
5. (*with our instructor*)
6. (*with the big briefcase*)

33. How would you give your opinion about the following items, saying they are the most expensive, the fastest, etc.?

> ОБРАЗЕЦ: *You hear and see:* (*Moscow subway / least expensive in the world*)
> *You say:* По-мóему, москóвское метрó — сáмое недорогóе в мúре.

1. (*this restaurant / oldest in Chicago*)
2. (*Japanese language / most difficult in the world*)
3. (*French wine / most expensive in Europe*)
4. (*our university / largest in America*)
5. (*Japanese cars / least expensive in the world*)
6. (*Russian literature / most interesting in the world*)

ЧАСТЬ ВТОРАЯ
Бабушка знает всё

РАБОТА ДОМА

ПИСЬМО

Понимание текста

А. The following statements about the reading on pages 85–86 of your textbook are false. Review the reading, then underline the false information and write the correction on the line to the right.

1. Бабушка смотрит в окно на улицу. _____

2. По радио сказали, что завтра будет плохой день. _____

3. Вова вышел на улицу с другом. _____

4. Бабушка любит читать газеты. _____

5. Мимо дома бежит Джим. _____

6. Николай Иванович живёт в двадцать второй квартире. _____

7. Друг Саши Игорь играет на рояле, как и Саша. _____

Directional prefixes and combining forms

Б. Complete the following dialogues using **приезжать / приехать** or **уезжать / уехать**.

1. ВЕРА МИХАЙЛОВНА. Здравствуйте, Михаил Ильич! Когда вы ___приехали___ [об.] (*arrived*)?

   МИХАИЛ ИЛЬИЧ. Вчера утром.

   ВЕРА МИХАЙЛОВНА. Приходите к нам сегодня!

   МИХАИЛ ИЛЬИЧ. К сожалению, не могу, я сегодня вечером _____ (*am leaving*)

   в Самару.

2. ЮРА. Когда папа _____[а] (*is leaving*) в Киев?

   ТАНЯ. Кажется, в среду.

   ЮРА. А когда _____[б] (*will return*)?

   ТАНЯ. Он _____[в] (*will return*) в субботу, но когда точно — не знаю.

3. МАРИНА. Как мы рады, что ты пришёл!

   ИВАН. Не пришёл, а _____ (*came by car*)! Я вчера купил машину!

4. АННА ИВАНОВНА. К нам часто _____[а] (*come*) туристы.

   ВАДИМ ПЕТРОВИЧ. Откуда?

   АННА ИВАНОВНА. Обычно из Англии, а недавно у нас были немецкие туристы. Они

   _____[б] (*left*) домой в субботу.

В. Complete the following dialogues, using the appropriate verb of motion: **приходи́ть / прийти́** or **уходи́ть / уйти́.** The first blank has been filled in for you.

1. МА́МА.   Юля, ты <u>ухо́дишь</u> ^{Об.} (*are leaving*)?

   ЮЛЯ.   Да, я _____ª (*am leaving*). У меня́ сего́дня ве́чером свида́ние с

   Ми́шей. Я _____⁶ (*will return*) часо́в в оди́ннадцать.

2. СВЕ́ТА.   Я обы́чно _____ª (*leave*) в университе́т в 9 часо́в утра́, а

   _____⁶ (*arrive*) домо́й в 4 часа́ дня. А ты?

   МИ́ТЯ.   Я то́же, но сего́дня я _____ᵛ (*left*) у́тром в 10,

   а _____г (*arrived*) домо́й в 5.

3. ТА́НЯ.   Кого́ мы ещё ждём?

   БО́РЯ.   Ли́дию. Наде́юсь, она́ ско́ро _____ª (*will arrive*), не опозда́ет.

   А То́ля, Ла́ра и Серёжа уже́ _____⁶ (*have arrived*).

4. ВИ́ТЯ.   Ди́ма до́ма?

   ЛАРИ́СА И́ГОРЕВНА.   Нет, он _____ª (*left*) на футбо́льный матч.

   ВИ́ТЯ.   Вы зна́ете, когда́ он _____⁶ (*will return*) домо́й?

   ЛАРИ́СА И́ГОРЕВНА.   Не зна́ю.

Г. Complete the following dialogues with the necessary form of the perfectives **прийти́, уйти́, прие́хать,** or **уе́хать.** The first blank has been filled in for you.

1. ВИ́КА.   Приве́т, ба́бушка!

   БА́БУШКА.   Наконе́ц ты <u>пришла́</u> ^{Об.} (*arrived*)! А ско́лько вре́мени ты побу́дешь (*will you be staying*) у меня́?

   ВИ́КА.   Два часа́. Я тебе́ пригото́влю обе́д. В три я _____ (*will leave*) опя́ть в университе́т.

2. ВИ́ТЯ.   Ли́за уже́ _____ª (*left*) в Со́чи?

   СВЕ́ТА.   Нет, она́ за́втра _____⁶ (*will leave*), в 10 часо́в ве́чера.

   ВИ́ТЯ.   А когда́ она́ _____ᵛ (*will arrive*) туда́?

   СВЕ́ТА.   Не зна́ю, ду́маю на сле́дующий день.

3. СТУДЕ́НТ.   Здра́вствуйте! Ви́ктор Алексе́евич уже́ _____ª (*left*)?

   СЕКРЕТА́РША.   Нет ещё. Он сейча́с _____⁶ (*will return*).

Simple comparatives: бо́льше / ме́ньше and лу́чше / ху́же

Д. Based on the information given, write a two-sentence conclusion using short-form comparatives. In the second sentence, tell what one of the characters needs to do.

ОБРАЗЕ́Ц: Андре́й непло́хо игра́ет в те́ннис. Еле́на игра́ет отли́чно.

Еле́на <u>игра́ет лу́чше, чем Андре́й</u>.

<u>Ему́ ну́жно бо́льше игра́ть</u>.

1. Ива́н хорошо́ игра́ет на гита́ре, а Пётр игра́ет о́чень пло́хо.

Пётр _____

_____

2. Мой брат спит 12 часо́в, а оте́ц — 6 часо́в.

Мой оте́ц _____

_____

3. Я пло́хо чита́ю по-неме́цки, а Гри́ша хорошо́.

Гри́ша _____

_____

4. Ли́да рабо́тает 2 часа́, а Тама́ра 8 часо́в.

Тама́ра _____

_____

5. На́ша дочь всё вре́мя занима́ется, а сын — никогда́.

Наш сын _____

_____

Е. Use the word **чем** and the comparatives **бо́льше, ме́ньше, лу́чше,** and **ху́же** combined with **ещё** and **гора́здо (намно́го)** to complete the following sentences.

ОБРАЗЕ́Ц: Моя́ мать хорошо́ игра́ет на роя́ле, а моя́ сестра́ игра́ет <u>ещё лу́чше</u> (even better).

1. — Я о́чень пло́хо пла́ваю (swim).

— А мой брат пла́вает _____ (even worse).

2. Мои́ сёстры рабо́тают _____ (much more),

_____ (than) я.

3. — Ты говори́шь по-ру́сски _____ (much better),

_____ (than) твоя́ сестра́.

— Я родила́сь в Росси́и, а моя́ сестра́ родила́сь в Лос-А́нджелесе, поэ́тому она́ говори́т

по-ру́сски с акце́нтом. Но она́ говори́т по-испа́нски _____

(much better), _____ (than) я.

Ж. This husband and wife disagree on everything. For each statement, provide a contrary statement.

ОБРАЗЕЦ: МУЖ.   **Этот дом лу́чше, чем тот.**
               ЖЕНА́. Нет, э́тот дом ху́же, чем тот.

1. ЖЕНА́. Я ду́маю, что наш сын чита́ет ме́ньше, чем дочь.

    МУЖ. _____

2. МУЖ. Дава́й ку́пим э́ту по́лку, она́ бо́льше и лу́чше, чем на́ша.

    ЖЕНА́. _____

3. ЖЕНА́. У нас кварти́ра бо́льше, чем у сосе́дей. И ку́хня лу́чше.

    МУЖ. _____

4. МУЖ. Посмотри́, кака́я ма́ленькая маши́на! Она́ ме́ньше, чем на́ша.

    ЖЕНА́. _____

5. МУЖ. Моя́ ма́ма гото́вит лу́чше, чем ты.

    ЖЕНА́. _____

Prepositional plurals

З. Choose an appropriate prepositional phrase from the box below to complete each of the sentences. Change the phrase to the plural, however, when you write it down.

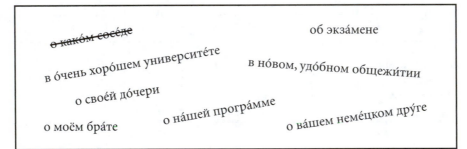

о како́м сосе́де
об экза́мене
в о́чень хоро́шем университе́те
в но́вом, удо́бном общежи́тии
о свое́й до́чери
о моём бра́те
о на́шей програ́мме
о ва́шем неме́цком дру́ге

ОБРАЗЕЦ: <u>О каки́х сосе́дях</u> он говори́т?

1. На́ши студе́нты живу́т _____.

2. Он учи́лся _____.

3. Я всегда́ ду́маю _____, когда́

    я слу́шаю э́ту му́зыку. Ми́ша игра́ет э́тот вальс (*waltz*) на гита́ре, а Пе́тя на роя́ле.

4. Вы хоти́те бо́льше знать _____?

    Преподава́тели — отли́чные, и экску́рсии о́чень интере́сные.

5. Мы спра́шивали профе́ссора Покро́вского _____.

6. Ве́ра Па́вловна ча́сто говори́т _____.

    Ста́ршей (*the older one*) уже́ 5 лет, а мла́дшей (*the younger one*) 3 го́да.

7. Расскажи́те нам, пожа́луйста, _____.

    Они́ из Берли́на?

И. The following students have rather eclectic wardrobes. Describe how they usually dress, using both singular and plural Instrumental case endings for the adjectives listed below, or supply your own adjectives. The first one has been started for you.

БОБ   ДЖЕ́ССИКА   А́МБЕР   МА́РТИН

ADJECTIVES		CLOTHING ITEMS	
(не)дорого́й	ста́рый	блу́зка	перча́тки (*gloves*)
(не)обы́чный	стра́нный (*strange*)	брю́ки	пуло́вер
(не)плохо́й	тёплый	джи́нсы	руба́шка
рва́ный (*torn*)	(не)удо́бный	колго́тки (*tights*)	ту́фли
ску́чный	ужа́сный	кроссо́вки	футбо́лка
старомо́дный (*old-fashioned*)		носки́ (*socks*)	шо́рты (*shorts*)
		очки́ (*glasses*)	ю́бка

1. Боб обы́чно в <u>ужа́сных джи́нсах</u>, <u>рва́ной футбо́лке</u> и _____

2. Джéссика обы́чно в _____

_____

3. А́мбер обы́чно в _____

_____

4. Ма́ртин обы́чно в _____

_____

Colors and clothing

К. Now redescribe the students in Exercise **И** and add a bit of color to their clothing. Use the color chart on page 93 of your textbook. Make their clothes as outlandish as you wish and then—for the fun of it—color them in!

1. Боб обы́чно в <u>ужа́сных жёлтых джи́нсах</u>, <u>рва́ной ора́нжевой футбо́лке</u> и _____

_____

2. Джéссика обы́чно в _____

_____

3. А́мбер обы́чно в _____

_____

4. Ма́ртин обы́чно в _____

_____

reVERBerations: выходи́ть / вы́йти vs. уходи́ть / уйти́

Л. Fill in the blanks with the correct form of **выходи́ть / вы́йти** or **уходи́ть / уйти́**.

ОБРАЗЕЦ: — Профе́ссор Си́доров до́ма?
  — Он <u>вы́шел</u>. Позвони́те че́рез пять мину́т.

1. (*on the phone*) — Мо́жно Ива́на Серге́евича?

   — Он _____. Он бу́дет о́чень по́здно.

2. (*on the subway*) — Вы выхо́дите?

   — Нет, я _____ на сле́дующей. Проходи́те, пожа́луйста.

3. — Когда́ ты обы́чно ухо́дишь на рабо́ту?

   — Обы́чно я _____ в семь часо́в. Но сего́дня я до́лжен уйти́ в пять.

4. — Алло́! Э́то Ви́ка?

   — Нет, Ви́ки нет. Она́ _____ на мину́ту.

5. — Мне ну́жен Макси́м Петро́вич.

   — К сожале́нию, он уже́ _____.

6. — Ты не зна́ешь, где Анто́н?

   — Я ду́маю, что он уже́ _____.

   — Не мо́жет быть. Анто́н обы́чно _____ о́чень по́здно.

reVERBerations: Perfectivization through prefixation

M. Write out the imperfective / perfective verb pairs used in the following sentences and circle the prefix. Then list at least five more verb pairs for which the perfective is formed by adding a prefix.

ОБРАЗЕЦ: IMPERFECTIVE / PERFECTIVE

Анто́н Анто́нович, куда́ вы е́дете? В Арха́нгельск? <u>е́хать / по́е́хать</u>

1. Вале́ра сейча́с пи́шет курсову́ю. _____

2. Вчера́ ве́чером Та́ня вы́учила 20 но́вых слов. _____

3. Ди́ма, что ты де́лал вчера́? _____

4. Дава́йте посмо́трим фильм «Тита́ник»! _____

5. Ната́ша ка́ждый день звони́т ба́бушке. _____

6. _____

7. _____

8. _____

9. _____

10. _____

Перево́д

Н. Translate the following telephone dialogue into Russian.

"Hello. Natalya Ivanovna? This is Jim. Is Lena home?"
"No, Jim, she's not here."
"Do you happen to know when she'll come back?"
"She said she'd come back at nine o'clock."
"Please ask her to call me. I'm leaving for St. Petersburg tomorrow morning."
"Okay, Jim. Does she have your telephone number?"
"Yes, of course. Thanks very much. Good-bye."

_____

_____

_____

_____

_____

_____

_____

_____

Повторе́ние — мать уче́ния

О. Following is a summary of the reading in Part 2. Fill in the blanks with words that maintain the context of the reading. You will have to change the form of some of the words. You will have to use one word twice. The events are retold in the present tense, as they occur in the reading.

Де́душка Кругло́в смо́трит в окно́, кто идёт по у́лице. Он _____[1] зна́ет о _____,[2] чем ба́бушка, потому́ что он всегда́ чита́ет газе́ты, а ба́бушка лю́бит разгова́ривать с _____.[3] Снача́ла Си́лин _____[4] домо́й с _____,[5] а Во́ва _____[6] из подъе́зда с соба́кой. Сосе́д из два́дцать _____[7] кварти́ры бежи́т по у́лице в _____.[8] Пото́м по у́лице идёт Са́ша. Ба́бушка ду́мает, что он _____[9] домо́й с _____,[10] но он идёт с де́вушкой.	возвраща́ться выходи́ть друг И́горь жена́ ме́ньше нау́шники приезжа́ть сосе́ди четвёртый

Ситуа́ции

П. How would you . . .

1. ask a classmate if she's leaving now? _____

2. tell somebody that Alla already left for the movies and will come back at 10 P.M.? _____

_____

3. ask if Slava already left for the airport? _____

_____

4. tell somebody that you'll arrive in Moscow on Thursday at 8:30 A.M.? _____

_____

5. say that you study more than Bill, but he speaks Russian better than you? _____

_____

6. say that you don't play the saxophone well, but your brother plays worse than you? _____

_____

7. say that last night your Russian instructor was in old blue jeans, an orange shirt, red socks (**носки́**), and purple tennis shoes? _____

_____

8. say that you like to study with earphones on (= in earphones)? _____

_____

9. ask someone what time she usually gets up? _____

_____

10. say that you take a shower and brush your teeth every morning? _____

_____

Ва́ша о́чередь!

Р. Answer the following questions.

1. Когда́ ты прие́хал (прие́хала) сюда́, в э́тот университе́т? _____

_____

2. Когда́ ты пое́дешь домо́й к роди́телям? _____

_____

3. В кото́ром часу́ ты обы́чно встаёшь? _____

_____

4. В котóром часý ты обы́чно ухóдишь (уезжáешь) в университéт? А прихóдишь

(приезжáешь) домóй? _____

_____

5. В котóром часý ты сегóдня ушёл (ушлá) / уéхал (уéхала) в университéт?

_____

6. Как по-твóему, ты лýчше говори́шь по-рýсски, чем други́е студéнты?

_____

7. Как по-твóему, компью́тер IBM бóльше стóит, чем компью́тер Макинтóш? _____

_____

8. Лéтом ты чáще (*more often*) в джи́нсах и́ли в шóртах?

_____

9. Ты чáще всегó (*most often*) хóдишь в си́нем? В чёрном? В крáсном? В бéлом? _____

_____

10. Ты чи́стишь зýбы кáждое ýтро? А кáждый вéчер? _____

_____

Сочинéние

C. Write a short paragraph (seven or eight sentences) about your typical university day. Ideas: What time do you usually get up in the morning? What is your morning routine? When do you leave for the university? When do you come home? Do you usually wear jeans? Shorts? Pants? What do you and your friends usually talk about? About the homework assignments? About instructors? About guys/girls?

_____

_____

_____

_____

_____

_____

_____

_____

_____

РАБОТА В ЛАБОРАТОРИИ

ДИАЛОГИ

Диалог 1 Кто э́то? (Discussing someone's activities)

АА.   Follow along as you listen to the dialogue.

МУЖ.   Посмотри́ в окно́. Кто э́то бежи́т?
ЖЕНА́.   Э́то наш сосе́д Серге́й, аспира́нт университе́та.
МУЖ.   А почему́ он в нау́шниках?
ЖЕНА́.   Он всегда́ в нау́шниках — слу́шает францу́зские те́ксты, у него́ ско́ро экза́мен
по францу́зскому языку́.

- Now read and repeat aloud in the pause after each phrase.
- Now read the lines for the wife aloud.
- Now read the lines for the husband aloud.

Rewrite the dialogue so that the speakers are referring to their neighbor Svetlana, a graduate student who is studying Japanese.

МУЖ.   _____

ЖЕНА́.   _____

МУЖ.   _____

ЖЕНА́.   _____

_____

Диалог 2 Когда́ вы ви́дите друг дру́га? (Discussing work schedules)

ББ.   Follow along as you listen to the dialogue.

ЛИ́ДИЯ ВИ́КТОРОВНА.   Уже́ шесть часо́в. Мой муж обы́чно возвраща́ется с (*from*) рабо́ты в э́то вре́мя.
ВЕ́РА НИКОЛА́ЕВНА.   А мой муж рабо́тает но́чью. Он рабо́тает на «ско́рой по́мощи».
ЛИ́ДИЯ ВИ́КТОРОВНА.   Твой муж рабо́тает но́чью, ты рабо́таешь днём — когда́ же вы ви́дите друг дру́га?
ВЕ́РА НИКОЛА́ЕВНА.   То́лько в суббо́ту и в воскресе́нье.

- Now read and repeat aloud in the pause after each phrase.
- Now read the lines for Vera Nikolaevna aloud.
- Now read the lines for Lidiya Viktorovna aloud.

Why do Vera Nikolaevna and her husband see each other only on weekends?

_____

АУДИРОВАНИЕ

ВВ. You will hear a series of questions asking when certain people leave for or arrive at their destinations. Use the time schedule below to answer the questions.

Расписа́ние поездо́в (*Train schedule*)		
	Вре́мя отбы́тия (*Departures*)	Вре́мя прибы́тия (*Arrivals*)
Москва́ — Петербу́рг	12.30	23.15
Москва́ — Ту́ла	16.45	22.10
Москва́ — Яросла́вль	13.15	17.30
Москва́ — Во́логда	23.30	4.45
Москва́ — Влади́мир	18.45	21.30

ОБРАЗЕ́Ц: *You hear:* Когда́ Ва́ля приезжа́ет в Во́логду?
You write: ___4.45___

1. _____   5. _____

2. _____   6. _____

3. _____   7. _____

4. _____   8. _____

ГГ. Fill in the blanks with **лу́чше, ху́же, бо́льше,** or **ме́ньше,** depending on the situation you hear described.

ОБРАЗЕ́Ц: Фрэнк хорошо́ говори́т по-ру́сски, а То́ни говори́т прекра́сно.
Фрэнк говори́т _ху́же_, чем То́ни.

1. Бри́джет игра́ет _____, чем Ка́рен.

2. Джеймс чита́ет _____, чем Крис.

3. Са́нди разгова́ривает по телефо́ну _____, чем Па́тти.

4. Ко́шка Э́рика _____, чем ко́шка Ла́рри.

5. Ма́ма гото́вит _____, чем па́па.

6. Дя́дя Ва́ня рабо́тает _____, чем дя́дя Пе́тя.

7. Мой брат поёт _____, чем моя́ сестра́.

8. Э́рин игра́ет в волейбо́л _____, чем Ма́рти.

ДД. Who is who at the party? Your friend is identifying people at the party by describing what they are wearing. Match the name on the left with the description on the right. The first one has been done for you.

1. Юля   г   а. purple glasses and blue skirt

2. Антóн   б. black trousers and gray shirt

3. Сáша   в. blue jeans and orange T-shirt

4. Вéра   г. ~~pink blouse and pink shoes~~

5. Свéта   д. green blouse and blue jeans

6. Мúтя   е. brown trousers and yellow shirt

7. Áня   ж. black jeans and red T-shirt

8. Максúм   з. black T-shirt, black skirt, and black shoes

ГОВОРЕНИЕ

ЕЕ. You received a series of phone calls asking if certain people have arrived from various locations. Respond that they will arrive at the indicated time. Pay attention to whether the caller uses the verb **прийти** or **приéхать** and answer accordingly.

ОБРАЗЕЦ: *You hear:*   Михаúл Ивáнович ужé пришёл из лаборатóрии?
           You see: (7.00)
           You say: Нет, он придёт в семь часóв.

1. (*4.00*)   5. (*1.00*)
2. (*10.00 P.M.*)   6. (*Saturday*)
3. (*Wednesday*)   7. (*3.00*)
4. (*10.30*)

ЖЖ. For each activity below, the names of three people are listed. How would you say that the first person is better at the activity than the second but worse than the third?

ОБРАЗЕЦ: *You hear:*   (*reads English*)
           You see: (*reads English*) Люда, Вáся, Дáша
           You say: Люда читáет по-англúйски лýчше, чем Вáся, но хýже, чем Дáша.

1. (*plays the saxophone*) мой брат, моя сестрá, моя мать
2. (*plays chess*) Джáнет, Кэрол, Брент
3. (*plays basketball*) Úгорь, Степáн, Вúктор
4. (*cooks*) моя сестрá, мой отéц, мой брат
5. (*sings*) Сóня, Óля, Вéра
6. (*speaks German*) Лéна, Слáва, Марúна

33. How would you say that the people listed like to talk about the subject indicated?

ОБРАЗЕЦ: *You hear and see:*   (*our landlord — Russian stores*)
           You say: Наш хозяин лю́бит говорúть о рýсских магазúнах.

1. (*my uncle — American tourists*)   5. (*my friend* [*male*] — *Japanese cars*)
2. (*Professor Nikitin — new movies*)   6. (*Aunt Dasha — Moscow streetcars*)
3. (*the salesman — rude foreigners*)   7. (*grandfather — his teeth*)
4. (*my mother — polite waiters*)

ЧАСТЬ ТРЕТЬЯ
Настоя́щий бизнесме́н

РАБОТА ДОМА

ПИСЬМО

Понима́ние те́кста

A. Review the reading on pages 99–100 of your textbook. Then match the sentence halves below.

1. У до́ма Ле́ны тепе́рь чи́сто, _____   а. уда́чи.

2. Сейча́с Ви́ктор занима́ется _____   б. би́знесом.

3. Ви́ктор говори́т, что ему́ о́чень   в. везде́ асфа́льт.

   нра́вится _____   г. уро́ки вожде́ния.

4. Ле́на хо́чет _____   д. хоро́шим води́телем.

5. Ви́ктор мо́жет Ле́ну _____   е. занима́ться би́знесом.

6. Два ра́за в неде́лю Ви́ктор даёт _____   ж. научи́ть води́ть маши́ну.

7. Че́рез два ме́сяца Ле́на ста́нет _____   з. настоя́щим бизнесме́ном.

8. Ви́ктор хо́чет стать _____   и. научи́ться води́ть маши́ну.

9. Ле́на жела́ет Ви́ктору _____

Nouns in «-тель»

Б. How would you make a noun from each of the following verbs?

ОБРАЗЕ́Ц: to buy = покупа́ть   buyer = покупа́тель

1. to read = чита́ть   reader = _____

2. to gather, collect = собира́ть   collector = _____

3. to live = жить   inhabitant = _____

4. to lead, direct = руководи́ть   leader, manager = _____

5. to produce = производи́ть   producer = _____

6. to carry = носи́ть   transmitter, carrier = _____

7. to defeat = победи́ть   winner, victor = _____

8. to build = стро́ить   builder = _____

9. to torment = му́чить   tormenter = _____

10. to observe = наблюда́ть   observer = _____

Being and *becoming*: Instrumental with быть and стать

B. Fill in the blanks below with an appropriate word from the designated column. For each blank **a,** choose from the first column. For blank **б,** choose from the second column, and for blank **в,** choose from the third column. Do not use the words in the second and third columns more than once.

a (*first blank*)	**б** (*second blank*)	**в** (*third blank*)
ма́ленькая де́вочка	актёр / актри́са	врач
ма́ленький ма́льчик	~~балери́на~~	дире́ктор шко́лы
	космона́вт	~~журнали́ст~~
	медсестра́	преподава́тель
	милиционе́р (*policeman*)	перево́дчик (*translator*)
	учи́тель / учи́тельница	юри́ст
	футболи́ст	экономи́ст

ОБРАЗЕЦ: Когда́ Лари́са была́ <u>ма́ленькой де́вочкой,</u>ᵃ она́ люби́ла танцева́ть и хоте́ла стать <u>балери́ной</u>.ᵇ Сейча́с она́ лю́бит писа́ть и хо́чет стать <u>журнали́стом</u>.ᵛ

1. Когда́ Ви́тя был _____,ᵃ он мно́го игра́л в футбо́л и хоте́л стать _____.ᵇ Сейча́с он лю́бит чита́ть об исто́рии и рабо́тать с молоды́ми людьми́. Он хо́чет стать _____ᵛ исто́рии.

2. Когда́ Ма́ша была́ _____,ᵃ она́ о́чень люби́ла чита́ть о ко́смосе и хоте́ла стать _____.ᵇ Сейча́с она́ изуча́ет эконо́мику в университе́те и хо́чет стать _____.ᵛ

3. Когда́ Ге́на был _____,ᵃ он смотре́л мно́го фи́льмов и хоте́л стать _____.ᵇ Сейча́с он изуча́ет неме́цкий и англи́йский языки́ и хо́чет стать _____.ᵛ

4. Когда́ Ве́ра была́ _____,ᵃ её интересова́ла медици́на и она́ хоте́ла стать _____,ᵇ как Фло́ренс На́йтингейл. Медици́на всё ещё интересу́ет её, но сейча́с она́ хо́чет стать _____.ᵛ

5. Когда́ И́ра была́ _____,ᵃ она́ хоте́ла стать _____ᵇ в шко́ле и учи́ть (*teach*) дете́й. Она́ и сейча́с хо́чет рабо́тать в шко́ле, но ещё ей нра́вится быть организа́тором. Она́ хо́чет стать _____.ᵛ

6. Когда́ Андре́й был _____,ᵃ он хоте́л стать _____.ᵇ Он хоте́л остана́вливать (*stop*) води́телей, когда́ они́ бы́стро е́дут. Сейча́с он о́чень лю́бит говори́ть с людьми́ и хо́чет стать _____.ᵛ

Joint action: <мы с + Instrumental>

Г. Each of the following sentences has a multiple subject. Fill in the blanks using the appropriate <мы с + Instrumental> construction.

ОБРАЗЕЦ: (*Oleg and I*) За́втра _____мы с Оле́гом_____ идём в кино́.

1. ([*my*] *daughter and I*) Сего́дня _____ идём в зоопа́рк.

2. (*our new student Jack* [**Джек**] *and I*) Вчера́ _____
   ходи́ли в теа́тр.

3. (*Tanya from the second apartment and I*) _____
   ходи́ли вме́сте к дире́ктору.

4. ([*my*] *parents and I*) Вчера́ _____ смотре́ли по телеви́зору но́вый
   фильм.

5. (*Masha and I*) _____ бы́ли у́тром на стадио́не.

6. (*You and I*) _____ то́лько говори́м по телефо́ну. Когда́ ты
   придёшь ко мне в го́сти?

Doing things: <занима́ться + Instrumental>

Д. Express your opinion: Which do you think is a better way to spend your time or focus your career goals? Use <занима́ться + Instrumental>.

ОБРАЗЕЦ: фи́зика / литерату́ра

Лу́чше занима́ться фи́зикой, чем литерату́рой. *or*

Лу́чше занима́ться литерату́рой, чем фи́зикой.

1. би́знес / му́зыка _____

_____

2. иностра́нные языки́ / спорт _____

_____

3. лингви́стика / литерату́ра _____

_____

4. биоло́гия / эконо́мика _____

_____

5. психоло́гия / психиатри́я _____

_____

6. баскетбо́л / ша́хматы _____

_____

7. исто́рия / поли́тика _____

_____

E. These notes belong to a journalist who was interviewing a Russian businessman. The journalist had typed out his questions, but for answers he wrote only key words. Reconstruct the complete answers for him.

ОБРАЗЕЦ: Чем занима́ется ва́ша ба́бушка? (би́знес)
Она́ занима́ется би́знесом.

1. Чем вы занима́етесь в свобо́дное вре́мя? (спорт)

_____

2. Чем вы занима́лись в университе́те? (фи́зика)

_____

3. Чем занима́ется ва́ша фи́рма? (и́мпорт проду́ктов)

_____

4. Чем занима́ется ва́ша дочь? (ша́хматы)

_____

5. Чем занима́ются в свобо́дное вре́мя ва́ши сыновья́? (футбо́л, те́ннис)

_____

6. Ва́ша жена́ сейча́с в Ита́лии? Чем она́ там занима́ется? (италья́нский язы́к)

_____

Спорт

Ж.   Following are questions about the people in your class and the sports they play. Answer the questions with the given sport. Use the verbs **игра́ть, пла́вать,** and **бе́гать** where possible. Otherwise, answer with **занима́ться.**

ОБРАЗЕЦ: Каки́м ви́дом спо́рта занима́ется Ма́рша? (*tennis*)
Она́ игра́ет в те́ннис.

1. Каки́м ви́дом спо́рта занима́ется Стив? (*gymnastics*)

_____

2. Каки́м ви́дом спо́рта занима́ется Нейт? (*basketball*)

_____

3. Каки́м ви́дом спо́рта занима́ется Пе́гги? (*running*)

_____

4. Каки́м ви́дом спо́рта занима́ется Ке́йти? (*volleyball* = **волейбо́л**)

_____

5. Каки́м ви́дом спо́рта занима́ется Майк? (*golf*)

_____

6. Каки́м ви́дом спо́рта занима́ется Бри́джет? (*aerobics*)

_____

7. Каки́м ви́дом спо́рта занима́ется Джордж? (*soccer*)

_____

8. Каки́м ви́дом спо́рта занима́ется Веро́ника? (*swimming*)

_____

Time expressions: че́рез and наза́д

3. Rewrite the following past-tense sentences in the future, using **че́рез**. All items except number 1 contain perfective verbs, so the future will be a conjugated form with *no* helping verb.

ОБРАЗЕЦ: Ме́сяц наза́д я был в Ло́ндоне. <u>Че́рез ме́сяц я бу́ду в Ло́ндоне.</u>

1. Мы бы́ли в Нью-Йо́рке неде́лю наза́д.

_____

2. Два ме́сяца наза́д Ва́ля купи́л но́вую маши́ну.

_____

3. Год наза́д Андре́й зако́нчил университе́т.

_____

4. Неде́лю наза́д Ли́дия Серге́евна начала́ учи́ться води́ть маши́ну.

_____

5. Серге́й позвони́л Лари́се де́сять мину́т наза́д.

_____

6. Оте́ц вы́шел из до́ма пятна́дцать мину́т наза́д.

_____

7. Смирно́вы прие́хали в наш го́род год наза́д.

_____

8. Я взял (взяла́) э́ту кни́гу в библиоте́ке три дня наза́д.

_____

И. Choose a time expression from one of the boxes below to form a logical completion to the following sentences. Remember that from a given point in time **че́рез** refers to the future and **наза́д** refers to the past.

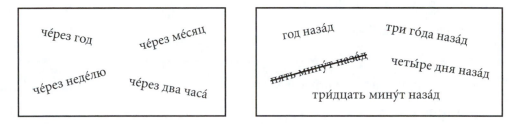

ОБРАЗЕЦ: Я говори́ла с ма́мой <u>пять мину́т наза́д</u>.

1. Мы хоти́м пойти́ на экску́рсию в Кремль _____

2. Рома́н Ильи́ч жил в Ирку́тске _____

3. Я прие́хал в Москву́ _____

4. Вы пое́дете в Росси́ю _____

5. Она́ научи́лась гото́вить _____

6. Мы ви́дели на́шего сосе́да _____

7. Оле́г зако́нчит шко́лу _____

8. Мой друг принесёт вам э́ту статью́ _____

Expressing frequency: Как ча́сто?

К. Complete the following mini-dialogues by answering the question **Как ча́сто?** (*How often?*) using the information provided in parentheses.

ОБРАЗЕЦ: — Ма́ша обы́чно звони́т бра́ту ве́чером.

— Она́ ча́сто ему́ звони́т?

— (2 / неде́ля) <u>Она́ звони́т ему́ два ра́за в неде́лю.</u>

1. — Са́ша игра́ет в футбо́л.

— Он ча́сто игра́ет в футбо́л?

— (3 / неде́ля) _____

2. — Ва́ля с сы́ном сейча́с гуля́ют в па́рке.

— Они́ ча́сто гуля́ют в па́рке?

— (2 / день) _____

3. — Сего́дня мы смо́трим э́ту програ́мму по телеви́зору.

— Вы ча́сто смо́трите э́ту програ́мму?

— (4 / ме́сяц) _____

4. — Сего́дня ма́ма гото́вит пи́ццу.

— Она́ ча́сто гото́вит пи́ццу?

— (1 / неде́ля) _____

5. — За́втра Ри́чард приезжа́ет в Москву́.

— Он ча́сто приезжа́ет в Москву́?

— (5 / год) _____

6. — Ве́чером мы с друзья́ми бу́дем игра́ть в ка́рты.

— Вы ча́сто игра́ете в ка́рты?

— (2 / ме́сяц) _____

7. — Я не пойду́ в кино́, ко мне приезжа́ют роди́тели.

— К тебе́ ча́сто приезжа́ют роди́тели?

— (3 / год) _____

8. — Я беру́ уро́ки вожде́ния.

— Ты ча́сто берёшь уро́ки вожде́ния?

— (3 / неде́ля) _____

Л. Below are some of the activities Anya does on a regular basis each week. How often does she do each of them? Complete the sentences using an expression with **ка́ждый** or **раз.** In some instances there is more than one possibility.

	понеде́льник	вто́рник	среда́	четве́рг	пя́тница	суббо́та	воскресе́нье
у́тром	- за́втрак - контро́льная	- за́втрак - аэро́бика	- за́втрак - аэро́бика	- за́втрак	- за́втрак - аэро́бика	- за́втрак - аэро́бика	- за́втрак
днём	- эл. по́чта - аэро́бика		- эл. по́чта	- контро́льная	- эл. по́чта	- кино́	- обе́д с роди́телями
ве́чером	- смотре́ть но́вости	- смотре́ть но́вости	- смотре́ть но́вости	- смотре́ть но́вости	- смотре́ть но́вости - кино́	- смотре́ть но́вости - конце́рт	- смотре́ть но́вости

ОБРАЗЕЦ: Áня смо́трит но́вости <u>ка́ждый ве́чер.</u>

1. Áня проверя́ет электро́нную по́чту _____

2. Она́ занима́ется аэро́бикой _____

3. Она́ обе́дает с роди́телями _____

4. Áня хо́дит в кино́ _____

5. Она́ за́втракает _____

6. У неё контро́льная _____

7. Она́ хо́дит на конце́рт _____

Teaching and learning *to do* things

M. Mark the following sentences with **T** (for *teach*) or **L** (for *learn*), depending on whether the subject of the sentence is teaching or learning something. The first one has been done for you.

1. ___T___ Еле́на Ю́рьевна <u>бу́дет учи́ть</u> Воло́дю игра́ть на скри́пке.

2. _____ Мой мла́дший (*younger*) брат <u>научи́лся</u> чита́ть в про́шлом году́.

3. _____ Рома́н <u>научи́л</u> Ка́тю петь францу́зскую пе́сню.

4. _____ Мы <u>у́чимся</u> игра́ть в те́ннис.

5. _____ Кто тебя́ <u>научи́л</u> гото́вить борщ?

6. _____ Мы обяза́тельно <u>нау́чим</u> тебя́ гото́вить пи́ццу.

7. _____ Я о́чень хочу́ <u>научи́ться</u> игра́ть на гита́ре.

8. _____ Моя́ сестра́ о́чень бы́стро <u>научи́лась</u> говори́ть по-испа́нски.

Н. How would you translate the following into Russian?

ОБРАЗЕЦ: Mom is teaching me to play the piano. <u>Ма́ма у́чит меня́ игра́ть на роя́ле.</u>

I am learning to play the piano. <u>Я учу́сь игра́ть на роя́ле.</u>

1. My sisters taught me to cook. _____

_____

2. I learned to cook many years ago. _____

_____

3. He learned to drive when he was a little boy. _____

_____

4. His father taught him to drive a tractor (**тра́ктор**). _____

_____

5. She wants to learn to play tennis. _____

_____

6. Her brother will teach her to play tennis. _____

_____

Перево́д

О. Translate the following dialogue into Russian.

"I want to learn to play the piano."
"My brother plays the piano very well. He went to the conservatory."
"Does he give music lessons?"
"I don't know. I can ask him. Two years ago he gave music lessons, but he studies a lot now. I don't know whether
    he has time to give lessons (**дава́ть уро́ки**) now."

_____

_____

_____

_____

_____

_____

Повторе́ние — мать уче́ния

П. Following is a summary of the reading in Part 3. Fill in the blanks with words that maintain the context of the reading. You will have to change the form of some of the words. You will have to use one word twice. The events are retold in the present tense, as they occur in the reading.

Ви́ктор сейча́с действи́тельно _____¹	
би́знесом. Занима́ться _____² тру́дно, но э́то ему́ о́чень	автошко́ла
нра́вится. Он сейча́с рабо́тает в _____.³ Два ра́за в	беспла́тно
_____⁴ он даёт уро́ки вожде́ния. Э́то оди́н	би́знес
из его́ _____.⁵	води́тель
Ле́на хо́чет _____⁶ води́ть маши́ну.	занима́ться
Ви́ктор говори́т, что он мо́жет её _____⁷	научи́ть
_____⁸ два ме́сяца она́ бу́дет хоро́шим	научи́ться
_____.⁹ Для Ле́ны э́то бу́дет	неде́ля
_____.¹⁰ Настоя́щий бизнесме́н всегда́	че́рез
что́-нибудь де́лает беспла́тно.	

Ситуа́ции

Р. How would you . . .

1. say that you and Tamara are doing aerobics on Saturday?

   _____

2. ask a fellow student what sport he plays?

   _____

3. say that you want to become a teacher of Russian literature?

   _____

4. say that you and your mom are leaving for the store in twenty minutes?

   _____

5. say that your brother did gymnastics in school?

   _____

6. say that your family lived in Europe five years ago?

   _____

7. say that you eat breakfast every day but eat dinner (**у́жинать**) only three or four times a week?

   _____

   _____

8. say that you and Dennis are learning to play tennis? Your neighbor is teaching you.

_____

_____

Ваша очередь!

C. Answer the following questions.

1. Каким видом спорта ты занимаешься? _____

_____

2. Кем ты хочешь стать? _____

3. Как часто ты проверяешь электронную почту? _____

_____

4. Кто научил тебя водить машину? _____

5. Кто научил тебя готовить? _____

6. Кем ты хотел (хотела) стать, когда ты был маленький (была маленькая)?

_____

_____

7. Где ты жил (жила) 10 лет назад? _____

8. Как ты думаешь, где ты будешь жить через 10 лет? _____

_____

9. Как часто ты занимаешься русским языком? _____

Сочинение

T. Write a short paragraph (seven or eight sentences) about things that you do on a regular basis. Ideas: What do you do every morning? Every evening? Once a week? Twice a month? How often do you study? How often do you call your parents or do they call you? How often do you cook, go to the movies, go to a café, etc.?

_____

_____

_____

_____

_____

_____

_____

_____

_____

РАБОТА В ЛАБОРАТОРИИ

ДИАЛОГИ

Диалог 1 Тебе́ ну́жно… (Offering advice)

AA.   Follow along as you listen to the dialogue.

ИРА.   Я хочу́ научи́ться води́ть маши́ну.
ДИ́МА.   Тебе́ ну́жно брать уро́ки вожде́ния (*driving*). Я зна́ю о́чень хоро́шую автошко́лу.
ИРА.   А где э́та автошко́ла?
ДИ́МА.   Вот но́мер телефо́на и а́дрес. Там хоро́шие инстру́кторы. Они́ тебя́ нау́чат хорошо́ води́ть маши́ну.

- Now read and repeat aloud in the pause after each phrase.
- Now read the lines for Dima aloud.
- Now read the lines for Ira aloud.

How would you say in Russian, "They'll teach you to sing very well"? _____

_____

Диалог 2 Ни пу́ха ни пера́! (Wishing good luck)

ББ.   Follow along as you listen to the dialogue.

А́НЯ.   До́брое у́тро, Та́ня. Я тебе́ звони́л не́сколько раз вчера́ ве́чером, но тебя́ не́ было до́ма.
ТА́НЯ.   Да, я была́ в библиоте́ке.
А́НЯ.   Весь ве́чер?
ТА́НЯ.   Да, я там занима́лась. Учи́ла исто́рию. У меня́ за́втра экза́мен.
А́НЯ.   Ни пу́ха ни пера́!
ТА́НЯ.   К чёрту!

- Now read and repeat aloud in the pause after each phrase.
- Now read the lines for Tanya aloud.
- Now read the lines for Anya aloud.

What was Tanya studying, where, and why? _____

_____

АУДИ́РОВАНИЕ

ВВ.   You have been invited to the home of a Russian classmate. His parents ask you questions about yourself. Circle the most appropriate response for each question. The first one has been done for you.

1. а. Я люблю́ Москву́.
   б. Три ме́сяца наза́д.
   в. В университе́те.
   г. Че́рез две неде́ли.

2. а. Да, в университе́те.
   б. Музе́и и теа́тры.
   в. Да, о́чень.
   г. Большо́е спаси́бо.

3. а. Я учу́сь в университе́те.
   б. Да, мно́го.
   в. Ка́ждый день.
   г. Мне здесь о́чень нра́вится.

4. а. Немно́го.
   б. Хорошо́, спаси́бо.
   в. Ру́сскую исто́рию.
   г. Раз в ме́сяц.

5. а. В 6 часов утра́.

    б. Би́знесом.

    в. Два ра́за в ме́сяц.

    г. Исто́риком.

6. а. Че́рез четы́ре ме́сяца.

    б. Я хочу́ прие́хать сюда́ опя́ть.

    в. Да, три ме́сяца.

    г. Два ме́сяца наза́д.

7. а. Да, че́рез два дня.

    б. Да, ру́сским языко́м.

    в. Да, три дня наза́д.

    г. Да, раз в неде́лю.

8. а. Нет, не о́чень.

    б. Большо́е спаси́бо.

    в. Да, о́чень.

    г. Хорошо́, спаси́бо.

ГГ. You are eating dinner with a Russian family and they are talking about what happened when in their lives. Match each event with the time that it happened. One example has been done for you.

ОБ. ___ж___ We arrived in Moscow with Grandfather.

1. _____ Sasha started studying at the university.

2. _____ Lena graduated and started working for an American company.

3. _____ We married.

4. _____ Sasha was born.

5. _____ Lena got married.

6. _____ Lena met her future husband in the States.

7. _____ You arrived in Russia.

а. 4 months ago

б. 1 year ago

в. 2 years ago

г. 3 years ago

д. 5 years ago

е. 22 years ago

ж. ~~30 years ago~~

з. 35 years ago

ДД. How often does Doris do each of the following activities? Listen to the text and match the two columns. The first one has been done for you.

1. ___д___ eats breakfast

2. _____ studies at the university

3. _____ works at the emergency medical service

4. _____ works at the lab

5. _____ swims

6. _____ goes to the movies

7. _____ studies at home

8. _____ calls home

9. _____ invites friends to dinner

10. _____ goes to a concert

11. _____ goes to California

а. once a week

б. twice a week

в. three times a week

г. twice a month

д. ~~every morning~~

е. every evening

ж. every month

з. every year

и. every Tuesday

к. every Thursday

л. every Sunday

ГОВОРЕНИЕ

EE. How would you say that you and another person are doing the following activities?

> ОБРАЗЕЦ: *You hear and see:* (*you and Alan / going to the movies this evening*)
> *You say:* Сего́дня ве́чером мы с А́ланом идём в кино́.

1. (*you and Natasha / playing volleyball at the gym today*)
2. (*you and John / going to Red Square tomorrow*)
3. (*you and [your] sister / buying a computer and printer today*)
4. (*you and [your] brother / running in the park tomorrow morning*)
5. (*you and Aunt Linda / going to Washington tomorrow*)
6. (*you and Uncle Robert / going to the soccer game on Saturday*)

ЖЖ. Somebody is asking you about the students in your study-abroad group and what they want to become. Using the cued item, respond that you think this is what they want to become.

> ОБРАЗЕЦ: *You hear:* Кем хо́чет стать А́арон?
> *You see:* (*Aaron / actor*)
> *You say:* Ка́жется, он хо́чет стать актёром.

1. (*Becky / doctor*)
2. (*Darren / businessman*)
3. (*Kristina / schoolteacher*)
4. (*Jean / actress*)
5. (*Oliver / athlete*)
6. (*Diana / president*)
7. (*Sandra / ballerina*)
8. (*Eric / astronaut*)

33. You are a very talented person and your classmates want to know which family members were responsible for teaching you what. Correct their guesses according to the information provided.

> ОБРАЗЕЦ: *You hear:* Тебя́ научи́ла гото́вить ма́ма?
> *You see:* (*grandmother*)
> *You say:* Нет, меня́ научи́ла ба́бушка.

1. (*mother*)
2. (*grandfather*)
3. (*brother*)
4. (*your aunt*)
5. (*your uncle*)
6. (*sister*)

ЧАСТЬ ЧЕТВЁРТАЯ
Чёрная ко́шка

РАБОТА ДОМА

ПИСЬМО

Понима́ние те́кста

А. Review the reading on pages 116–117 of your textbook. Two groups of people are preparing to do two different things. Put a 1 next to everything (people and plans) that pertains to the small group and put a 2 next to everything that pertains to the large group. Then label as many of the people's names as possible with **С** for **суеве́рный,** superstitious, or **Н** for **несуеве́рный,** not superstitious. For some characters, this is a matter of interpretation.

а. ____/____ Джим

б. ____/____ Илья́ Ильи́ч

в. ____/____ Ната́лья Ива́новна

г. ____/____ Са́ша

д. ____/____ Све́та

е. ____/____ Серге́й Петро́вич

ж. ____/____ Та́ня

з. ____/____ Татья́на Дми́триевна

и. _____ е́дет авто́бусом

к. _____ е́дет на маши́не

л. _____ идёт на футбо́льный матч

м. _____ идёт на экску́рсию

Б. Match the Russian omen with its believed consequences. Some of the consequences in the right-hand column will be used more than once.

1. _____ Вы ви́дите паука́.

2. _____ У вас па́дает нож.

3. _____ У вас па́дает ви́лка.

4. _____ Вы рассы́пали соль за столо́м.

5. _____ Вы поздоро́вались за́ руку че́рез поро́г.

6. _____ Вам перебежа́ла доро́гу чёрная ко́шка.

7. _____ Вы забы́ли до́ма каку́ю-нибудь

вещь и верну́лись за ней.

8. _____ Вы встре́тили челове́ка, кото́рый

несёт по́лное ведро́.

9. _____ Вы встре́тили челове́ка, кото́рый

несёт пусто́е ведро́.

а. Бу́дет ссо́ра.

б. Вам повезёт.

в. Вам не повезёт.

г. Вы полу́чите письмо́.

д. У вас бу́дет гость — мужчи́на.

е. У вас бу́дет го́стья — же́нщина.

Going by vehicle: Вы тóже éдете автóбусом?

B. Students from Moscow are planning their vacations. Describe who is going where and what type of transportation you think will be used. Make a logical choice from those listed in the box below.

в Áльпы (*Alps*) / пóезд

в Вéну (*Vienna*) / машúна

на Чёрное мóре (*sea*) / автóбус

в Хéльсинки / пóезд

на кинофестивáль / автóбус

~~в Петербýрг / пóезд~~

во Фрáнцию / машúна

ОБРАЗÉЦ: Ирúна лю́бит архитектýру, поэ́тому онá <u>поéдет в Петербýрг</u>, <u>по-мóему, на пóезде.</u>

1. Брáтья Петрóвы занимáются плáванием, поэ́тому онú _____

   _____

2. Я изучáю фúнский язы́к, поэ́тому я _____

   _____

3. Мы лю́бим кинó, поэ́тому мы _____

   _____

4. Úгорь лю́бит снег, поэ́тому он _____

   _____

5. У Лéны бáбушка живёт в Парúже, поэ́тому онá _____

   _____

6. Олéг лю́бит óперу, поэ́тому он _____

   _____

Anyone/someone, anything/something: **ктó-нибудь, чтó-нибудь**

Г. Fill in the blanks with the correct form of **чтó-нибудь, ктó-нибудь,** or **когдá-нибудь** as required by context.

   ОБРАЗÉЦ: — Вы не знáете, Андрéй подарúл <u>чтó-нибудь</u> бáбушке на Нóвый год?
   — Кáжется, нет.

1. — Вас _____ встрéтил на вокзáле?

   — Конéчно. Мой сын с женóй.

2. — Сегóдня бýдет _____ интерéсное по телевúзору?

   — По-мóему, нет.

3. — Возьмú с собóй _____ почитáть!

   — Не нýжно, я куплю́ на стáнции газéту.

4. — Вы _____ вúдели настоя́щего актёра?

   — Нет, а вы?

5. — У нас сего́дня го́сти. Ты пригото́вила _____?

— Нет, я забы́ла, что го́сти прихо́дят сего́дня! Что де́лать?

6. — Вы _____ чита́ли «А́нну Каре́нину»?

7. — Мне _____ [a] звони́л?

— Да, звони́ла ва́ша дочь и проси́ла принести́ ей _____ [б] вку́сное.

Dative plural of nouns, adjectives, and possessives

Д. **Кому́ что нра́вится?** Choose logical combinations from the boxes below and, using **нра́вится** or **нра́вятся**, tell who likes what.

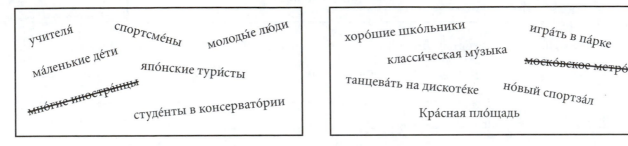

учителя́   спортсме́ны   молоды́е лю́ди

ма́ленькие де́ти   япо́нские тури́сты   ~~мно́гие иностра́нцы~~   студе́нты в консервато́рии

хоро́шие шко́льники   игра́ть в па́рке   класси́ческая му́зыка   ~~моско́вское метро́~~   танцева́ть на дискоте́ке   но́вый спортза́л   Кра́сная пло́щадь

ОБРАЗЕ́Ц: Мно́гим иностра́нцам нра́вится моско́вское метро́.

1. _____

2. _____

3. _____

4. _____

5. _____

6. _____

Е. Complete the following sentences logically with one of the noun phrases listed below. Write the phrase in the plural. Hint: Each sentence contains verbs that require objects in the Dative case.

~~мои́ бра́тья~~   мои́ де́ти   свои́ но́вые аспира́нты

свои́ друзья́   на́ши но́вые сосе́ди   э́ти молоды́е лю́ди

э́ти статьи́   ру́сские бизнесме́ны   на́ши иностра́нные го́сти

ОБРАЗЕ́Ц: Мои́м бра́тьям не ну́жно бо́льше гото́вить — ба́бушка прие́хала.

1. Преподава́тель исто́рии Фёдор Константи́нович обеща́л (*promised*) _____

показа́ть са́мую ста́рую у́лицу в на́шем го́роде.

2. К нам прие́хали но́вые студе́нты из А́нглии. Они́ ка́ждый ве́чер звоня́т по телефо́ну

_____ в Аме́рику.

3. Ва́ша му́зыка меша́ет _____ занима́ться. Они́ гото́вятся к контро́льной.

4. _____ не нра́вится, когда́ ты гро́мко игра́ешь на тромбо́не.

В их кварти́ре всё слы́шно.

5. Я хочу́ пожела́ть _____ уда́чи в дела́х. Ведь занима́ться би́знесом большо́й риск.

6. Неуже́ли ты ве́ришь _____? В э́том журна́ле всегда́ то́лько ерунда́ (*nonsense*).

7. Вы должны́ рассказа́ть _____ о ва́шем би́знесе. Мо́жет быть, таки́х би́знесов в их стране́ нет.

8. Дава́йте помо́жем _____. Они́, ка́жется, заблуди́лись.

Declensional details of some "people" nouns

Ж.   Identify the case of each of the nouns in question in the following sentences and write it in the parentheses. Then fill in the blank with the correct *plural* form of the word.

ОБРАЗЕЦ: На́до позвони́ть ____матеря́м____ (ма́тери)(*Dative*) всех на́ших шко́льников.

1. — Где Бори́с и А́нна?

— Они́ в па́рке, игра́ют с мои́ми _____ (де́ти) (_____).

2. По-мо́ему, все _____ (сыновья́) (_____) похо́жи на _____ (отцы́) (_____), а все _____ (до́чери) (_____) похо́жи на _____ (ма́тери) (_____).

3. Моя́ сестра́ о́чень лю́бит разгова́ривать с _____ (лю́ди) (_____) в метро́.

4. Вы так хорошо́ понима́ете матема́тику. Помоги́те, пожа́луйста, мои́м _____ (сыновья́) (_____).

5. Я пригласи́ла свои́х _____ (друзья́) (_____) на обе́д.

6. Э́та маши́на о́чень популя́рная. Она́ у мно́гих _____ (лю́ди) (_____) в на́шем го́роде.

7. Я всегда́ покупа́ю свои́м _____ (бра́тья) (_____) и _____ (сёстри) (_____) компа́ктные ди́ски на день рожде́ния.

8. Людми́ла Васи́льевна о́чень лю́бит говори́ть о свои́х _____ (до́чери) (_____) и _____ (сыновья́) (_____).

3. Many American clothing brands are known in much of the world. Following is some background information about three brands of clothing that appeared in the Russian magazine *Ровёсник*. Skim through the paragraphs to find the answers to the following questions. Write your responses in English.

1. When Tommy Hilfiger started his career, what type of clothing did he design?

   _____

2. Who used to wear clothing with his label? _____

3. Who wears it now? _____

4. According to the author of the article, Calvin Klein clothing has become the symbol of what?

   _____

5. What articles of clothing made by Calvin Klein are mentioned in the paragraph?

   _____

6. For whom is the Adidas brand named? When did it receive that name?

   _____

7. At what public event did the Adidas brand appear in 1928?

   _____

8. The journalist made a major error here. The article states that an American athlete wore Adidas shoes at the 1936 Olympics. Who is named?

   _____

   What should the name be? _____

9. Where were these Olympics held? _____

10. According to the author, what type of musicians favor Adidas shoes?

    _____

reVERBerations: Expressing wishes

И.   What wishes could you make in the following situations? Choose a logical phrase from the box below to create a wish using <**жела́ть** + Dative + Genitive> or <**жела́ть** + Dative + infinitive>.

> уда́ча   ~~всё хоро́шее~~   счастли́вый Но́вый год
>
> сча́стье (*happiness*) и здоро́вье (*health*)   хорошо́ провести́ вре́мя

ОБРАЗЕ́Ц: — До свида́ния, Пётр Миха́йлович. О́чень прия́тно познако́миться.
— До свида́ния, Мари́я Фёдоровна. <u>Жела́ю вам всего́ хоро́шего.</u>

1. — Мы реши́ли на́чать свой би́знес.

   — _____!

2. — Уже́ 1-ое января́!

   — _____!

3. — Ты бу́дешь за́втра в университе́те?

   — Нет, мы с друзья́ми е́дем за́втра на пикни́к.

   — _____!

4. — Ма́ша и Ди́ма, мы о́чень ра́ды, что вы наконе́ц пожени́лись!

   — _____!

Перево́д

К.   Translate the following dialogue into Russian.

"Tell me, Ira, are you superstitious?"
"Not very, but I read (my) horoscope."
"Every day?"
"No. Two or three times a week."
"What is your zodiac sign?"
"I'm Leo. And you?"
"I'm _____." [*Insert your own sign here.*]

_____

_____

_____

_____

_____

_____

_____

Повторе́ние — мать уче́ния

Л. Following is a summary of the reading in Part 4. Fill in the blanks with words that maintain the context of the reading. You will have to change the form of some of the words. Use each word only once. The events are retold in the present tense, as they occur in the reading. Events that happen after the action of the reading will call for the corresponding future tense (marked with two asterisks**).

У Ната́льи Ива́новны и Серге́я Петро́вича биле́ты на футбо́л. У

подъе́зда они́ _____[1] Татья́ну

Дми́триевну, Илью́ Ильича́, Джи́ма, Са́шу, Та́ню и Све́ту, кото́рые

то́же _____[2] из до́ма. Они́ все иду́т на

_____[3] по «Неизве́стной Москве́». Они́

е́дут в центр _____,[4] а Си́лины е́дут на

стадио́н на _____[5]

Вдруг они́ ви́дят чёрную ко́шку, кото́рая перебега́ет (*crosses*) им

доро́гу. Са́ша говори́т, что _____[6] бу́дет

то́лько у того́, кто _____[7]** пе́рвым, и он

идёт пе́рвым. Серге́й Петро́вич говори́т, что он не ве́рит в

_____[8] ко́шек, но когда́ чёрная ко́шка

опя́ть перебега́ет им доро́гу, он говори́т, что и́ли бу́дет

_____[9] и́ли их кома́нда (*team*)

_____.[10]**

авто́бус
встреча́ть
выхо́дить
дождь
маши́на
неуда́ча
пойти́
проигра́ть
чёрный
экску́рсия

Ситуа́ции

М. How would you . . .

1. say that you are taking the bus to the Kremlin?

_____

2. ask a classmate if she is walking (going by foot) to the university?

_____

3. ask a classmate if she bought her brothers anything when she was in Petersburg?

_____

_____

4. ask your host parents if they've ever been in Yalta?

_____

5. ask if anybody called while you were at the store?

_____

6. ask if Russian tourists like New York more than Chicago?

_____

7. say that you call your friends every week?

_____

8. ask someone if she believes in astrology?

_____

9. tell what your zodiac sign is?

_____

10. wish a classmate luck before a test?

_____

Ва́ша о́чередь!

H. Answer the following questions.

1. В Аме́рике (в Кана́де) ты ча́сто е́здишь на по́езде? А на авто́бусе?

_____

2. Ты всегда́ е́здишь в университе́т на маши́не и́ли иногда́ хо́дишь пешко́м?

_____

_____

3. Ты когда́-нибудь был (была́) в Чика́го? А в Сан-Франци́ско?

_____

4. Ты вчера́ купи́л (купи́ла) что́-нибудь в магази́не?

_____

5. Ты ча́сто звони́шь свои́м друзья́м? А роди́телям?

_____

6. Что осо́бенно (*especially*) нра́вится америка́нским (кана́дским) тури́стам в Москве́?

_____

7. Ты суеве́рный (суеве́рная)? Ты ве́ришь в чёрных ко́шек?

_____

8. Ты чита́ешь гороско́п? Как ча́сто?

_____

9. У тебя́ на бу́дущей неде́ле контро́льная? Ни пу́ха ни пера́! (*How should you respond?*)

_____

Сочинéние

O. Write a short paragraph (seven or eight sentences) about what foreigners like or don't like about your town or state (province). Ideas: Do foreign students like the university? Do foreign tourists like the downtown? Is it nice to walk around downtown? What places do tourists like to visit? How do they get there? Can they go by bus, subway, or streetcar? Do many of them have their own car?

_____

_____

_____

_____

_____

_____

_____

_____

Fun with grammar! Case review

П. Fill in the blanks of the following sentences with the appropriate case endings. Not all blanks, however, will have an ending. Then enter the words into the crossword puzzle below to help check your spelling. The letter-number combinations (e.g., **г**12) at the end of each sentence indicate the location of the word or words in the puzzle. The first letter and number are for the first word and so on. Note that **г** is for **горизонтáль,** or horizontal; **в** is for **вертикáль,** or vertical.

1. Он чáсто хóдит в жёлт_____ брюк_____ и зелён_____ рубáшк_____ (*singular*). (в2) (г29) (в21) (г9)

2. Моя́ сестрá óчень лю́бит говори́ть с немéцк_____ тури́ст_____(*plural*). (в14) (г11)

3. По-мóему, Сан-Франци́ско сáм_____ интерéсн_____ гóрод в США. (г24) (г30)

4. Когдá Ми́ша был мáленьк_____ мáльчик_____, он хотéл стать учи́тел_____. (в18) (г27) (в3)

5. Óльга занимáется гимнáстик_____. (в19)

6. Наш дом нахóдится (*is located*) мéжду япóнск_____ ресторáн_____ и аптéк_____. (в13) (в9) (г28)

7. — Ты чáсто проверя́ешь электрóнную пóчт_____? (в6)

   — Да, четы́ре раз_____ в недéл_____. (в26) (г10)

8. Кáжд_____ у́тр_____ он зáвтракает в вóсемь час_____. (г16) (г8) (г5)

9. Чéрез год_____ я поéду в Росси́_____. (г22) (в1)

10. Ты из Аризо́н_____ и́ли Теха́с_____? (в17) (г15)

11. Ты хо́чешь научи́ться игра́ть на скри́пк_____? Я могу́ т_____ (you) научи́ть. (в7) (г12)

12. Обы́чно я е́зжу на рабо́ту на авто́бус_____, но сего́дня я е́ду на такс _____. (в4) (в25)

13. Иностра́нц_____ ча́сто нра́вится Петербу́рг бо́льше, чем Москв _____. (г20) (г23)

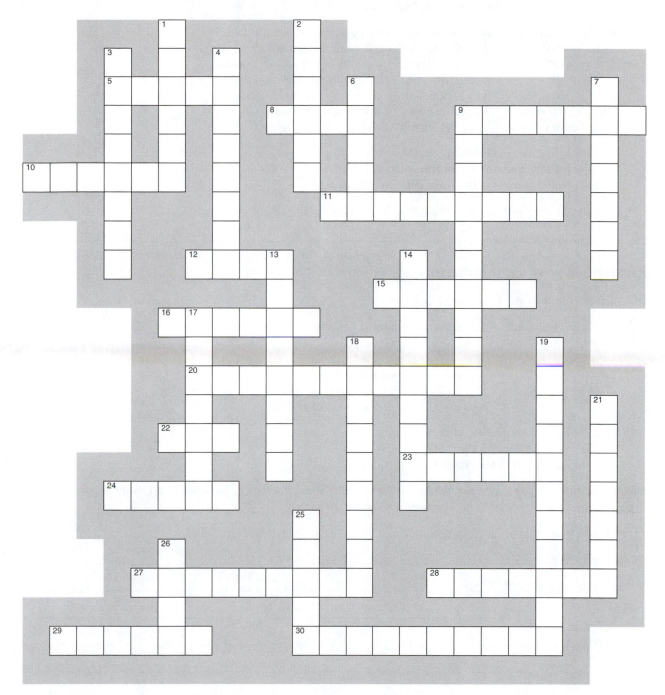

РАБОТА В ЛАБОРАТОРИИ

ДИАЛОГИ

Диалог 1 Какая будет погода? (Discussing the weather)

АА.   Follow along as you listen to the dialogue.

ЛЮДМИЛА ПЕТРОВНА.	Как вы думаете, завтра будет хорошая погода?
АНТОН ИВАНОВИЧ.	Думаю, что да. Вы не слышали прогноз (*forecast*) погоды?
ЛЮДМИЛА ПЕТРОВНА.	Слышал. Прогноз хороший. Но прогноз погоды на сегодня тоже был хороший, а погода плохая, идёт дождь.
АНТОН ИВАНОВИЧ.	Завтра не будет дождя. Будет хороший день.
ЛЮДМИЛА ПЕТРОВНА.	Будем надеяться (*let's hope*), что вы правы.

- Now read and repeat aloud in the pause after each phrase.
- Now read the lines for Anton Ivanovich aloud.
- Now read the lines for Lyudmila Petrovna aloud.

How do you say in Russian, "I think so"?

_____

Диалог 2 Я хочу вас пригласить (Invitation to a sports event)

ББ.   Follow along as you listen to the dialogue.

ВИКТОР МИХАЙЛОВИЧ.	Вы любите футбол?
ПЁТР СТЕПАНОВИЧ.	Я больше люблю хоккей.
ВИКТОР МИХАЙЛОВИЧ.	Жаль. У меня есть лишний билет на финальный матч, и я хотел вас пригласить.
ПЁТР СТЕПАНОВИЧ.	Я с удовольствием пойду! Я люблю хоккей больше, чем футбол, но футбол я тоже люблю.

- Now read and repeat aloud in the pause after each phrase.
- Now read the lines for Pyotr Stepanovich aloud.
- Now read the lines for Viktor Mikhailovich aloud.

How would the dialogue read if the two people were talking about hockey and basketball, and Pyotr Stepanovich preferred basketball to hockey? (*hockey game* = **хоккейный матч**)

ВИКТОР МИХ.	_____
ПЁТР СТЕП.	_____
ВИКТОР МИХ.	_____
	_____
ПЁТР СТЕП.	_____
	_____

АУДИРОВАНИЕ

ВВ. You will hear a series of sentences. Decide which of the options below would be the most appropriate translation and circle the answer.

ОБРАЗЕЦ: Ди́ма суеве́рный, но он говори́т, что он не ве́рит в чёрных ко́шек.

a. Dima is superstitious and he says he is very afraid of black cats.

б. Dima is not superstitious, but he says he believes in black cats.

(в.) Dima is superstitious, but he says he doesn't believe in black cats.

г. Dima isn't superstitious and he is not afraid of black cats.

1. a. Do you want to go to the final game? We can buy tickets on the way.

   б. Do you want to go to the final game? The tickets are not too expensive.

   в. Do you want to go to the final game? I have an extra ticket.

   г. Do you want to go to the final game? The tickets are rather expensive.

2. a. Let's listen to the weather forecast and see if it's going to rain.

   б. Did you hear the weather forecast? I think it's supposed to rain.

   в. Tina heard the weather forecast. It's supposed to rain.

   г. Did you hear the weather forecast? Is it going to rain?

3. a. Are you superstitious? You forgot your backpack and didn't go back to get it.

   б. Are you superstitious? You threw your backpack at that black cat.

   в. Aren't you superstitious? You shouldn't go back to get your backpack when you leave it at home.

   г. You aren't superstitious, are you? Why didn't you go home to get the backpack you forgot?

4. a. Good luck with your new business. It's not a very big risk, though.

   б. You're going to need a lot of luck in your new business. It's rather risky.

   в. Good luck with your new business. It's a big risk.

   г. You'll need more than luck in your new business. It's a big risk.

5. a. Everybody is afraid of young people today. It's risky to work with them.

   б. Young people nowadays aren't afraid to take risks. They aren't afraid of anything.

   в. Young people today are afraid to take risks. They are afraid of so many things.

   г. Nobody is afraid of young people today. They pose no great risk to us.

ГГ. You will hear a series of sentences. Decide whether the phrase in the Dative case is in the singular or plural and mark the appropriate column.

ОБРАЗЕЦ: Моему́ бра́ту не ну́жно мно́го рабо́тать.

	SINGULAR	PLURAL			SINGULAR	PLURAL
Об.	✕	____	5.		____	____
1.	____	____	6.		____	____
2.	____	____	7.		____	____
3.	____	____				
4.	____	____				

ДД. You will hear a series of questions. Choose the most appropriate answer and circle it.

ОБРАЗЕЦ: Здесь кто́-нибудь говори́т по-англи́йски?

      ⓐ. Я ду́маю, что Ната́ша зна́ет англи́йский.

      б. Ве́ра Никола́евна неда́вно была́ в А́нглии.

      в. Ты права́, англи́йский язы́к о́чень тру́дный.

1. а. Нет, его́ интересу́ет францу́зская исто́рия.

      б. Да, вчера́ мы е́здили в Кострому́.

      в. Да, большу́ю, с замеча́тельными фотогра́фиями.

2. а. Да, че́рез три ме́сяца.

      б. Да, три го́да наза́д.

      в. Да, два ра́за в неде́лю.

3. а. Да, Ма́ша бои́тся чёрных ко́шек.

      б. Да, Пе́тя. Он придёт за́втра ве́чером в во́семь часо́в.

      в. Да, Ве́ра жела́ет своему́ бра́ту уда́чи.

4. а. Нет, я забы́л.

      б. Да, вот ей о́чень ста́рая ви́лка.

      в. Да, жела́ю ей уда́чи!

5. а. Да, когда́ мы пое́дем на кинофестива́ль.

      б. Да, когда́ ма́ма познако́милась с отцо́м.

      в. Да, когда́ я учи́лся в шко́ле.

ГОВОРЕНИЕ

EE. You are helping host a birthday party for an elderly Russian woman and she wants to know how all the relatives are arriving. Answer according to the given form of transportation.

ОБРАЗЕЦ: *You hear:* Ми́тя прие́дет на маши́не?
               You see: (streetcar)
               You say: Нет, он прие́дет на трамва́е.

1. (car)　　　4. (taxi)　　　6. (trolley bus)

2. (train)　　5. (bus)　　　7. (commuter train)

3. (subway)

ЖЖ. How would you say that you are afraid of the following things?

ОБРАЗЕЦ: *You hear and see:* (black cats)
               You say:　　　　　 Я бою́сь чёрных ко́шек.

1. (big dogs)　　　4. (computers)　　　6. (love)

2. (water)　　　　5. (that young man)　7. (microwave ovens)

3. (trains)

33. How would you say that you often help the following people?

ОБРАЗЕЦ: *You hear and see:* (new students in our department)
               You say:　　　　　 Я ча́сто помога́ю но́вым студе́нтам на на́шем факульте́те.

1. (little kids at our school)

2. (American tourists on Red Square)

3. (my brothers with their homework)

4. (foreigners in the subway)

5. (my friends with [their] computers)

6. (our neighbors write letters in English)

7. (women get off the bus)

С НОВЫМ ГОДОМ! УРОК 10

ЧАСТЬ ПЕРВАЯ
А у нас бу́дет ёлка?

РАБОТА ДОМА

ПИСЬМО

Понима́ние те́кста

A. The following statements about the reading on pages 135–136 of your textbook are false. Rewrite them so that they are true. A simple **не** will not do!

1. Серге́й Петро́вич пое́хал за пода́рками для Во́вы и Ле́ны.

   _____

2. Де́дом Моро́зом и Снегу́рочкой рабо́тали Джим и Ле́на.

   _____

3. Ёлку подари́л Ле́не и Са́ше де́тский сад, где они́ рабо́тали.

   _____

4. Во́ва уве́рен, что Серге́й Петро́вич вернётся с большо́й ёлкой.

   _____

5. Са́ша — настоя́щий джентльме́н и отдаёт ёлку свое́й ба́бушке.

   _____

6. Си́лин купи́л о́чень большу́ю ёлку.

   _____

7. Когда́ Си́лин покупа́л ёлку, кака́я-то де́вушка то́же хоте́ла купи́ть ёлку.

   _____

8. Ви́ктор купи́л ёлку Ле́не на день рожде́ния.

   _____

9. Во́ве не понра́вилась ёлка Ви́ктора, но о́чень понра́вилась ёлка Си́лина.

   _____

More on кото́рый clauses: *who, which,* and *that*

Б. The Ivanov family celebrated the New Year with neighbors. Below is a list of things that happened. Some time later they ask each other about the events. Using the information and the word **кото́рый** in the correct form, complete their questions.

ОБРАЗЕЦ: Наш сосе́д Алексе́й пригласи́л нас на Но́вый год.
По́мнишь на́шего сосе́да Алексе́я, <u>кото́рый пригласи́л нас на Но́вый год</u>?

1. Наш сын купи́л на база́ре большу́ю краси́вую ёлку.
2. Его́ подру́га А́лла принесла́ вку́сный сала́т.
3. Ва́ся игра́л на краси́вой ста́рой гита́ре.
4. Мы игра́ли в ка́рты с Ники́той Петро́вичем.
5. Все говори́ли о францу́зском фи́льме.
6. На́шему сосе́ду Рома́ну подари́ли на Но́вый год ко́шку.
7. Дед Моро́з принёс пода́рки.
8. В 2 часа́ но́чи прие́хали Ли́ля и Андре́й.

1. По́мнишь большу́ю краси́вую ёлку, _____

_____?

2. По́мнишь вку́сный сала́т, _____

_____?

3. По́мнишь краси́вую ста́рую гита́ру, _____

_____?

4. По́мнишь Ники́ту Петро́вича, с _____

_____?

5. Ты смотре́л францу́зский фильм, о _____

_____?

6. По́мнишь на́шего сосе́да Рома́на, _____

_____?

7. По́мнишь пода́рки, _____

_____?

8. По́мнишь Ли́лю и Андре́я, _____

_____?

B. Which student would be best suited for each of the given situations? Try to use a different answer for each item.

Э́тому студе́нту о́чень нра́вится класси́ческая му́зыка.

Э́тот студе́нт занима́ется в библиоте́ке ка́ждый ве́чер.

Все де́вушки звоня́т э́тому студе́нту.

Роди́тели познако́мились с э́тим студе́нтом во Фра́нции.

У э́того студе́нта до́ма везде́ его́ ве́щи — кни́ги, докуме́нты, оде́жда (*clothing*).

Э́тот студе́нт о́чень хорошо́ поёт и игра́ет на гита́ре.

ОБРАЗЕ́Ц: — Како́й студе́нт бу́дет плохи́м сосе́дом?

— Плохи́м сосе́дом бу́дет тот студе́нт, <u>у кото́рого пять дете́й.</u>

У э́того студе́нта пять дете́й.

1. — Како́й студе́нт бу́дет хоро́шим сосе́дом?

   — Хоро́шим сосе́дом бу́дет тот студе́нт, _____

   _____

2. — Како́го студе́нта ты попро́сишь помо́чь тебе́ гото́виться к экза́мену?

   — Я попрошу́ того́ студе́нта, _____

   _____

3. — С каки́м студе́нтом ты хо́чешь пойти́ на дискоте́ку?

— Я хочу́ пойти́ с тем студе́нтом, _____

_____

4. — Како́го студе́нта ты пригласи́шь в го́сти?

— Я приглашу́ того́ студе́нта, _____

_____

5. — С каки́м студе́нтом ты хо́чешь пойти́ на конце́рт Страви́нского?

— Я хочу́ пойти́ с тем студе́нтом, _____

_____

6. — К како́му студе́нту ты не хо́чешь идти́ в го́сти?

— Я не хочу́ идти́ к тому́ студе́нту, _____

_____

Going to get something: <за + Instrumental>

Г. What did these people go to get? Choose from the words in the box below and write a logical completion to the following sentences using <**за** + Instrumental>.

сыр и молоко́   аспири́н   инструме́нты

конве́рты и ма́рки   рюкза́к и де́ньги

статья́ в но́вом журна́ле   биле́ты в Петербу́рг

откры́тки с ви́дами (*views*) Москвы́   ~~но́вый магнитофо́н~~

ОБРАЗЕЦ: Ве́ра пошла́ в магази́н электро́ники _за но́вым магнитофо́ном._

1. Ма́ша идёт на по́чту _____

2. — Где Тим? Он же хоте́л пойти́ с на́ми на экску́рсию.

   — Он верну́лся в общежи́тие _____

3. Я пойду́ в апте́ку _____

4. Па́па верну́лся в о́фис _____

5. Мы с Ва́ней идём в магази́н «Проду́кты» _____

6. Роди́тели пое́хали на вокза́л _____

7. Студе́нты пойду́т в Дом кни́ги _____

8. — Ди́ма сказа́л, что он мо́жет почини́ть мою́ маши́ну. Куда́ он пошёл?

   — Он пошёл в гара́ж _____

The many faces of «за»

Д. Identify the case that would be used with the preposition «за» in each of the sentences below. Then fill in the blank with the correct form of the word given in parentheses.

ОБРАЗЕЦ: Ве́ра идёт в магази́н за <u>газе́той</u> (газе́та). (<u>Instr.</u>)

1. Моя́ подру́га вы́шла за́муж за _____ (неме́цкий бизнесме́н). (_____)

2. Кто э́то сиди́т за _____ (Лю́да и И́горь)? (_____)

3. Мне везёт. Мой де́душка пла́тит за _____ (биле́т) в Аме́рику. (_____)

4. Бори́с пошёл в магази́н электро́ники за _____ (компью́тер и при́нтер).

   (_____)

5. Наш дом стои́т за _____ (кни́жный магази́н). (_____)

Impersonal Dative constructions: Во́ва, как тебе́ не сты́дно!

Е. Fill in the blanks of the following impersonal Dative sentences with the most appropriate adverb.

на́до	ску́чно	нельзя́	хо́лодно	тру́дно
ну́жно	сты́дно	прия́тно	интере́сно	

ОБРАЗЕЦ: Мне <u>на́до</u> пойти́ в магази́н и купи́ть хлеб. Сыр и мя́со у нас есть, а хле́ба нет.

1. Ты о́чень хорошо́ поёшь. Нам _____ тебя́ слу́шать.

2. Нам о́чень _____ понима́ть ру́сские фи́льмы.

3. Мое́й сестре́ о́чень _____ учи́ть францу́зский язы́к.
   Её жени́х (fiancé) — францу́з.

4. Нам _____ мно́го занима́ться, что́бы (in order to) вы́учить все слова́.

5. Вам, наве́рно, _____ на ле́кции по микробиоло́гии? По-мо́ему, э́тот
   преподава́тель о́чень пло́хо чита́ет ле́кции.

6. Моему́ бра́ту о́чень _____, потому́ что он забы́л купи́ть ма́ме пода́рок
   на день рожде́ния.

7. Где мой сви́тер? Мне о́чень _____.

8. Ми́ша, в э́том рестора́не _____ кури́ть (smoke).

   _____ вы́йти на у́лицу.

Ж. Now rewrite sentences 1–4 from Exercise **Е** in the past tense. You need only rewrite the sentences or sentence halves that contain the impersonal Dative construction. Pay attention to word order. Remember that **бы́ло** may precede a predicate form such as **ску́чно** or **интере́сно,** but will usually follow **мо́жно, нельзя́, на́до,** and **ну́жно.**

ОБРАЗЕЦ: Мне <u>на́до бы́ло</u> пойти́ в магази́н и купи́ть хлеб.

1. _____

2. _____

3. _____

4. _____

3. Now rewrite the same four sentences from Exercise **E** in the future tense. Again you need only rewrite the sentences or sentence halves that contain the impersonal Dative construction.

ОБРАЗЕЦ: Мне <u>на́до бу́дет</u> пойти́ в магази́н и купи́ть хлеб.

1. _____
2. _____
3. _____
4. _____

reVERBerations: Verbs that take the Dative

И.   Will the following sentences require an object in the Dative or the Accusative case? Identify the case, then fill in the blank with the appropriate form of the word(s) in parentheses.

ОБРАЗЕЦ: Ты зна́ешь <u>молодо́го челове́ка</u> (молодо́й челове́к) в нау́шниках. (*Accusative*)

1. — Ты спроси́ла _____ (профе́ссорНики́тин), когда́ у нас бу́дет

   контро́льная? (_____)

   — Да, но он _____ (я) отве́тил, что не зна́ет. (_____)

2. Я звоню́ _____ (свой роди́тели) ка́ждую неде́лю. (_____)

3. Он сказа́л, что он запла́тит за биле́ты, и я _____ (он) пове́рил. (_____)

4. Э́ти де́ти всегда́ меша́ют _____ (мы), когда́ мы игра́ем

   в волейбо́л. (_____)

5. Молодо́й челове́к, помоги́те _____ (ба́бушка)! У неё о́чень тяжёлые

   су́мки. (_____)

Перево́д

К.   Translate the following dialogue into Russian.

"Sonya, do you know where papa is?"
"He went to get a New Year's tree."
"Good. Do you remember the tree we bought last year?"
"Yes, it was tall and beautiful. But the weather was terrible that day (**в э́тот день**). We were very cold when we finally brought it home."

_____

_____

_____

_____

_____

_____

Повторе́ние — мать уче́ния

Л. Following is a summary of the reading in Part 1. Fill in the blanks with words that maintain the context of the reading. You will have to change the form of some of the words. One word will be used three times. The events are retold in the present tense, as they occur in the reading.

Сего́дня 30 декабря́. Ещё у́тром Си́лин пое́хал _____[1] ёлкой. Сейча́с уже́ 5 часо́в. Во́ва гуля́ет с _____[2] и встреча́ет Ле́ну и Са́шу, _____[3] возвраща́ются домо́й. Они́ весь день рабо́тали. Са́ша был _____,[4] а Ле́на была́ Снегу́рочкой. Са́ша несёт ёлку, _____[5] им подари́ла фи́рма, в _____[6] они́ рабо́тали. Во́ва _____[7] Са́шу отда́ть ёлку Ле́не. Он _____,[8] что оте́ц не найдёт хоро́шую ёлку. В э́ту мину́ту _____[9] Си́лин. Ёлка у него́ о́чень ма́ленькая. Он говори́т, что была́ одна́ больша́я, но её купи́л како́й-то (*some*) молодо́й челове́к. Он её купи́л _____[10] люби́мой де́вушки.	Бе́лка боя́ться Дед Моро́з для за кото́рый приезжа́ть проси́ть

Ситуа́ции

М. How would you . . .

1. say that you bought the printer that you read about on the Internet?

   _____

2. say that you went to the movies with friends you met at Petya's place?

   _____

3. say that you were ashamed because you forgot about the housewarming party at Dasha's?

   _____

4. ask a Russian classmate if it was difficult for him to understand your American friends last night?

   _____

5. say that last night Olga went to the store to get butter and milk?

   _____

6. ask your friends if they want to go get ice cream?

   _____

7. say that you never believe your brother?

   _____

8. ask your host parents if you are bothering them?

   _____

Ва́ша о́чередь!

H. Answer the following questions.

1. Вчера́ ты ходи́л (ходи́ла) в магази́н? За чем?

_____

2. У тебя́ в кварти́ре (ко́мнате) бы́ло хо́лодно зимо́й?

_____

3. Тебе́ бы́ло интере́сно учи́ть матема́тику в шко́ле?

_____

4. Что тебе́ на́до бу́дет де́лать в суббо́ту?

_____

5. Кака́я ёлка тебе́ нра́вится? Высо́кая? Ма́ленькая?

_____

6. Тебе́ меша́ет занима́ться му́зыка? А лю́ди, кото́рые гро́мко разгова́ривают?

_____

7. Кто тебе́ помога́ет, когда́ ты не понима́ешь дома́шнее зада́ние?

_____

8. Как ча́сто ты звони́шь свои́м друзья́м?

_____

Сочине́ние

O. Write a short paragraph (seven or eight sentences) about a time that you weren't able to do your homework. Ideas: Was it recently or a long time ago? Were you bored or not interested? Was it too hard or too easy? Were your friends listening to loud music (or playing cards or watching TV)? Was there something else that you had to do? What did you tell your instructor? How did he or she answer you?

_____

_____

_____

_____

_____

_____

_____

_____

РАБОТА В ЛАБОРАТОРИИ

ДИАЛОГИ

Диалог 1 У вас есть ёлка? (Discussing plans at home for a holiday)

АА. Follow along as you listen to the dialogue.

ФЕ́ДЯ. Пе́тя, у вас до́ма есть ёлка?
ПЕ́ТЯ. Пока́ нет (*not yet*), но бу́дет.
ФЕ́ДЯ. Ты уве́рен? Сейча́с тру́дно купи́ть хоро́шую ёлку — ведь за́втра Но́вый год.
ПЕ́ТЯ. Па́па всегда́ покупа́ет ёлку в после́дний день.

- Now read and repeat aloud in the pause after each phrase.
- Now read the lines for Petya aloud.
- Now read the lines for Fedya aloud.

Who is the last-minute shopper? _____

Диалог 2 У меня ёлки не бу́дет (Discussing travel plans for a holiday)

ББ. Follow along as you listen to the dialogue.

МИ́ТЯ. О́ля, приве́т!
О́ЛЯ. Ми́тя, э́то ты? Я тебя́ не узна́ла. Куда́ ты идёшь?
МИ́ТЯ. Мне о́чень повезло́: фи́рма, в кото́рой я рабо́тал, подари́ла мне ёлку. Мне на́до её принести́.
О́ЛЯ. А у меня́ ёлки в э́том году́ не бу́дет.
МИ́ТЯ. Почему́?
О́ЛЯ. Я уезжа́ю на Но́вый год к друзья́м в Крым (*Crimea*).

- Now read and repeat aloud in the pause after each phrase.
- Now read the lines for Olya aloud.
- Now read the lines for Mitya aloud.

1. How would the third line read if Mitya were getting his tree from the factory (**заво́д**) where he works?

   _____

2. How would the last line read if Olya were going to a conference in Toronto at New Year's time?

   _____

АУДИРОВАНИЕ

ВВ. An American who doesn't speak any Russian went with you and your host family on an all-day outing. The next day the Russian host mother asks your friend how things were. How would you translate the statements for him?

ОБРАЗЕ́Ц: Наде́юсь, что вам не́ бы́ло хо́лодно ве́чером? *I hope you weren't cold in the evening.*

1. _____

2. _____

3. _____

4. _____

5. _____

ГГ. You are looking at a selection of Russian New Year's cards. You are very interested in the many portrayals of Grandfather Frost and want to buy a variety of cards to show your friends. A classmate is helping you choose and asks you which pictures of Grandfather Frost you like. Put the questions below in the order in which they are asked. The first one has been done for you.

ОБРАЗЕЦ: Тебе нравится Дед Мороз, с которым играют дети?

Do you like the Grandfather Frost

1. _____ whom Snegurochka and the kids are helping?

2. _____ who is sitting in an airplane?

3. _____ who is calling from a phone booth?

4. _____ the kids are dreaming about?

5. _____ who is carrying the presents?

6. _____ who has a big New Year's tree?

7. __Об.__ the kids are playing with?

8. _____ who is standing with Snegurochka?

ДД. Who went where for what? A three-way matching. All of your classmates have disappeared. Listen as you hear who went where to get what and match the columns accordingly. The first one has been done for you.

ОБРАЗЕЦ: Люда пошла в магазин за журналом.

1. Lyuda	_е_ _вв_	а. drugstore	аа. aspirin
2. Seryozha	___ ___	б. electronics store	бб. bread
3. Diana	___ ___	в. grocery store	~~вв. magazine~~
4. Vika	___ ___	г. post office	гг. newspaper
5. Don	___ ___	д. stand	дд. printer
6. Sandra	___ ___	~~е. store~~	ee. envelopes and stamps
7. Borya	___ ___	ж. store	жж. tickets to Kiev
8. Tony	___ ___	з. train station	зз. toothpaste

ГОВОРЕНИЕ

ЕЕ. You will hear a series of questions, all containing verbs that require an object in the Dative case. Answer the questions with the cue given in parentheses.

ОБРАЗЕЦ: *You hear:* Кому ты звонишь?
You see: (*my brother*)
You say: Я звоню моему брату.

1. (*her parents*)

2. (*our new neighbor*)

3. (*my sister*)

4. (*her children*)

5. (*Professor Andreev*)

ЖЖ.   How would you say that you are going to the following places to get the following items?

образец: *You hear and see:*   (*store; toothbrush*)
   You say: Я иду́ в магази́н за зубно́й щёткой.

1. (*post office; fax*)
2. (*kiosk; map of the metro*)
3. (*grocery store; vegetables*)
4. (*bank; foreign currency*)
5. (*store; chocolate*)
6. (*home; money*)

33.   How would you say that you were cold, hot, ashamed, and so on? Give the appropriate past-tense form of the following impersonal Dative constructions.

образец: *You hear and see:*   (*difficult to understand the teacher*)
   You say: Мне бы́ло тру́дно понима́ть преподава́теля.

1. (*interesting to listen to the new CD*)
2. (*hot in the park*)
3. (*convenient to go get the New Year's tree*)
4. (*easy to understand the movie*)
5. (*pleasant walking with you in the park*)

ЧАСТЬ ВТОРАЯ
С наступа́ющим!

РАБО́ТА ДО́МА

ПИСЬМО́

Понима́ние те́кста

А. Review the reading on pages 147–148 of your textbook. Then match the sentence halves below.

1. Све́та ду́мает то́лько о том, _____

2. Когда́ Джим пришёл, он сказа́л _____

3. Когда́ Ле́на пришла́, она́ сказа́ла _____

4. Све́та и Та́ня пригото́вили _____

5. Дед Моро́з принёс _____

6. Джим принёс _____

7. Са́ша принёс _____

8. Джи́му нра́вится тради́ция _____

9. Когда́ на́чали провожа́ть ста́рый год, _____

а. францу́зское шампа́нское.

б. солёные огурцы́, помидо́ры, ки́слую капу́сту и солёные грибы́.

в. провожа́ть ста́рый год.

г. — Приве́т! С наступа́ющим!

д. Ви́ктора ещё не́ было.

е. — Я поздравля́ю вас с наступа́ющим Но́вым го́дом!

ж. пять ра́зных сала́тов.

з. гу́ся.

и. что у них бу́дет на столе́.

Б. Что бу́дет на столе́? You've decided to host a meal for all your American friends who are eager to try Russian cuisine. Referring to the picture on page 146 and the reading on pages 147–148 of your textbook, put together a complete menu with at least three choices for each category. Feel free to include other Russian foods and drinks you may know. Don't worry—you won't have to prepare everything yourself!

Snacks: _____   Side dishes: _____

_____   _____

_____   _____

_____   _____

Main dishes: _____   Desserts: _____

_____   _____

_____   _____

_____   _____

Drinks: _____

_____

_____

_____

The reflexive *oneself*: себя

В. Fill in the blanks with the proper form of **себя** according to context.

ОБРАЗЕЦ: Ива́новы купи́ли <u>себе́</u> но́вый компью́тер.

1. Говори́ть с Ва́ней неинтере́сно — он всё вре́мя говори́т то́лько о _____.

2. Мы принесли́ с _____ францу́зское шампа́нское.

3. Неуже́ли ты весь день был у _____ в ко́мнате?

4. Мой сосе́д — ужа́сный эгои́ст. Он лю́бит то́лько _____.

5. Ва́ля пригласи́ла нас к _____ на день рожде́ния.

6. Мы с сестро́й бы́ли вчера́ в но́вом магази́не, и я купи́ла _____

   там краси́вую италья́нскую су́мку.

7. Татья́на Серге́евна была́ у́тром у _____ в о́фисе.

8. Возьми́ с _____ па́спорт и креди́тную ка́рточку.

9. Оле́г мно́го писа́л мне о свои́х друзья́х и о _____.

уже́ не (*no longer*) vs. ещё не (*not yet*)

Г. Fill in the blanks with either **уже́ не** or **ещё не** according to context.

ОБРАЗЕЦ: Са́ша ___ещё не___ пришёл. Ты зна́ешь, почему́ он опа́здывает?

1. Вчера́ я купи́л себе́ магнитофо́н. Твой магнитофо́н _____ ну́жен.

2. Ли́да _____ начала́ писа́ть курсову́ю.

3. Па́па _____ парку́ет маши́ну на у́лице. Он снима́ет гара́ж.

4. Мой де́душка мно́го лет рабо́тал на по́чте, но он _____ рабо́тает.

5. Я _____ зна́ю, где я бу́ду жить в Росси́и.

Soft adjectives: новогóдний and домáшний

Д. Fill in the blanks with the correct form of an appropriate adjective from those in the box below.

новогóдний

домáшний

лúшний

послéдний

сúний

ОБРАЗЕЦ: К сожалéнию я забы́л своё __домáшнее__ задáние дóма.

1. Извинúте, пожáлуйста, у вас нет _____ билéта на э́тот матч?

2. Óсенью я вúдел Борúса у Петрóвых на новосéлье. Это былá нáша _____ встрéча.

3. Дед Морóз обязáтельно принесёт вам _____ подáрки.

4. Волóдя принёс óчень вку́сные _____ пирожкú.

5. Кáжется, америкáнские студéнты всегдá в _____ джúнсах.

6. Это óчередь в кáссу? Кто _____?

7. Мы бы́ли у бáбушки, у неё такáя красúвая _____ ёлка.

8. Éсли у вас есть _____ (an extra) схéма метрó, возьмúте её с собóй.

9. У тебя́ нет _____ альбóма э́той рок-гру́ппы?

More soft adjectives: The seasons

Е. How would you say the following in Russian?

ОБРАЗЕЦ: spring evening <u>весéнний вéчер</u>

1. spring flowers _____

2. spring weather _____

3. summer cruise _____

4. summer tourists _____

5. fall morning _____

6. fall months _____

7. winter snow _____

8. winter songs _____

Comparatives of adverbs and predicate adjectives: интере́снее and вкусне́е

Ж.   Combine the following sentences, using the conjunction «**а**» and a comparative adverb or predicate adjective. Remember you can use **ещё** to mean *even colder,* etc.

ОБРАЗЕЦ: В Москве́ хо́лодно. В Сиби́ри о́чень хо́лодно.

В Москве́ хо́лодно, а в Сиби́ри ещё холодне́е.

1. Когда́ я на́чал (начала́) занима́ться ру́сским языко́м, бы́ло интере́сно. Сейча́с о́чень интере́сно.

_____

_____

2. Ста́рая крова́ть удо́бная. Но́вая крова́ть о́чень удо́бная.

_____

3. Ма́ма гото́вит вку́сно. Ба́бушка гото́вит о́чень вку́сно.

_____

4. Сосе́д в семна́дцатой кварти́ре симпати́чный. Сосе́д в двадца́той кварти́ре о́чень симпати́чный.

_____

_____

5. Дя́дя Бо́ря счастли́вый. Дя́дя Ви́тя о́чень счастли́вый.

_____

6. Слу́шать му́зыку Моца́рта прия́тно. Слу́шать му́зыку Чайко́вского о́чень прия́тно.

_____

_____

7. Вчера́ ле́кция была́ ску́чная. Сего́дня ле́кция была́ о́чень ску́чная.

_____

8. Пе́рвый год учи́ться бу́дет тру́дно. После́дний год учи́ться бу́дет о́чень тру́дно.

_____

_____

reVERBerations: Verbs based on the «-давáть» root

3. For each sentence choose the most appropriate «-**давáть**» verb from the box below and fill in the blanks with the cued tense.

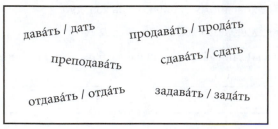

давáть / дать   продавáть / продáть

преподавáть   сдавáть / сдать

отдавáть / отдáть   задавáть / задáть

ОБРАЗЕЦ: Вы <u>дади́те</u> (*future perfective*) нам биле́ты на рок-конце́рт? Большóе спаси́бо!

1. Ты _____ (*future perfective*) емý э́тот вопрóс?

2. Когдá профéссор Ругалёва _____ (*present*) нам курсовýю?

3. Я _____ (*present*) свою́ маши́ну и покупáю нóвую.

4. Я _____ (*future perfective*) свою́ маши́ну и куплю́ нóвую.

5. Татья́на Васи́льевна _____ (*present*) у моéй сестры́ в шкóле.

6. В бýдущем (*next*) годý Татья́на Васи́льевна _____ (*future imperfective*) у моéй сестры́ в шкóле.

7. Вéра мне сказáла, что её мать сейчáс _____ (*present*) кóмнату.

8. Вéра мне сказáла, что её мать _____ (*future imperfective*) кóмнату лéтом и óсенью.

Holiday (and other) greetings

И.   Write a greeting according to the date or the circumstances described.

ОБРАЗЕЦ: 1 января́.

<u>С Нóвым гóдом!</u>

1. 31 декабря́.

_____

2. Any (old or new) state holiday.

_____

3. Ваш друг роди́лся рóвно (*exactly*) 21 год назáд.

_____

4. Вáша сестрá вернýлась из Росси́и, где онá жилá два гóда.

_____

5. Вáши друзья́ купи́ли нóвую кварти́ру и прáзднуют новосéлье.

_____

Перево́д

К. Translate the following dialogue into Russian.

"Happy New Year!"
"Happy New Year, Alyosha! What a big bag! What did you bring with you?"
"*Pelmeni* and *vinegret*. Grandma made them and gave them to me."
"I love *vinegret*."
"The *vinegret* is delicious, but in my opinion, the *pelmeni* are even tastier."

_____

_____

_____

_____

_____

_____

_____

Повторе́ние — мать уче́ния

Л. Following is a summary of the reading in Part 2. Fill in the blanks with words that maintain the context of the reading. You will have to change the form of some of the words. The events are retold in the present tense, as they occur in the reading. Events that happen before the action of the reading will call for the corresponding past tense (marked with an asterisk*).

Уже́ 11 часо́в, 31 _____.[1] Друзья́ собира́ются (*are gathering*) у Све́ты и Та́ни. Де́вушки пригото́вили пять ра́зных _____.[2] Ещё днём па́рень в ма́ске Де́да Моро́за _____[3*] им гу́ся. Он сказа́л, что э́то _____[4] пода́рок. _____[5] Са́ша и прино́сит солёные огурцы́ и грибы́, помидо́ры, ки́слую капу́сту и ещё — _____[6] пирожки́. Джим прино́сит францу́зское шампа́нское. Они́ гото́вы _____[7] ста́рый год, но Ви́ктор _____[8] не пришёл.	вку́сный дари́ть / подари́ть дека́брь ещё нового́дний приходи́ть / прийти́ провожа́ть сала́т

Ситуа́ции

M. How would you . . .

1. ask your classmate what she bought for herself at the new store?

   _____

2. ask your classmate if she has an extra stamp? _____

3. say that spring evenings are pleasant in (*your town*), but summer evenings are even more pleasant?

   _____

   _____

4. say that you aren't studying any more, you are working at a big firm in Florida?

   _____

   _____

5. tell your classmate that you bought a new computer and you will sell her your old one?

   _____

   _____

6. say that Joe always talks about himself and that talking with him is even more boring than talking with

   his brother John? _____

   _____

7. say that you don't know yet who will be coming tomorrow evening? _____

   _____

Ва́ша о́чередь!

H. Answer the following questions.

1. Как по-тво́ему, занима́ться америка́нским футбо́лом трудне́е, чем занима́ться бейсбо́лом?

   А баскетбо́лом? _____

   _____

2. Что ты купи́л (купи́ла) себе́ в магази́не? _____

   _____

3. Кака́я пого́да тебе́ бо́льше нра́вится, ле́тняя и́ли зи́мняя? _____

   _____

4. Кому́ ты задаёшь вопро́сы, когда́ ты не понима́ешь дома́шнее зада́ние?

   _____

5. В твоём го́роде студе́нты снима́ют кварти́ры и́ли живу́т в общежи́тии?

   _____

6. Что вкусне́е — грибы́ и́ли капу́ста? Огурцы́ и́ли помидо́ры? Что лу́чше — шампа́нское

   и́ли вино́? _____

   _____

Сочине́ние

O. Write a short paragraph (seven or eight sentences) about your typical New Year. Ideas: With whom do you see out the old year? Where? What do you typically eat and drink? Are there any activities that are traditional for you? What do you watch on TV? When?

_____

_____

_____

_____

_____

_____

_____

_____

_____

РАБОТА В ЛАБОРАТОРИИ

ДИАЛОГИ

Диалог 1 Что ещё ну́жно купи́ть? (Making shopping lists)

AA. Follow along as you listen to the dialogue.

МА́ША.   Что вы уже́ купи́ли и что ещё ну́жно купи́ть?
СО́НЯ.   Мы купи́ли вино́, минера́льную во́ду, сыр, колбасу́ и конфе́ты (*candy*). Ну́жно ещё купи́ть хлеб и солёные огурцы́.
МА́ША.   Сейча́с я сде́лаю сала́т, а пото́м пойду́ в магази́н и всё куплю́.
СО́НЯ.   Посмотри́, есть ли там пирожки́ с капу́стой.
МА́ША.   Я не бу́ду покупа́ть пирожки́ в магази́не, я их сама́ сде́лаю.

- Now read and repeat aloud in the pause after each phrase.
- Now read the lines for Sonya aloud.
- Now read the lines for Masha aloud.

Give the Russian names of at least five other grocery items not mentioned in the dialogue.

1. _____

2. _____

3. _____

4. _____

5. _____

Диалог 2 О́чень вку́сно! (Discussing food preferences)

ББ.   Follow along as you listen to the dialogue.

СА́РА.	Что э́то?
ИРИ́НА ВАДИ́МОВНА.	Э́то солёные помидо́ры. А вот э́то — ки́слая капу́ста.
СА́РА.	А что вкусне́е?
ИРИ́НА ВАДИ́МОВНА.	А вы попро́буйте (*taste*).
СА́РА.	Помидо́ры о́чень вку́сные, но ки́слая капу́ста ещё вкусне́е.

- Now read and repeat aloud in the pause after each phrase.
- Now read the lines for Irina Vadimovna aloud.
- Now read the lines for Sara aloud.

Rewrite the dialogue so that the speakers are talking about **солёные огурцы́** and **винегре́т**. For the last line, you decide which one tastes better.

СА́РА. _____

ИРИ́НА ВАДИ́МОВНА. _____

СА́РА. _____

ИРИ́НА ВАДИ́МОВНА. _____

СА́РА. _____

АУДИ́РОВАНИЕ

ВВ.   Listen to the message left on Sasha's answering machine and fill in the message slip. You will not necessarily be given information for all the blanks.

Call for: _____*Sasha*_____

Call from: _____

Day/Date: _____ / _____

Tel. number: _____

Message: _____

_____

_____

ГГ.   You will hear a series of statements comparing things in column **A** to things in column **Б**. In column **В** is a list of the qualities that are in question. Put the letter of the quality in the blank next to the items it refers to and then circle the item that has, according to the speaker, a greater degree of that quality.

ОБРАЗЕЦ: Зимо́й в Миннесо́те хо́лодно, а в Саска́чеване ещё холодне́е.

		A	**Б**	**В**
Об.	_6_	Minnesota	(Saskatchewan)	a. lighter
1.	_____	cake	ice cream	б. ~~colder~~
2.	_____	listening to music	watching a movie	в. prettier
3.	_____	San Antonio	San Francisco	г. warmer
4.	_____	Julia Roberts	Meg Ryan	д. more difficult
5.	_____	summer weather in Arizona	summer weather in Colorado	e. more pleasant
6.	_____	studying Japanese	studying Russian	ж. more delicious
7.	_____	summer at 6 A.M.	summer at 9 A.M.	з. more interesting

ДД.   Listen as Natasha and Katya discuss the food plans for their upcoming party. Put a check (✔) by the items they already have and a plus sign (+) by the items they still need to buy. The items not mentioned should remain blank. The first one has been done for you.

FOODS		DRINKS
_____ bread	_____ fruit	_____ beer
✔ butter	_____ ham	_____ champagne
_____ cabbage	_____ ice cream	_____ coffee
_____ caviar	_____ mushrooms	_____ juice
_____ cheese	_____ sauerkraut	_____ mineral water
_____ chocolate	_____ sausage	_____ tea
_____ cucumbers	_____ tomatoes	_____ wine

ГОВОРЕНИЕ

ЕЕ.   You have a strange group of acquaintances who think a lot of themselves. Answer each of the questions you hear with an appropriate form of **себя́** (**себе́, собо́й**).

ОБРАЗЕЦ: *You hear:*   О ком говори́т Ва́ся?
            You see: (*about himself*)
            You say: О себе́.

1. (*at her own place*)
2. (*for herself*)
3. (*with himself*)
4. (*about herself*)
5. (*himself*)
6. (*herself*)

ЖЖ. Using perfective verbs, how would you say that the following people have not yet completed the given activity?

ОБРАЗЕЦ: *You hear and see:*   (*Susan; return*)
           You say: Сюзан ещё не вернулась.

1. (*Greg; eat breakfast*)
2. (*Volodya; get up*)
3. (*Kristi; arrive from Tula*)
4. (*children; open presents*)
5. (*Gena; receive the postcard*)
6. (*Sam and Tina; get married*)
7. (*Natalya Alekseevna; rent out the room*)

33. You will be asked if certain things have specific qualities. Reply yes, but say that the item given in parentheses is even more so.

ОБРАЗЕЦ: *You hear:*   В Нью-Йорке интересно?
           You see: (*Chicago*)
           You say: Да, но в Чикаго ещё интереснее.

1. (*physics*)
2. (*German bread*)
3. (*in Irkutsk*)
4. (*Seattle*)
5. (*Russians*)

ЧАСТЬ ТРЕТЬЯ
Скорее за стол!

РАБОТА ДОМА

ПИСЬМО

Понимáние тéкста

A. Review the reading on page 159 of your textbook. Then complete each of the following sentences.

1. В _____ часóв _____ минýт все садя́тся (*sit down*) за стол.

2. На столé мнóго вкýсного — салáт, _____, _____, _____.

3. Тáня предлагáет всем _____.

4. За стáрый год пьют _____, а за Нóвый год пьют _____.

5. Послéдним прихóдит _____, потомý что _____.

6. Гýся принёс _____.

7. Шампáнское открывáет _____.

Wishes and toasts

Б. Using <**за** + Accusative>, make up some toasts to the people and things listed below.

мир и дрýжба   нáши гóсти

ты   дя́дя Вади́м

~~нáша хозя́йка~~   стáрый год

ОБРАЗЕЦ: <u>За нáшу хозя́йку!</u>

1. _____

2. _____

3. _____

4. _____

5. _____

Someone and *something*: кто́-то and что́-то

В. Match the following sentence halves. The first one has been done for you.

Об. Вам кто́-то звони́л, но ___ж___   а. к вам в го́сти.

1. Дава́йте встре́тимся _____   б. кака́я-то же́нщина.

2. Кака́я-то де́вушка _____   в. кварти́ру у Ири́ны Вади́мовны?

3. На́до что́-нибудь пригото́вить   г. где́-нибудь в це́нтре.

   пое́сть, потому́ что _____   д. куда́-то ушёл.

4. Когда́-нибудь я прие́ду _____   е. пришла́ и принесла́ цветы́.

5. Ёлку купи́ла _____   ~~ж. я не зна́ю кто.~~

6. Кто́-нибудь снял _____   з. па́па ско́ро придёт с рабо́ты.

7. Алексе́я нет. Он _____

Г. Insert **-то** or **-нибудь** in the following sentences as required by context.

1. *Inquiring about a phone message:*

МИ́ША. Ма́ша, мне кто́-_____ звони́л?

МА́ША. Да, звони́л како́й-_____ молодо́й челове́к, но я забы́ла, как его́ зову́т.

МИ́ША. А где моя́ записна́я кни́жка?

МА́ША. Она́ где́-_____ в гости́ной.

2. *After an accident:*

МИЛИЦИОНЕ́Р. Вы что́-_____ по́мните?

ШОФЁР. По́мню, что я е́хал из како́го-_____ рестора́на.

МИЛИЦИОНЕ́Р. С ва́ми в маши́не кто́-_____ был?

ШОФЁР. Бы́ли каки́е-_____ студе́нты.

МИЛИЦИОНЕ́Р. У вас бы́ли каки́е-_____ пробле́мы с маши́ной?

ШОФЁР. Нет, никаки́х.

Softening хотéть

Д. Change the following sentences so they sound less abrupt.

ОБРАЗЕЦ: Мáма, я хочý есть. → Мáма, мне хóчется есть.

1. Вáля хóчет встречáть Нóвый год дóма.

_____

2. Мы óчень хотúм пойтú на экскýрсию.

_____

3. Ростóвы приглаcúли нас в гóсти, но мы не хотúм к ним идтú. _____

_____

4. Мне кáжется, что Лёня заболéл. Он всё врéмя хóчет спать.

_____

5. Дéти хотя́т пойтú в зоопáрк.

_____

6. Я хочý поéхать в Калифóрнию.

_____

Е. What would you say when members of your host family ask you what you want to do while in Russia? Use constructions with **хóчется.**

ОБРАЗЕЦ: You want to do aerobics.

Мне хóчется занимáться аэрóбикой.

1. You want to learn to prepare *pirozhki.*

_____

2. You want to play chess with Russian schoolkids.

_____

3. You want to celebrate (meet) the New Year on Red Square.

_____

4. You want to buy a fur hat (**меховáя шáпка**).

_____

5. You want to try *pelmeni.*

_____

6. You want to go to St. Petersburg.

_____

7. You want to see Tchaikovsky's house-museum (**дом-музéй**).

_____

The emphatic pronoun сам

Ж. Add the correct form of **сам** (**сама́**, **само́**, **са́ми**) to each of the following sentences. If it's not apparent which gender is in question, use the one that reflects your own gender.

> ОБРАЗЕЦ:　Не ну́жно мне помога́ть, я <u>сам</u> всё сде́лаю.

1. Коне́чно, Ка́тя и Да́ша бы́ли на конце́рте. Я ＿＿＿＿＿＿ их ви́дела.

2. Гри́ша обяза́тельно придёт. Он ＿＿＿＿＿＿ сказа́л мне.

3. Прие́дут на́ши ассисте́нты,† потому́ что мы ＿＿＿＿＿ не мо́жем прие́хать.

4. Я так ра́да, что вам понра́вился борщ. Я ＿＿＿＿＿＿ его́ пригото́вила.

5. Мне не нра́вится твой инстру́ктор в автошко́ле. Я ＿＿＿＿＿＿ научу́ тебя́ води́ть маши́ну.

6. Вы ＿＿＿＿＿＿ зна́ете, как рабо́тает э́тот компью́тер?

7. Мой друг рекоменду́ет купи́ть э́ту програ́мму, но я ＿＿＿＿＿＿ её ещё не ви́дел.

З. Children and young adults are always wanting to do things on their own. What would they say in each of the situations below to let the adults know that they can do the job themselves? Choose verbs from the box below.

> ОБРАЗЕЦ:　Па́па, я сам откро́ю шампа́нское.

повести́ (*pfv. of* води́ть) маши́ну	нали́ть
пригото́вить	~~откры́ть~~
позвони́ть	почини́ть

1. ＿＿＿＿＿＿＿＿＿＿＿＿＿＿＿＿＿＿＿＿＿＿＿＿＿＿＿＿＿＿

2. ＿＿＿＿＿＿＿＿＿＿＿＿＿＿＿＿＿＿＿＿＿＿＿＿＿＿＿＿＿＿

3. ＿＿＿＿＿＿＿＿＿＿＿＿＿＿＿＿＿＿＿＿＿＿＿＿＿＿＿＿＿＿

4. ＿＿＿＿＿＿＿＿＿＿＿＿＿＿＿＿＿＿＿＿＿＿＿＿＿＿＿＿＿＿

5. ＿＿＿＿＿＿＿＿＿＿＿＿＿＿＿＿＿＿＿＿＿＿＿＿＿＿＿＿＿＿

To eat: **есть / поéсть (съесть)**

И. Fill in the blanks with the correct form of **есть, съесть,** or **поéсть.** A hint has been provided where the verb tense is not clear.

ОБРАЗЕЦ: Кто не рабóтает, тот не <u>ест</u>. (*Whoever doesn't work, doesn't eat.*)

1. ÁННА. А вот салáт с мя́сом.

   ÓЛЯ. Спасибо, но я не _____ мя́са.

2. МÁМА. А где винегрéт, котóрый я приготóвила для гостéй?

   СЫН. Я хотéл его попрóбовать, немнóго _____ (*ate*) и всё

   _____ .

3. Вы сдéлали так мнóго салáтов, что мы их _____ (*will be eating*) всю недéлю.

4. Бóже мой! Придёт Ми́ша. Он _____ весь торт!

5. Олéг и Вади́м не _____ лýка.

6. Фильм начинáется чéрез час. Давáйте сначáла _____ .

7. На кýхне остáлись соси́ски. Когдá все ушли́, собáка их _____ .

Перевóд

К. Translate the following dialogue into Russian.

"Have you eaten?"
"Not yet. I was at the university and didn't have any time."
"Try the *pirozhki.* I made them myself."
"Thank you. They're delicious. I'd like to learn to make them. Will you teach me?"
"Gladly."

_____

_____

_____

_____

_____

_____

Повторéние — мать учéния

Л. Following is a summary of the reading in Part 3. Fill in the blanks with words that maintain the context of the reading. You will have to change the form of some of the words. Use each word only once. The events are retold in the present tense, as they occur in the reading. Events that happen before the action of the reading will call for the corresponding past tense (marked with an asterisk*).

В оди́ннадцать часо́в пятьдеся́т мину́т Та́ня, Све́та, Ле́на, Са́ша и Джим уже́ сидя́т за столо́м и

_____¹ ста́рый год. Он про́буют пирожки́, солёные помидо́ры и мно́го ра́зных блюд (*dishes*). Солёные помидо́ры на столе́ _____² Ба́бушка Са́ши сде́лала их _____.³

Они́ уже́ _____⁴ вино́ за ста́рый год, когда́ прихо́дит Ви́ктор. Он чуть не _____,⁵* потому́ что не _____⁶* такси́. Джим открыва́ет _____⁷ шампа́нского, и ро́вно в двена́дцать часо́в друзья́ поздравля́ют друг дру́га:

«С Но́вым _____!⁸»

«С но́вым _____!⁹»

буты́лка
быть
год
дома́шний
опозда́ть
пить
провожа́ть
сам
сча́стье

Ситуа́ции

M. How would you . . .

1. say that you made a pizza and you ate it yourself?

   _____

2. say that you want to learn to play the balalaika (**балала́йка**)?

   _____

3. ask your brother if he wants to drink something?

   _____

4. ask if anybody called you? _____

5. say that your friends sing very well; they are studying at the Moscow Conservatory? _____

   _____

6. say that something smells really good? _____

7. say that you eat fish twice a week? _____

8. say that Lyonya is running along the street in orange jeans and a purple shirt; he has something in his hands (**в рука́х**)?

   _____

Ва́ша о́чередь!

H. Answer the following questions.

1. Ты сам (сама́) гото́вишь у́жин ка́ждый ве́чер?

   _____

2. Ты когда́-нибудь был (была́) в Калифо́рнии? Во Флори́де? В Манито́бе?

   _____

3. Тебе́ хо́чется пое́хать в Росси́ю? Куда́?

   _____

4. Тебе́ хо́чется учи́ться в Москве́? В Петербу́рге?

   _____

5. Ты ешь мя́со? А ры́бу? Ты вегетариа́нец[†] (вегетариа́нка[†])?

   _____

6. Ты пьёшь шампа́нское? А вино́? А пи́во?

   _____

7. Ты хорошо́ поёшь? Что ты лю́бишь петь?

   _____

8. Кто у вас в семье́ хорошо́ поёт?

   _____

Сочине́ние

O. Write a short paragraph (seven or eight sentences) about your cooking and eating habits. Ideas: Who fixes meals at your place? Do you fix them yourself? What do you like to cook? Does somebody fix meals and somebody buy groceries? What time do you eat? Do you prefer (**предпочита́ть**) to eat at home? Or do you sometimes prefer to go to a restaurant? Do you and your friends/family eat together?

_____

_____

_____

_____

_____

_____

_____

_____

РАБОТА В ЛАБОРАТОРИИ

ДИАЛОГИ

Диалог 1 Я чуть не опоздал (Explaining a late arrival)

АА.　Follow along as you listen to the dialogue.

МАКСИ́М.　Где вы встреча́ли Но́вый год?

ВАДИ́М.　У друзе́й. Я чуть не опозда́л туда́ — не́ было такси́.

МАКСИ́М.　Э́то поня́тно. Такси́стам то́же хо́чется встре́тить Но́вый год.

ВАДИ́М.　Но я всё-таки́ не опозда́л. Мне повезло́; оди́н такси́ст е́хал на ту у́лицу, где живу́т мои́ друзья́. Оказа́лось, что он то́же там живёт.

- Now read and repeat aloud in the pause after each phrase.
- Now read the lines for Vadim aloud.
- Now read the lines for Maksim aloud.

1.　How was Vadim able to arrive on time?

_____

2.　How would you say in Russian, "Salesmen also like to celebrate New Year's"?

_____

Диалог 2 Пирожки! (Offering and accepting food)

ББ.　Follow along as you listen to the dialogue.

ЕЛЕ́НА АНТО́НОВНА.　Обяза́тельно попро́буйте пирожки́.

ГРЕГ.　А с чем они́?

ЕЛЕ́НА АНТО́НОВНА.　Э́ти — с гриба́ми, э́ти — с мя́сом, э́ти — с капу́стой, а э́ти — с карто́шкой.

ГРЕГ.　Положи́те мне оди́н пирожо́к с гриба́ми и оди́н с капу́стой. И с карто́шкой то́же.

- Now read and repeat aloud in the pause after each phrase.
- Now read the lines for Greg aloud.
- Now read the lines for Elena Antonovna aloud.

If the speakers were talking about **винегре́т**, how would **Еле́на Анто́новна** say, "**Винегре́т** is a salad with potatoes, cucumbers, onion, and beets (**свёкла**, *singular*)"?

ЕЛЕ́НА АНТО́НОВНА.　_____

_____

АУДИРОВАНИЕ

ВВ. You will hear a series of toasts and wishes. Match the toast or wish with the most appropriate situation from those listed below.

ОБРАЗЕЦ: Желáю тебé удáчи!

1. _____ You and friends are celebrating New Year's.

2. _____ The guests are toasting the hostess.

3. _____ Your friends are leaving on a trip.

4. _____ Colleagues are wishing their boss the best.

5. _____ It is somebody's father's birthday.

6.   Об.   A friend is opening a new business.

7. _____ A friend is going to take a test.

ГГ. You will hear a series of sentences. Decide if the verbs are in the present or future tense and circle your choice.

ОБРАЗЕЦ: Мы приглашáем Вéру и Кóлю на Нóвый год.

      (Present)   Future

1.   Present   Future
2.   Present   Future
3.   Present   Future
4.   Present   Future
5.   Present   Future
6.   Present   Future
7.   Present   Future
8.   Present   Future
9.   Present   Future

ДД. Circle the letter of the most appropriate response to the questions you hear.

ОБРАЗЕЦ: Тебé хóчется есть?

    а. Нет, у меня нет машúны.

    ⑥ Нет, я поéл в университéте.

    в. Да, я ем мя́со.

1. а. Нет, я не знáю кто.

   б. Нет, он ушёл.

   в. Да, ктó-то из Петербýрга.

2. а. Рýсские пéсни.

   б. Минерáльную вóду.

   в. Спасúбо, ничегó.

3. а. Да, мáма их приготóвила.

   б. Да, э́то новогóдние подáрки.

   в. Да, но мáма помоглá.

4. а. Нет, никогдá.

   б. Да, чéрез пять мéсяцев.

   в. Нет, я éздил в Áнглию.

5. а. Тóлько рýсские пéсни.

   б. Тóлько минерáльную вóду.

   в. Спасúбо, ничегó.

ГОВОРЕНИЕ

EE. How would you express in a polite way that you want to do the following things?

> ОБРАЗЕЦ: *You hear and see:* (*You're thirsty.*)
> *You say:* Мне хо́чется пить.

1. (*You want to see in the new year with friends.*)
2. (*You want to say good-bye to Natasha.*)
3. (*You're hungry.* [*You want to eat.*])
4. (*You want to try the homemade sauerkraut.*)
5. (*You want to sing the song "Katyusha."*)
6. (*You're tired.* [*You want to sleep.*])
7. (*You want to go home.*)

ЖЖ. You recently went to a conference and dinner where you met a number of celebrities. You were surprised to see that they acted like normal people—walked and talked on their own! How would you say that these people did the following things on their own? Use the correct form of the word **сам.**

> ОБРАЗЕЦ: *You hear and see:* (*Barbra Streisand prepared* pelmeni.)
> *You say:* Ба́рбра Стра́йсанд сама́ приготóвила пельмéни.

1. (*Brad Pitt poured champagne.*)
2. (*Julia Roberts ate two pizzas.*)
3. (*Kevin Spacey prepared a salad.*)
4. (*Hillary Clinton went to lectures.*)
5. (*Tiger Woods spoke about Russian history.*)
6. (*The president played the piano.*)

33. You will be asked a series of questions with **-нибудь.** Answer the questions affirmatively using the same question word and **-то** to indicate a specific time, thing, and so on, but add that you don't know the details.

> ОБРАЗЕЦ: *You hear:* Ктó-нибудь звони́л?
> *You see:* (ктó-то)
> *You say:* Да, ктó-то звони́л, но я не зна́ю кто.

1. (чтó-то)
2. (каки́е-то)
3. (когда́-то)
4. (куда́-то)
5. (у когó-то)

ЧАСТЬ ЧЕТВЁРТАЯ
Давáйте споём!

РАБОТА ДОМА

ПИСЬМО

Понимáние тéкста

А. Review the reading on pages 170–171 of your textbook. Then fill in the name(s) of the individuals to whom each statement best applies.

1. _____ игрáет на гитáре.

2. _____ говорúт, что э́то её сáмый любúмый прáздник.

3. _____ сидúт на полý.

4. _____ сидúт на дивáне.

5. _____ лю́бят пéсню *Auld Lang Syne*.

6. _____ подарúла Джúму кнúгу.

7. _____ не мóжет отказáться от подáрка.

8. _____ знáют пéсню «В лесý родúлась ёлочка».

9. _____ нашёл пéсню «В лесý родúлась ёлочка» в Интернéте.

10. _____ знáет конéц пéсни «В лесý родúлась ёлочка».

Declined forms of Э.Т.О.В.-words

Б. Э.Т.О.В.-words — э́тот / тот After reading each sentence carefully, fill in the blanks with the correct forms of **э́тот** and **тот**. Indicate the gender, number, and case that you have used.

ОБРАЗÉЦ: Мы чáсто хóдим в э́т_<u>от</u>_ (*masc. sing. Acc.*) теáтр.

1. У э́т_____ (_____) молодóго человéка óчень большóй дом,

   а у т_____ (_____), котóрый нас пригласúл на обéд, тóлько мáленькая квартúра.

2. Что я дýмаю о президéнте? Об э́т_____ (_____) я не хочý говорúть.

3. С э́т_____ (_____) студéнтами прия́тно рабóтать, а вон с

   т_____ (_____) — ужáсно.

4. Емý хóчется купúть вон т_____ (_____) ёлку, а не

   э́т_____ (_____).

5. Э́т_____ (_____) пельмéни вкýсные, а т_____ (_____),
   котóрые мы éли вчерá в столóвой, бы́ли совсéм не вкýсные.

6. Эт_____ (_____) же́нщина — моя́ тётя, а вон

   т_____ (_____) — моя́ ба́бушка.

7. Ты зна́ешь назва́ние эт_____ (_____) мело́дии?

8. Эт_____ (_____) тури́стам из Герма́нии нра́вится Кра́сная пло́щадь,

   а т_____ (_____), из Фра́нции, бо́льше нра́вится Кремль.

В. Э.Т.О.В.-words — оди́н After reading each sentence carefully, fill in the blanks with the correct forms of **оди́н**. Indicate the gender, number, and case that you have used.

> ОБРАЗЕЦ: Мой брат познако́мился с одн**о́й** (_fem. sing. Instr._) де́вушкой, кото́рая рабо́тает в
> городско́й поликли́нике.

1. К сожале́нию, у нас есть то́лько од_____ (_____) ли́шний биле́т на э́тот
   конце́рт.

2. Мы спе́ли од_____ (_____) пе́сню по-ру́сски,

   од_____ (_____) по-англи́йски.

3. Мы останови́ли од_____ (_____) пешехо́да и спроси́ли, где ста́нция метро́.

4. Откро́йте то́лько од_____ (_____) окно́, пожа́луйста.

5. Мы разгова́ривали с од_____ (_____) иностра́нцем, кото́рый зна́ет мою́
   подру́гу.

6. Од_____ (_____) тури́сту хо́чется пое́хать в Краснода́р.

Г. Э.Т.О.В.-words — весь After reading each sentence carefully, fill in the blanks with the correct forms of **весь** (including the pronouns **все** and **всё**). Indicate the gender, number, and case that you have used.

> ОБРАЗЕЦ: А́ня съе́ла в**сю** (_fem. sing. Acc._) пи́ццу.

1. Неуже́ли, э́та экску́рсия понра́вилась в_____ (_____) студе́нтам?

2. В_____ (_everyone_) (_____) счита́ют, что Ива́н Петро́вич
   замеча́тельный преподава́тель.

3. Ди́ма вы́пил в_____ (_____) сок и в_____

   (_____) минера́льную во́ду.

4. Помидо́ры и огурцы́ есть у в_____ (_everyone_) (_____).

5. У Ва́ли никогда́ нет вопро́сов. Она́ всегда́ в_____ (_____) понима́ет.

6. В_____ (_____) Кра́сная пло́щадь сего́дня закры́та (_closed_). Прие́дет
   како́й-то официа́льный гость из Герма́нии.

Age in the past and future

Д. Nadya has just been to the fortune teller. She is now 22 years old and has put together a time line of her life according to what has happened and what she found out will happen. How old was she when each event happened? How old will she be when the future events will supposedly happen?

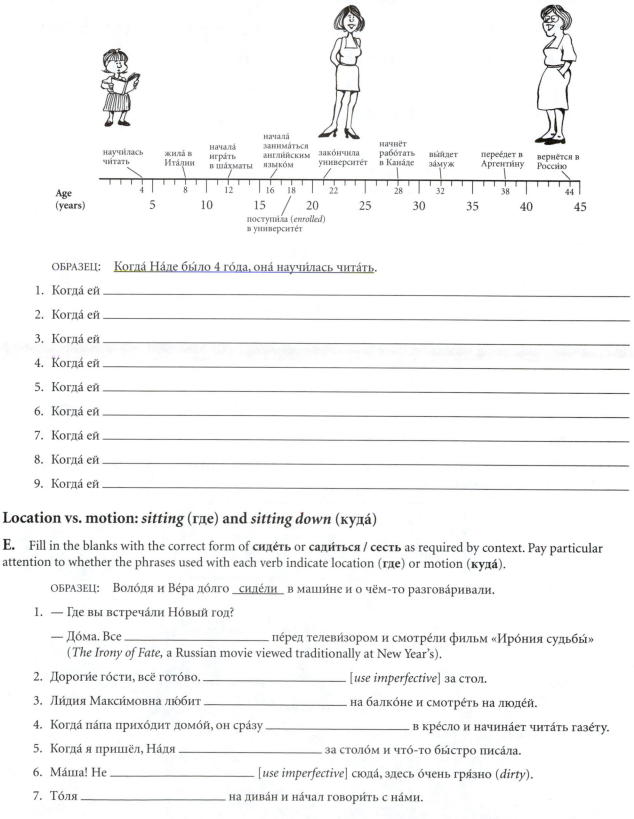

ОБРАЗЕЦ: Когда́ На́де бы́ло 4 го́да, она́ научи́лась чита́ть.

1. Когда́ ей _____

2. Когда́ ей _____

3. Когда́ ей _____

4. Когда́ ей _____

5. Когда́ ей _____

6. Когда́ ей _____

7. Когда́ ей _____

8. Когда́ ей _____

9. Когда́ ей _____

Location vs. motion: *sitting* (где) and *sitting down* (куда́)

Е. Fill in the blanks with the correct form of **сиде́ть** or **сади́ться / сесть** as required by context. Pay particular attention to whether the phrases used with each verb indicate location (**где**) or motion (**куда́**).

ОБРАЗЕЦ: Воло́дя и Ве́ра до́лго _сиде́ли_ в маши́не и о чём-то разгова́ривали.

1. — Где вы встреча́ли Но́вый год?

   — До́ма. Все _____ пе́ред телеви́зором и смотре́ли фильм «Иро́ния судьбы́» (*The Irony of Fate*, a Russian movie viewed traditionally at New Year's).

2. Дороги́е го́сти, всё гото́во. _____ [*use imperfective*] за стол.

3. Ли́дия Макси́мовна лю́бит _____ на балко́не и смотре́ть на люде́й.

4. Когда́ па́па прихо́дит домо́й, он сра́зу _____ в кре́сло и начина́ет чита́ть газе́ту.

5. Когда́ я пришёл, На́дя _____ за столо́м и что́-то бы́стро писа́ла.

6. Ма́ша! Не _____ [*use imperfective*] сюда́, здесь о́чень гря́зно (*dirty*).

7. То́ля _____ на дива́н и на́чал говори́ть с на́ми.

8. Мест в аудитории (*lecture hall*) не́ было, и студе́нты _____ на полу́.

Now, how do you suppose the story of the "Three Bears" reads?

9. When Goldilocks sat on the chair: Она́ _____ на ма́ленький сту́льчик (*little chair*) и засмея́лась (*started to laugh*). Сту́льчик слома́лся (*broke*).

10. When the little bear discovers his chair: «Кто _____ на моём сту́ле и слома́л его́?»

Volunteering or expressing a plan of action: *Let me . . .* Дава́й я . . .

Ж. How would you offer to do the following activities? Use perfective verbs.

ОБРАЗЕЦ: (*invite Bob*) <u>Дава́й я приглашу́ Бо́ба.</u>

1. (*pour the champagne*)

_____

2. (*meet Anya and Tanya at the airport*)

_____

3. (*teach you an American song*)

_____

4. (*pay for dinner*)

_____

5. (*show you my pictures*)

_____

6. (*call Nikita Aleksandrovich*)

_____

reVERBerations: Subjectless они́ forms

З. What might you say about life in Russia after your visit? Choose from the verbs in the box below and give the correct **они́** forms to complete the sentences.

есть   спеши́ть   ~~пить~~   покупа́ть

смотре́ть   уезжа́ть   чита́ть

ОБРАЗЕЦ: У́тром, днём и ве́чером <u>пьют</u> чай.

1. Ве́чером _____ но́вости (*news*) по телеви́зору.

2. _____ мно́го ра́зных и вку́сных сала́тов.

3. У́тром _____ на рабо́ту, но всё-таки по доро́ге

_____ газе́ты и рома́ны.

4. Ка́ждый день _____ све́жий (*fresh*) хлеб.

5. В суббо́ту и воскресе́нье ча́сто _____ на да́чу (*summer cottage*).

И. The Russian edition of the magazine *L'Officiel* interviewed several famous Russians and reported on the significance of the New Year holiday for them. Following is the report of Leonid Yarmolnik. Skim through what he has to say and answer the questions below. Write your responses in English.

«В нашей семье самая дорогая и любимая ново-годняя игрушка – Снегурочка, с которой я про-вел все свое детство. Когда мои родители уез-жали из Львова, мы с женой Ксенией приехали в опустевшую квартиру. Снегурочка одиноко ва-лялась на полу одной из комнат. Мы очень удивились, что родители оставили ее здесь и, ес-тественно, взяли Снегурку с собой в Москву. И теперь она каждый Новый год занимает самое почетное место в квартире – под елочкой».

актер Леонид Ярмольник

1. What is the profession of Leonid Yarmolnik? _____

2. What was the favorite New Year's toy in his family? _____

3. What city did his parents used to live in and leave? _____

4. With whom did he arrive at the empty apartment? _____

5. Where in the apartment did they find this special toy? _____

6. What did they do with the toy? _____

7. What special place does the toy occupy each New Year? _____

Перево́д

К. Translate the following dialogue into Russian.

"Tony, good evening!"
"Hi, Lara. I brought you a bottle of white wine."
"Thanks. Sit down [*use imperfective*]. Everything's ready."
"Let me open the wine."
"Okay. I hope you're hungry. We made *pirozhki* and lots of salads."

_____

_____

_____

_____

_____

Повторе́ние — мать уче́ния

Л. Following is a summary of the reading in Part 4. Fill in the blanks with words that maintain the context of the reading. You will have to change the form of some of the words. One word will be used twice. The events are retold in the present tense, as they occur in the reading.

Уже́ Но́вый год. Друзья́ _____ ¹ за

столо́м и на дива́не, а Джим _____ ²

на полу́ и игра́ет на гита́ре. Та́ня приглаша́ет его́

_____ ³ на дива́н, но на полу́ он

_____ ⁴ себя́ как до́ма. Та́ня да́рит

ему́ кни́гу, стихи́ (*poems*) Ро́берта Бёрнса по-ру́сски.

В _____ ⁵ кни́ге есть

_____ ⁶ пе́сни *Auld Lang Syne.* Пото́м

Джим игра́ет ру́сскую _____ ⁷ пе́сню

«В лесу́ роди́лась ёлочка» и _____ ⁸ пою́т.

весь

нового́дний

перево́д

сесть

сиде́ть

чу́вствовать

э́тот

Ситуа́ции

М. How would you . . .

1. tell somebody to let you bring the salad?

_____

2. say that all the American students will be seeing out the old year at a discotheque? _____

_____

3. say that everybody wants to say good-bye to Olya?

_____

4. tell a friend to sit down on the couch [*use imperfective*]?

_____

5. say that some (*female*) student from California tasted the *pirozhki,* but you don't know which one?

_____

_____

6. say that this taxi driver drives a car very well but that one drives poorly?

_____

7. say that you were 16 years old when you learned to drive a car?

_____

Ваша о́чередь!

Н. Answer the following questions.

1. Тебе́ бо́льше нра́вится сиде́ть на полу́ и́ли на дива́не?

_____

2. Где ты жил (жила́), когда́ тебе́ бы́ло 5 лет?

_____

3. Где ты хо́чешь жить, когда́ тебе́ бу́дет 30 лет?

_____

4. Ско́лько тебе́ бы́ло лет, когда́ ты на́чал (начала́) занима́ться спо́ртом?

_____

5. Тебе́ нра́вится пра́здник Но́вый год? Почему́?

_____

6. Каки́е нового́дние и́ли рожде́ственские (*Christmas*) тради́ции у вас в семье́?

_____

_____

7. Говоря́т, что все америка́нцы живу́т в больши́х дома́х. Э́то пра́вда?

_____

8. В газе́тах пи́шут, что америка́нцам о́чень нра́вится их президе́нт. Э́то пра́вда?

_____

Сочине́ние

О. Write a short paragraph (seven or eight sentences) about your childhood. Ideas: If you lived in other places, how old were you? How old were you when you learned to read or started to play certain sports? How old were you when you learned to cook or drive a car? If you have younger siblings, how old were you when they were born? If you have older siblings, how old were they when you were born?

_____

_____

_____

_____

_____

_____

_____

Fun with grammar! Case review

П. Fill in the blanks of the following sentences with the appropriate case endings. Not all blanks, however, will have an ending. Then enter the words into the crossword puzzle below to help check your spelling. The letter-number combinations (e.g., **г**12) at the end of each sentence indicate the location of the word or words in the puzzle. The first letter and number are for the first word and so on. Note that **г** is for **горизонта́ль**, or horizontal; **в** is for **вертика́ль**, or vertical.

1. Ты зна́ешь молод_____ челове́к_____, о кото́р_____ мы говори́м? (г7) (в2) (в10)

2. Са́ш_____ хо́лодно. Дай _____ (*him*) сви́тер. (г9) (г24)

3. _____ (*me*) хо́чется попро́бовать дома́шн_____ ки́сл_____ капу́ст_____. (г14) (в8) (в20) (г23)

4. Предста́вь себ_____, он съел в_____ (*the whole*) торт_____! (г15) (г12) (в27)

5. Жела́ю _____ (*you, formal*) сча́сть_____ и здоро́вь_____. (в22) (в21) (г28)

6. Прошу́ в_____ (*everybody*) к стол_____. (в13) (в25)

7. По-мо́ему, эт_____ сала́т гора́здо вкусн_____, чем т_____. (г26) (в16) (г11)

8. Ва́ня, сади́сь на ме́ст_____ (*seat*)! (в14)

9. Где ты обы́чно сиди́шь? На дива́н_____ и́ли на пол_____? (г5) (в18)

10. Бо́льш_____ спаси́бо за кни́г_____ (*singular*). (в6) (г29)

11. Я пойду́ в магази́н_____ за молок_____. (в4) (г19)

12. Нельзя́ меша́ть па́п_____, когда́ он чита́ет. (в1)

13. Ви́ка, ты сам_____ встре́тишь америка́нц_____ (*plural*) на вокза́л_____? (г3) (г17) (г22)

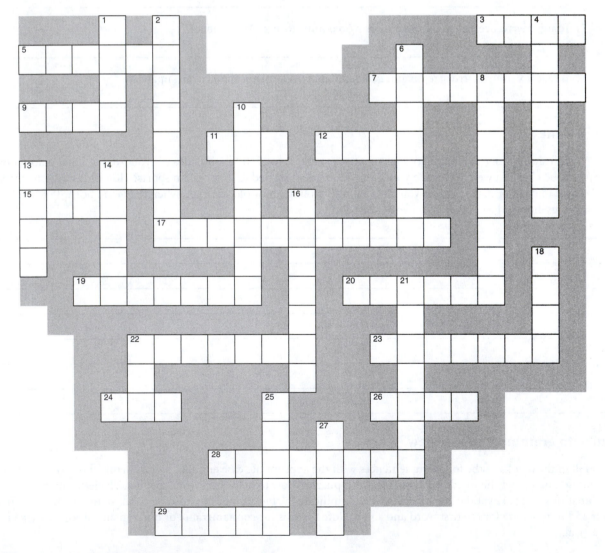

РАБОТА В ЛАБОРАТОРИИ

ДИАЛОГИ

Диалог 1 Ты зна́ешь слова́. . .? (Discussing music)

АА.   Follow along as you listen to the dialogue.

ВА́СЯ.	Тебе́ нра́вится пе́сня «Кали́нка»?
ДЖОН.	О́чень. Я о́чень люблю́ ру́сские пе́сни.
ВА́СЯ.	Ты зна́ешь слова́ э́той пе́сни?
ДЖОН.	Нет, я зна́ю то́лько мело́дию.
ВА́СЯ.	А игра́ть «Кали́нку» ты уме́ешь?
ДЖОН.	Нет, но хочу́ научи́ться.
ВА́СЯ.	Я обяза́тельно напишу́ тебе́ слова́.

- Now read and repeat aloud in the pause after each phrase.
- Now read the lines for John aloud.
- Now read the lines for Vasya aloud.

Rewrite the above dialogue so that (1) John and Vasya are talking about the American song "It's a Small World"; (2) John asks about the melody and Vasya knows only the words; and (3) John asks if Vasya wants to learn to sing the song.

ДЖОН.   _____

ВА́СЯ.   _____

ДЖОН.   _____

ВА́СЯ.   _____

ДЖОН.   _____

Диалог 2 То́лько я! (Soliciting and giving opinions)

ББ.   Follow along as you listen to the dialogue.

УЧИ́ТЕЛЬНИЦА.	Серёжа, како́й твой са́мый люби́мый пра́здник?
СЕРЁЖА.	Мой день рожде́ния, потому́ что я получа́ю мно́го пода́рков.
УЧИ́ТЕЛЬНИЦА.	Но на Но́вый год ты то́же получа́ешь мно́го пода́рков.
СЕРЁЖА.	Но́вый год — э́то пра́здник для всех. На Но́вый год все получа́ют пода́рки, а на мой день рожде́ния — то́лько я!

- Now read and repeat aloud in the pause after each phrase.
- Now read the lines for Seryozha aloud.
- Now read the lines for the teacher aloud.

Why does Seryozha prefer his birthday to New Year's?

_____

_____

АУДИРОВАНИЕ

ВВ. You are at a New Year's party and hear a number of questions and statements. From the list below, choose the most appropriate response.

ОБРАЗЕЦ: Что вы бу́дете пить?

1. _____ Мы пьём шампа́нское и смо́трим телеви́зор.

2. _____ Нет, но сейча́с попро́бую.

3. __Об.__ Минера́льную во́ду, пожа́луйста.

4. _____ Спаси́бо, но я люблю́ сиде́ть на полу́.

5. _____ Хоро́шая иде́я. Сего́дня не о́чень хо́лодно.

6. _____ Зна́ю мело́дию, но не зна́ю слова́.

ГГ. Does the action described refer to sitting in a particular location or the process of sitting down? Mark the appropriate column.

ОБРАЗЕЦ: Вы бы́ли на конце́рте? Где вы сиде́ли?

	Где? (*Seated*)	Куда́? (*Sitting down*)
Об.	___×___	_____
1.	_____	_____
2.	_____	_____
3.	_____	_____
4.	_____	_____
5.	_____	_____

ДД. You sat down on a park bench next to a woman who started telling you about her unusual life. In fact, you wondered if you were hearing things right. Match the age with what she claims to have done. She does not tell you the events in chronological order. The first one has been done for you.

ОБРАЗЕЦ: Когда́ мне бы́ло 12 лет, я научи́лась говори́ть и писа́ть по-япо́нски.

1. __ж__ 12   а. bought herself an airplane

2. _____ 18   б. graduated from the Moscow Conservatory

3. _____ 40   в. went to Mexico

4. _____ 4   г. became a taxi driver in Moscow

5. _____ 21   д. learned to play the saxophone and guitar

6. _____ 32   е. married a French businessman

7. _____ 25   ~~ж. learned to speak and write Japanese~~

ГОВОРЕНИЕ

EE. You want to be helpful. How would you tell your mother to let you do the following activities?

> ОБРАЗЕЦ: *You hear and see:* (*open the champagne*)
> *You say:* Давáй я открóю шампáнское.

1. (*sing an American song*)
2. (*go to the store*)
3. (*prepare the salad*)
4. (*write the invitation*)
5. (*call Aleksei and Tamara*)
6. (*help Natalya Andreevna*)

ЖЖ. Use the subjectless **говорят** to express what you have heard.

> ОБРАЗЕЦ: *You hear and see:* (*the film is interesting*)
> *You say:* Говорят, что фильм интерéсный.

1. (*there's going to be rain*)
2. (*Vanya often lies*)
3. (*New Year's is the favorite holiday in Russia*)
4. (*there's always a line there*)
5. (*Gena always tells the truth*)
6. (*Mikhail Stepanovich is the only good instructor*)

33. You will be asked what sport you played at a given age. Answer with the verb **заниматься** and the sport given in parentheses.

> ОБРАЗЕЦ: *You hear:* Какúм вúдом спóрта ты занимáлась, когдá тебé бы́ло 4 гóда?
> *You see:* (*swimming*)
> *You say:* Когдá мне бы́ло 4 гóда, я занимáлась плáванием.

1. (*tennis*)
2. (*basketball*)
3. (*volleyball*)
4. (*soccer*)
5. (*baseball*)
6. (*American football*)

ЯЗЫК — ЭТО НЕ ВСЁ!

УРОК 11

ЧАСТЬ ПЕРВАЯ

Вы зна́ете, как к нам е́хать?

РАБОТА ДОМА

ПИСЬМО

Понима́ние те́кста

A.   Review the reading on pages 190–191 of your textbook. Then match the sentence halves below.

1. Ле́на говори́т _____

2. Ле́на приглаша́ет _____

3. Шве́дский журнали́ст Карл придёт _____

4. Ле́на познако́милась с Ка́рлом _____

5. Джим принесёт _____

6. Карл говори́т _____

7. Когда́ Карл прие́дет на остано́вку, _____

8. Во́ва встре́тит _____

9. У Во́вы нет вре́мени, потому́ что _____

10. Во́ва возьмёт Бе́лку, потому́ что _____

а. у него́ за́втра контро́льная.

б. Ка́рла у телефо́на-автома́та.

в. ей пора́ погуля́ть.

г. гита́ру.

д. он до́лжен позвони́ть из телефо́на-автома́та.

е. Та́ню, Све́ту и Джи́ма в го́сти.

ж. за́втра к Ле́не в го́сти.

з. с Та́ней по телефо́ну.

и. непло́хо по-ру́сски.

к. в университе́те.

Imperatives: -ь type (бу́дьте добры́) and summary

Б. Choose a verb from the box below and express a request, demand, or invitation according to the situation. Before choosing the appropriate verb, read through the entire scenario so that the context is clear. Think about whether you need an informal/singular or a formal/plural imperative.

забы́ть   купи́ть   написа́ть   отве́тить   поста́вить   прочита́ть

позвони́ть   приготовить   показа́ть   стоя́ть   ~~приходи́ть~~   попроси́ть   сади́ться

ОБРАЗЕЦ: МАРИ́НА.   Вы за́втра свобо́дны? Я приглаша́ю вас в го́сти.

          АНТО́Н.   Спаси́бо, приду́ с удово́льствием.

        МАРИ́НА.   <u>Приходи́те</u> часо́в в 7.

1.   МА́МА.   Я сейча́с ухожу́ на рабо́ту, а ты _____ [a] проду́кты и

                       _____ [б] обе́д.

2.   МАТВЕ́Й.   Где мы с ва́ми встре́тимся?

      НАТА́ЛЬЯ.   О́коло (*near*) кио́ска на пло́щади Гага́рина.

       МАТВЕ́Й.   О́коло како́го кио́ска? Там мно́го кио́сков.

      НАТА́ЛЬЯ.   Да, вы правы́. Когда́ вы́йдете из метро́, иди́те напра́во и

                       _____ у большо́го газе́тного кио́ска.

3.   МУЖЧИ́НА.   Де́вушка, у вас о́чень тяжёлая су́мка. _____ её сюда́.

      ДЕ́ВУШКА.   Спаси́бо, она́ действи́тельно о́чень тяжёлая.

4.   ПА́ПА.   Когда́ прие́дешь к ба́бушке, сра́зу _____ [a]

           СЫН.   Но ты же зна́ешь, что я не люблю́ писа́ть пи́сьма.

         ПА́ПА.   Хорошо́, тогда́ _____ [б]

5.   ТАТЬЯ́НА ИВА́НОВНА.   Я мно́го слы́шала о ва́шей колле́кции откры́ток.

                       _____ [a] её мне, пожа́луйста.

ВАДИ́М ВИТА́ЛЬЕВИЧ.   Хорошо́, _____ [б] сюда́ на дива́н, я сейча́с её принесу́.

6.   ПРЕПОДАВА́ТЕЛЬ.   Ва́ше дома́шнее зада́ние — текст на страни́це 12.

      СТУДЕ́НТЫ.   Мы должны́ прочита́ть весь текст?

  ПРЕПОДАВА́ТЕЛЬ.   Да. _____ [a] текст, _____ [б]

                 на вопро́сы и не _____ [в] вы́учить но́вые слова́.

7.   И́РА.   Я так хочу́ научи́ться води́ть маши́ну!

          СЕ́НЯ.   _____ Воло́дю, он рабо́тает в автошко́ле.

Approximate time and quantity

B. Olga recently went to a birthday party. The next day she gave her friends an exact account of the events, but later she was not so sure of all the details so she used approximations. Write down the second version of her story.

ОБРАЗЕЦ: Я пришла́ в шесть часо́в. → <u>Я пришла́ часо́в в шесть.</u>

1. Бы́ло пятна́дцать челове́к. _____

2. Ири́на принесла́ де́сять компа́кт-ди́сков. _____

3. В семь часо́в пришёл Серге́й. _____

4. Мы пе́ли два часа́. _____

5. Пото́м я разгова́ривала с Ни́ной два́дцать мину́т. _____

   _____

6. В оди́ннадцать часо́в мы с Зи́ной ушли́. _____

   _____

Telling time: Conversational forms

Г. Кото́рый час? Write out the full form for the following times. Use only the conversational forms for time (rather than official or military time). Refer to Appendix F on page 420 of your textbook if you need to review numerals.

ОБРАЗЕЦ: <u>Че́тверть восьмо́го.</u>

1. _____

2. _____

3. _____

4. _____

5. _____

6. _____

7. _____

8. _____

Д. **В котóром часý?** Below is a train schedule for trains departing from Moscow. Answer the questions based on the given information. Use only conversational forms for time (not official or military time). Include a word to indicate A.M. or P.M.

Расписáние поездóв (*Train schedule*)		
	Врéмя отбы́тия (*Departures*)	Врéмя прибы́тия (*Arrivals*)
Москвá — Влади́мир	12.45	15.30
Москвá — Вóлогда	21.30	2.45
Москвá — Тýла	8.45	14.15
Москвá — Петербýрг	4.30	15.15
Москвá — Ярослáвль	18.15	22.30

ОБРАЗЕЦ: В котóром часý вы уезжáете в Вóлогду?

<u>В полови́не деся́того вéчера.</u>

1. В котóром часý мы приéдем в Вóлогду?

_____

2. В котóром часý ваш брат éдет в Тýлу?

_____

3. Мы ждём пóезд из Москвы́. Когдá он прихóдит во Влади́мир?

_____

4. Дя́дя приéдет в Петербýрг сегóдня. Вы не знáете, в котóром часý прихóдит пóезд?

_____

5. Зáвтра Пéтя éдет во Влади́мир. В котóром часý егó пóезд?

_____

6. АНДРÉЙ.   Я уезжáю в Ярослáвль.

   ÁЛЛА.   Когдá ухóдит твой пóезд?

   АНДРÉЙ.   _____ a

   ÁЛЛА.   А когдá он прихóдит в Ярослáвль?

   АНДРÉЙ.   _____ б

   А вы тóже уезжáете?

   ÁЛЛА.   Да, мы éдем в Петербýрг. Наш пóезд ухóдит _____

   _____ в

reVERBerations: *To bring*

E. Fill in the blanks of the following sentences with the correct forms of **приноси́ть / принести́** or **приводи́ть / привести́**.

ОБРАЗЕ́Ц: __Принеси́__ сего́дня гита́ру. Мы бу́дем петь.

1. Вчера́ ве́чером Ве́ра пришла́ к нам в го́сти и _____ подру́гу из Герма́нии.

2. Что Билл _____ вчера́ на новосе́лье? Карто́фельный сала́т, как обы́чно?

3. Ты всегда́ _____ с собо́й минера́льную во́ду. Ты бо́льше ничего́ не пьёшь?

4. Твой брат прие́хал из Аме́рики? _____ его́ к нам в го́сти!

5. В суббо́ту мы соберёмся у То́ли и бу́дем учи́ться гото́вить пирожки́. Ка́ждый что́-то _____ — мя́со, карто́шку, я́йца и́ли грибы́. И А́ня _____ свою́ ба́бушку. Она́ гото́вит о́чень вку́сные пирожки́.

Ж. Below are the zodiac readings for the month of August as taken from the Russian magazine *Yes!*

1. You won't know all the words, but you'll recognize enough so that you should be able to match them with the English translations underneath.
2. After matching them, underline the nine Russian verbs that are commands. Two of them will be in one sentence.

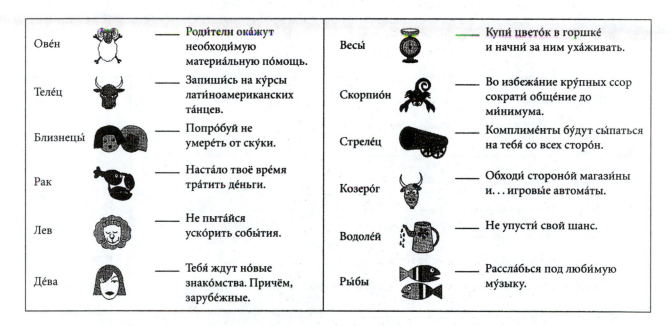

Ове́н — Роди́тели ока́жут необходи́мую материа́льную по́мощь.	Весы́ — Купи́ цвето́к в горшке́ и начни́ за ним уха́живать.
Теле́ц — Запиши́сь на ку́рсы латиноамерика́нских та́нцев.	Скорпио́н — Во избежа́ние кру́пных ссор сократи́ обще́ние до ми́нимума.
Близнецы́ — Попро́буй не умере́ть от ску́ки.	Стреле́ц — Комплиме́нты бу́дут сы́паться на тебя́ со всех сторо́н.
Рак — Наста́ло твоё вре́мя тра́тить де́ньги.	Козеро́г — Обходи́ стороно́й магази́ны и... игровы́е автома́ты.
Лев — Не пыта́йся уско́рить собы́тия.	Водоле́й — Не упусти́ свой шанс.
Де́ва — Тебя́ ждут но́вые знако́мства. Причём, зарубе́жные.	Ры́бы — Рассла́бься под люби́мую му́зыку.

1. Try not to die from boredom.
2. Don't try to speed up events.
3. Don't let your chance slip by.
4. Relax with your favorite music.
5. Avoid stores and slot machines.
6. Your time to spend money has begun.
7. Register for a Latin American dance course.
8. Compliments will come at you from all sides.
9. Buy a flower in a pot and start taking care of it.
10. Your parents will provide essential, material help.
11. New acquaintances await you. Moreover, foreign ones.
12. In order to avoid major quarrels, keep your personal contacts to a minimum.

Перево́д

3. Translate the following dialogue into Russian.

"Natasha, are you free tomorrow evening? Can you come over? I invited a French grad student over. He's studying Russian history."

"With pleasure. What can I bring?"

"Nothing, thanks. By the way, he's supposed to arrive by subway at about 6 o'clock. Can you meet him and bring him here?"

"Of course. Tomorrow I get home at 5:15."

_____

_____

_____

_____

_____

_____

_____

Повторе́ние — мать уче́ния

И. Following is a summary of the reading in Part 1. Fill in the blanks with words that maintain the context of the reading. You will have to change the form of some of the words. You will have to use one word twice. The events are retold in the present tense, as they occur in the reading. Events that happen after the action of the reading will call for the corresponding future tense (marked with two asterisks**).

Ле́на звони́т Та́не и _____¹ их со Све́той к себе́ на за́втра. Она́ неда́вно познако́милась со шве́дским журнали́стом, _____² зову́т Карл, и пригласи́ла его́ в _____.³ Та́ня говори́т, что они́ _____⁴** Джи́ма и попро́сят его́ _____⁵ гита́ру. На сле́дующий день в шесть часо́в Карл _____⁶ на авто́бусную остано́вку и звони́т Ле́не из телефо́на-автома́та. Ле́на про́сит Во́ву встре́тить го́стя и _____⁷ его́ домо́й. Во́ва говори́т, что у него́ нет вре́мени, потому́ что у него́ за́втра контро́льная. Но Ле́на говори́т, что э́то _____⁸** всего́ пятна́дцать мину́т и он бу́дет до́ма уже́ в че́тверть _____.⁹ Во́ва соглаша́ется то́лько _____¹⁰ Бе́лки, кото́рой пора́ погуля́ть.	го́сти заня́ть кото́рый привести́ приглаша́ть приезжа́ть принести́ ра́ди седьмо́й

Ситуа́ции

К. How would you . . .

1. tell somebody to get up, you (*plural*) have to leave in 20 minutes?

   _____

2. tell somebody to prepare a pizza for Volodya's birthday?

   _____

3. say that you bought about 10 postcards and 5 envelopes?

   _____

4. say that you are leaving for Kostroma at 7:15 in the evening?

   _____

5. say that your sister is arriving at about 5 o'clock?

   _____

6. ask if you can bring your friend from Kiev who is arriving on Friday?

   _____

7. say that you usually leave for the university at 8:45?

   _____

Ва́ша о́чередь!

Л. Answer the following questions.

1. В кото́ром часу́ ты обы́чно встаёшь?

   _____

2. В кото́ром часу́ ты обы́чно ухо́дишь в университе́т?

   _____

3. В кото́ром часу́ ты обы́чно прихо́дишь домо́й?

   _____

4. Ско́лько часо́в в день ты обы́чно занима́ешься?

   _____

5. Ско́лько раз в неде́лю ты занима́ешься спо́ртом?

   _____

6. Когда́ тебя́ приглаша́ют в го́сти, что ты обы́чно прино́сишь с собо́й?

   _____

7. Как ча́сто ты хо́дишь в рестора́ны?

   _____

Сочинéние

M. Write a short paragraph (seven or eight sentences) about your typical week. Ideas: At what time do you eat breakfast, lunch, and dinner? At what time do you go to the university? When do you leave for home? At what time do you start work? About how many hours a week do you work? At what time do you have Russian? About how many hours a day do you study? About how many hours do you watch TV?

_____

_____

_____

_____

_____

_____

_____

_____

_____

 РАБОТА В ЛАБОРАТОРИИ

ДИАЛОГИ

Диалог 1 В котóром часý? (Extending an invitation)

AA. Follow along as you listen to the dialogue.

ЛЮ́ДА. Кáтя, приходи́ ко мне зáвтра вéчером. Придýт мои́ друзья́ Ми́ша и И́горь. Я давнó (*for a long time*) хочý тебя́ с ни́ми познакóмить.

КА́ТЯ. Спаси́бо, с удовóльствием. В котóром часý?

ЛЮ́ДА. Часóв в семь.

- Now read and repeat aloud in the pause after each phrase.
- Now read the lines for Katya aloud.
- Now read the lines for Lyuda aloud.

Rewrite the dialogue so that (1) the invitation is for this evening at about 6 o'clock and (2) only Misha is coming.

ЛЮ́ДА. _____

_____

КА́ТЯ. _____

ЛЮ́ДА. _____

Диало́г 2 Приходи́ за́втра ве́чером (Inviting someone to a social gathering)

ББ. Follow along as you listen to the dialogue.

ТИ́НА. За́втра у меня́ в гостя́х бу́дут ру́сские студе́нты. Е́сли ты хо́чешь поговори́ть по-ру́сски, приходи́ за́втра ве́чером.

ПЬЕР. Обяза́тельно приду́. Что принести́?

ТИ́НА. Спаси́бо, ничего́ не ну́жно. Я сде́лаю пи́ццу и карто́фельный сала́т.

ПЬЕР. Я принесу́ минера́льную во́ду и пи́во.

- Now read and repeat aloud in the pause after each phrase.
- Now read the lines for Pierre aloud.
- Now read the lines for Tina aloud.

How would the first line read if a group of German students speaking only German were coming over Friday evening?

_____

_____

АУДИ́РОВАНИЕ

ВВ. You are doing an internship this year at a Russian school for English in Moscow. The director has invited individuals and groups from various English-speaking countries to visit the school and would like you to be present at several important meetings throughout the year. On the first day of school she gives you a series of dates and times to highlight in your day planner. Write down the dates and times proposed. The director will specify A.M. or P.M. only if the time of day is not obvious.

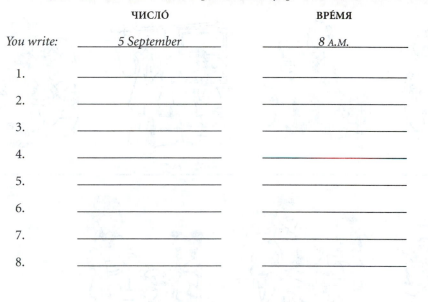

ОБРАЗЕ́Ц: *You hear:* 5-ого сентября́, в 8 часо́в утра́

	ЧИСЛО́	ВРЕ́МЯ
You write:	5 September	8 A.M.
1.		
2.		
3.		
4.		
5.		
6.		
7.		
8.		

ГГ. You will hear a series of sentences with times, quantities, and amounts. Some are exact, others are approximate. Circle the correct translation.

> ОБРАЗЕЦ: *You hear:* Они́ прие́хали часо́в в во́семь ве́чера.
>
> *You see:* a. They arrived at 8 o'clock in the evening.
>
> ⓑ They arrived at about 8 o'clock in the evening.

1. a. I think Irina Mikhailovna is 50 years old.

    б. I think Irina Mikhailovna is about 50 years old.

2. a. I go to restaurants twice a week, always on Saturday and Sunday.

    б. I go to restaurants about twice a week, usually on Saturday and Sunday.

3. a. In our town we have 10 museums.

    б. In our town we have about 10 museums.

4. a. I usually work 20 hours a week.

    б. I usually work about 20 hours a week.

5. a. My grandmother is 72 years old.

    б. My grandmother is about 72 years old.

6. a. Misha studies 2 hours every evening.

    б. Misha studies about 2 hours every evening.

ДД. Match the commands that you hear with the most appropriate picture.

> ОБРАЗЕЦ: Молодо́й челове́к, у вас тяжёлый портфе́ль? Поста́вьте его́ сюда́.

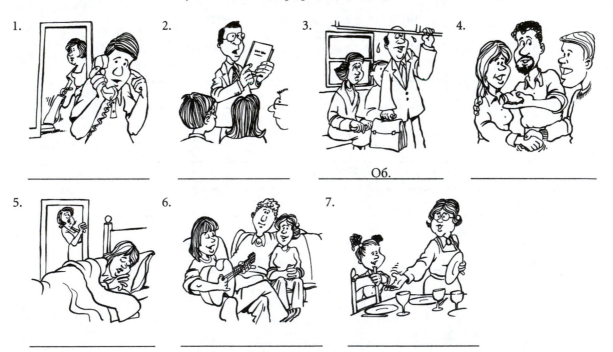

1. _____ 2. _____ 3. Об. _____ 4. _____

5. _____ 6. _____ 7. _____

ГОВОРЕНИЕ

ЕЕ. How would you say the following times in a conversational manner?

ОБРАЗЕЦ: *You hear:* (four–thirty)
You see: 4:30
You say: полови́на пя́того *or* полпя́того

1. 1:15
2. 7:30
3. 9:00
4. 6:45
5. 10:45
6. 3:15
7. 12:30
8. 2:00

ЖЖ. You will hear several questions asking whom or what you brought or will bring to a certain event. Answer with the given person or item, according to the question you hear.

ОБРАЗЕЦ: *You hear:* Кого́ вы привели́ на новосе́лье у Ле́ны?
You see: (*my brother / pizza*)
You say: Я привёл (привела́) моего́ бра́та.

1. (*our neighbor [male] / champagne*)
2. (*my sister / chocolate*)
3. (*my friend [female] from Canada / vinegret*)
4. (*a friend [male] from the university / wine from California*)
5. (*my neighbor Vanya / an American cake*)

ЗЗ. How would you tell a fellow student to do the following things?

ОБРАЗЕЦ: *You hear and see:* (*sit down on the couch*)
You say: Сади́сь на дива́н!

1. (*speak Russian*)
2. (*call you tonight*)
3. (*answer your question, please*)
4. (*bring a salad on Tuesday*)
5. (*write you a letter from Washington*)
6. (*forget about it*)

ЧАСТЬ ВТОРАЯ
Э́то тру́дное число́ девятна́дцать

РАБОТА ДОМА

ПИСЬМО

Понима́ние те́кста

A. Each of the following statements about the reading on pages 202–203 of your textbook is false. Rewrite them so that they are true. A simple **не** will not suffice.

1. Карл звони́т Ле́не в че́тверть седьмо́го.

   _____

2. Во́ва с Бе́лкой уже́ давно́ хо́дят о́коло ста́нции метро́.

   _____

3. О́коло авто́бусной остано́вки три телефо́на-автома́та.

   _____

4. По телефо́ну разгова́ривал како́й-то ста́рый де́душка.

   _____

5. Карл ви́дит соба́ку, но не ма́льчика.

   _____

6. Карл стои́т о́коло остано́вки девятна́дцатого авто́буса.

   _____

7. Карл иногда́ е́здит на двена́дцатом авто́бусе на рабо́ту.

   _____

8. Ря́дом с авто́бусной остано́вкой высо́кий дом, 12 этаже́й.

   _____

9. Во́ва винова́т, что Карл прие́хал в друго́й райо́н.

   _____

10. Карл пое́дет к Ле́не на тролле́йбусе.

    _____

Indirect requests: Я хочу́, что́бы...

Б. We always want somebody else to do the work! How would you say that you want the given people to do the work mentioned? Remember to use a comma before **что́бы.**

ОБРАЗЕ́Ц: Ва́ня / пригото́вить обе́д → <u>Я хочу́, что́бы Ва́ня пригото́вил обе́д</u>.

1. Ка́тя / погуля́ть с соба́кой _____

_____

2. Ми́ша / позвони́ть ба́бушке _____

_____

3. Сла́ва и То́ля / встре́тить госте́й у метро́ _____

_____

4. Мари́на / помо́чь Ми́ше с матема́тикой _____

_____

5. Алёша и Та́ня / принести́ шокола́д и цветы́ _____

_____

6. Ге́на / пойти́ за хле́бом и ма́слом _____

_____

В. Change the following direct speech into indirect speech using <**что́бы** + past tense>.

ОБРАЗЕ́Ц: Лю́да попроси́ла нас: «Приди́те у́тром в библиоте́ку».

Лю́да попроси́ла нас, <u>что́бы мы пришли́ у́тром в библиоте́ку</u>.

1. Профе́ссор сказа́л Ва́се: «Позвони́те мне сего́дня ве́чером».

Профе́ссор сказа́л Ва́се, _____

2. Ма́ма сказа́ла сы́ну: «Купи́ молока́».

Ма́ма сказа́ла сы́ну, _____

3. Журнали́ст сказа́л де́душке: «Расскажи́те о себе́».

Журнали́ст сказа́л де́душке, _____

4. Ири́на Серге́евна сказа́ла Кири́ллу: «Не сиди́ на полу́».

Ири́на Серге́евна сказа́ла Кири́ллу, _____

5. Сосе́ди не́сколько раз проси́ли Бори́са: «Не игра́йте так гро́мко».

Сосе́ди не́сколько раз проси́ли Бори́са, _____

6. Ты до́лжен сказа́ть бра́ту: «Принеси́ свой магнитофо́н».

Ты до́лжен сказа́ть бра́ту, _____

7. Се́ва сказа́ла А́не: «Отда́й э́ти кни́ги свое́й сестре́».

Се́ва сказа́ла А́не, _____

8. Ви́тя сказа́л нам: «Возьми́те с собо́й де́ньги».

Ви́тя сказа́л нам, _____

Obligation in the past: *She should have, she was supposed to . . .*

Г. Using phrases from the following list, explain what these people should have done.

> позвони́ть ~~написа́ть объявле́ние~~
>
> закры́ть окно́ вы́учить но́вые слова́
>
> ходи́ть на ле́кции купи́ть ка́рту го́рода
>
> записа́ть (*write down*) а́дрес

ОБРАЗЕ́Ц: Мой сосе́д уже́ год не мо́жет прода́ть маши́ну.

Он до́лжен был написа́ть объявле́ние.

1. Ли́да пошла́ к Са́ше в го́сти, но забы́ла но́мер кварти́ры.

   _____

2. Стёпа пло́хо написа́л контро́льную по англи́йскому языку́, потому́ что не знал мно́гих слов.

   _____

3. Дени́с обеща́л прийти́, но не пришёл.

   _____

4. Ма́ша ушла́ гуля́ть. В кварти́ре ста́ло хо́лодно.

   _____

5. На́ши друзья́ пое́хали в друго́й го́род на конце́рт, заблуди́лись там и опозда́ли.

   _____

6. Ви́ка не гото́ва к экза́мену по матема́тике.

   _____

Expressing need in the past and the future

Д. You had a party at your place last weekend and your many friends helped by preparing food ahead of time. What particular item did each person need? Choose from the box below; do not change singular to plural or vice-versa.

> хлеб мя́со капу́ста грибы́
>
> огурцы́ карто́шка ~~помидо́ры~~ шокола́д

ОБРАЗЕ́Ц: Майк пригото́вил пи́ццу. → Ему́ нужны́ бы́ли помидо́ры.

1. Ве́ра пригото́вила карто́фельный сала́т. _____
2. Дон пригото́вил пирожки́ с гриба́ми. _____
3. Анто́н сде́лал солёные огурцы́. _____
4. Бе́тси пригото́вила ки́слую капу́сту. _____
5. Ната́ша сде́лала шокола́дный торт. _____
6. Ро́берт сде́лал бутербро́ды. _____
7. И́ра пригото́вила пельме́ни с мя́сом. _____

E. What did each of these people have to do to help you prepare for your party? Remember to use the Dative case.

ОБРАЗЕЦ: Ли́нда / купи́ть проду́кты

Ли́нде ну́жно бы́ло купи́ть проду́кты.

1. Бори́с / принести́ компа́кт-ди́ски

_____

2. О́ля / купи́ть цветы́

_____

3. Дон / пригото́вить пирожки́

_____

4. Та́ня / найти́ сту́лья

_____

5. Васи́лий / убра́ть (*clean up*) кварти́ру

_____

6. Ла́ра / купи́ть сок и пи́во

_____

More on short forms: Э́то я винова́та

Ж. Complete the sentences below with an appropriate adjective from the box. You will need to use one of the adjectives twice.

```
винова́т          похо́ж        гото́в
                                            рад
        свобо́ден
закры́т              откры́т      уве́рен
```

ОБРАЗЕЦ: Молодо́й челове́к спра́шивает в авто́бусе: «Э́то ме́сто свобо́дно?»

1. Ма́ша, ты о́чень _____ на твоего́ бра́та.

2. Уже́ 8 часо́в. По-мо́ему, все магази́ны уже́ _____. Где мы ку́пим молоко́?

3. Э́то Ри́та _____, что вы заблуди́лись. Она́ должна́ была́ написа́ть а́дрес.

4. Роди́тели о́чень _____, что вы придёте в го́сти.

5. На́до пойти́ за хле́бом, пока́ магази́н ещё _____.

6. Ти́на, ты _____? Пора́ идти́!

7. — Наде́жда Васи́льевна, вы _____,[a] что Са́ши до́ма нет?

   — _____.[6] Он мне ещё в воскресе́нье сказа́л, что пое́дет в Петербу́рг.

Nondeclining nouns of foreign origin

3. Choose an adjective from the box below to describe each of the following nondeclinable nouns. You may use an adjective more than once, but be sure to use the appropriate adjective endings!

> вку́сный   дорого́й
>
>   ро́зовый   замеча́тельный
>
> краси́вый
>
>   чуде́сный   симпати́чный

ОБРАЗЕЦ: Как**о́е** дорого́е ра́дио! Оно́ сто́ит 60 до́лларов!

1. В це́нтре го́рода _____ᵃ кафе́. Все зна́ют его́. Там о́чень

   _____⁶ ко́фе.

2. Как_____ _____ та́кси! Как прия́тно води́ть его́.

3. Вы когда́-нибудь бы́ли в Герма́нии? По-мо́ему, река́ Рейн _____, как в

   ска́зке (*fairy tale*).

4. _____ флами́нго† моя́ люби́мая пти́ца (*bird*).

5. О́льга Серге́евна о́чень _____ᵃ и _____⁶ ле́ди.†

   Она́ мне о́чень нра́вится.

reVERBerations: Multidirectional verbs of motion

И. Fill in the blanks with the correct forms of either **ходи́ть** or **е́здить**.

ОБРАЗЕЦ: Когда́ мы жи́ли в Аме́рике, мы с бра́том уже́ ходи́ли в шко́лу.

1. Зимо́й я ча́сто _____ на авто́бусе. Я не люблю́ води́ть маши́ну по сне́гу.

2. Вчера́ мы с Ви́кой _____ в кино́ на но́вый кита́йский фильм.

3. Врач сказа́л, что мне ну́жно мно́го _____.

4. Когда́ я был ма́ленький, мы с семьёй _____ ка́ждое ле́то в Я́лту.

5. Два ме́сяца наза́д я _____ на по́езде в Ирку́тск.

6. Когда́ я была́ ма́ленькая, мы с сестро́й ча́сто _____ к тёте Ри́те.

   Она́ жила́ ря́дом.

7. У меня́ но́вая маши́на. Тепе́рь я о́чень ре́дко _____ пешко́м.

8. В про́шлом году́ мы _____ в кино́ ка́ждую неде́лю.

Перево́д

К. Translate the following dialogue into Russian. Use conversational forms for the times.

"Do you think the grocery store is open?"
"I don't think so. I went there yesterday at 5:30, and it was open, but it's now 7:45."
"I should have bought the bread and cheese this morning."
"Do you need them tonight?"
"No, tomorrow evening. But I don't have any time tomorrow."
"Ask Petya to buy them tomorrow morning. He's free."

_____

_____

_____

_____

_____

_____

_____

Повторе́ние — мать уче́ния

Л. Following is a summary of the reading in Part 2. Fill in the blanks with words that maintain the context of the reading. You will have to change the form of some of the words. Use each word only once. The events are retold in the present tense, as they occur in the reading. Events that happen before the action of the reading will call for the corresponding past tense (marked with an asterisk*).

Ле́на _____[1]* шве́дского журнали́ста Ка́рла в го́сти. Ле́на _____[2] Во́ву, чтобы он _____[3]* на авто́бусную остано́вку, встре́тил Ка́рла и _____[4]* его́ домо́й. Карл звони́т из телефо́на-автома́та и говори́т, что он не ви́дит _____[5] ма́льчика с бе́лой соба́кой. Во́ва то́же звони́т, и говори́т, что по телефо́ну разгова́ривает то́лстая тётка и кро́ме неё, там _____[6] нет. Ока́зывается, что Карл _____[7]* в друго́й райо́н. Он _____[8]* на двена́дцатый авто́бус, а до́лжен _____[9]* сесть на девятна́дцатый. Это Ле́на _____[10] Она́ _____[11] была́ написа́ть но́мер авто́буса. Како́й стыд! Но Карл говори́т, что сейча́с он ся́дет в такси́ и ско́ро прие́дет к Ле́не.	быть виноза́т до́лжен никако́й никто́ пойти́ привести́ пригласи́ть прие́хать проси́ть сесть

Ситуа́ции

M. How would you . . .

1. say that you were supposed to meet Vera at the movie theater at 5:30 but forgot?

   _____

   _____

2. say that you asked Natasha to send you CDs of modern Russian rock groups?

   _____

   _____

3. say you want Sonya to introduce you to her brother?

   _____

4. say that when you arrived in Moscow it was cold and you needed to buy a sweater?

   _____

   _____

5. say that when you were a little kid, you always went with your mother to the kindergarten by subway?

   _____

   _____

6. say that the stores are closed because today is a holiday but they'll be open tomorrow? _____

   _____

7. tell your sister that she'll have to take a bus if she wants to go to the airport?

   _____

Ва́ша о́чередь!

H. Answer the following questions.

1. Что тебе́ ну́жно бы́ло купи́ть в а́вгусте и́ли в сентябре́, когда́ начали́сь заня́тия (*classes started*) в университе́те?

   _____

2. Библиоте́ка у вас откры́та в суббо́ту? А в воскресе́нье? А в пра́здники? _____

   _____

3. Ты свобо́ден (свобо́дна) в пя́тницу ве́чером? А в суббо́ту ве́чером?

   _____

4. Как ча́сто ты е́здишь к ба́бушке и де́душке?

   _____

5. Как ты обы́чно е́здишь к свои́м друзья́м?

   _____

6. Когда́ ты в после́дний раз е́здил (е́здила) на авто́бусе?

   _____

Сочинéние

O. Write a short paragraph (seven or eight sentences) about what your life was like when you started to study at the university. Ideas: Did you have to rent an apartment or room in the dorm? What things did you need? Did you need to stand in lines to buy your textbooks? Did you ask your parents or anybody else to send you anything? Money? Clothing? Did you want your friends to call you or to write letters?

_____

_____

_____

_____

_____

_____

_____

_____

РАБОТА В ЛАБОРАТОРИИ

ДИАЛОГИ

Диалог 1 Вы знáете, как тудá éхать? (Getting/giving directions)

AA.   Follow along as you listen to the dialogue.

СЭМ.	Мне нýжно зáвтра поéхать в телецéнтр.
БОРИ́С СТЕПÁНОВИЧ.	Вы знáете, как тудá éхать?
СЭМ.	Не увéрен.
БОРИ́С СТЕПÁНОВИЧ.	Сначáла на метрó до стáнции «Ботани́ческий сад», а потóм на девятнáдцатом автóбусе.
СЭМ.	А где останóвка автóбуса?
БОРИ́С СТЕПÁНОВИЧ.	Óколо стáнции метрó, совсéм рýдом.

- Now read and repeat aloud in the pause after each phrase.
- Now read the lines for Boris Stepanovich aloud.
- Now read the lines for Sam aloud.

How would the fourth line read if Sam needed to go to the station **Парк Культýры,** then take bus twelve?

_____

_____

Диало́г 2 Он е́дет к нам в пе́рвый раз (Problem solving: A lost person)

ББ. Follow along as you listen to the dialogue.

МА́МА. Дя́дя Ми́ша до́лжен был прие́хать час наза́д.

О́ЛЯ. Он зна́ет, как к нам е́хать? Ведь он е́дет к нам в пе́рвый раз.

МА́МА. Да. И ещё я сказа́ла ему́, что́бы он позвони́л с на́шей авто́бусной остано́вки.

О́ЛЯ. Мо́жет быть, он заблуди́лся? Ведь в на́шем микрорайо́не все дома́ одина́ковые (*the same*).

МА́МА. А мо́жет быть, телефо́н-автома́т не рабо́тает. Наве́рно, ну́жно пойти́ на остано́вку и встре́тить его́.

- Now read and repeat aloud in the pause after each phrase.
- Now read the lines for Olya aloud.
- Now read the lines for the mother aloud.

1. What two possible reasons are given for Uncle Misha's lateness?

   a. _____

   б. _____

2. How would the first line read if the person who should have arrived two hours ago was Aunt Dasha rather than Uncle Misha? _____

АУДИ́РОВАНИЕ

ВВ. What would be the best English rendition of the sentences that you hear? Circle your choice.

ОБРАЗЕ́Ц: Я попроси́ла Лю́ду, что́бы она́ привела́ бра́та на день рожде́ния.

   a. I asked Lyuda if she's bringing her brother to the birthday celebration.

   ⓑ I asked Lyuda to bring her brother to the birthday celebration.

   в. I asked Lyuda if it was her brother's birthday celebration.

1. a. I want to give my parents a new car.

   б. I want my parents to have my new car.

   в. I want my parents to give me a new car.

2. a. Tell Dima to call me this evening.

   б. Tell Dima I will call him this evening.

   в. Tell Dima to call home this evening.

3. a. Do you want to meet Masha and me at the subway?

   б. Do you want me to meet Masha at the subway?

   в. Do you want Masha to meet me at the subway?

4. a. Vasily asks if he can introduce us to Lara.

   б. Vasily asks us to introduce him to Lara.

   в. Vasily asks Lara to introduce us to him.

5. a. Anton Viktorovich wants our instructor to give us some letters for him.

   б. Anton Viktorovich wants us to give him the letters from our instructor.

   в. Anton Viktorovich wants us to give our instructor some letters.

ГГ. You will hear a short text about Tamara and Sara. Mark **в (ве́рно)** next to the sentences that are true, **н (неве́рно)** next to those that are false. To the side write out the corrections in English. The first one has been done for you.

1. ___н___ Tamara invited Sara to her place on Sunday. ___*Saturday*___

2. _____ Sara got onto bus 19. _____

3. _____ She got off at the 10th bus stop. _____

4. _____ There was a metro station there on the corner. _____

5. _____ There was also a big electronics store nearby. _____

6. _____ And there was a long line where they were selling fresh *pirozhki.* _____

7. _____ Sara couldn't find the street where Tamara lives. _____

8. _____ She should have gotten onto bus 12. _____

ДД. A series of numbers will be read to you. Check the column of the number that you hear. The first one has been done for you.

ОБРАЗЕЦ: *You hear:* де́сять

	9	10	12	19	20
Об.	_____	___×___	_____	_____	_____
1.	_____	_____	_____	_____	_____
2.	_____	_____	_____	_____	_____
3.	_____	_____	_____	_____	_____
4.	_____	_____	_____	_____	_____
5.	_____	_____	_____	_____	_____
6.	_____	_____	_____	_____	_____
7.	_____	_____	_____	_____	_____
8.	_____	_____	_____	_____	_____
9.	_____	_____	_____	_____	_____

ЕЕ. You will hear a series of statements. Choose the most appropriate response from the list below and write the letter of the statement next to it.

ОБРАЗЕЦ: *You hear:* Ли́да идёт с тобо́й в кино́?

1. _____ Она́ ра́да?

2. _____ Да, он прав.

3. _____ Не зна́ю. Он гото́в?

4. _____ Оно́ уже́ откры́то.

5. ___Об.___ Нет, она́ не свобо́дна.

6. _____ Нет, она́ сего́дня закры́та.

ГОВОРЕНИЕ

ЖЖ.   How would you say what these people needed?

> ОБРАЗЕЦ: *You hear and see:*   (*Linda / stamps*)
> *You say:*   Ли́нде нужны́ бы́ли ма́рки.

1. (*Todd / coffee*)
2. (*Kelly / map of the metro*)
3. (*Bill / radio*)
4. (*Susanna / taxi*)
5. (*Angela / cabbage*)
6. (*Mark / butter*)
7. (*Brad / advice*)
8. (*Emily / earphones*)

33.   The Russian «д» numbers cause English speakers many problems, both in understanding and speaking. Try saying the given number and compare your pronunciation to that of the native speakers.

> ОБРАЗЕЦ: *You hear:*   (*ten*)
> *You see:*   10
> *You say:*   де́сять

1.   19
2.   20
3.   12
4.   2
5.   9
6. 202
7. 220
8. 210
9. 219
10. 212
11. 209

ИИ.   How would you say that the following people were supposed to do certain things?

> ОБРАЗЕЦ: *You hear and see:*   (*Fred / call his parents*)
> *You say:*   Фред до́лжен был позвони́ть свои́м роди́телям.

1. (*Dasha / buy tickets to the concert*)
2. (*Brandy / write postcards home*)
3. (*Maksim / check his e-mail*)
4. (*Tom / wish his grandmother a happy birthday*)
5. (*Anya / meet friends on Red Square*)
6. (*Seryozha / write a letter to his sister*)

ЧАСТЬ ТРЕТЬЯ

Вы так хорошо́ вы́учили язы́к за оди́н год?

РАБОТА ДОМА

ПИСЬМО

Понима́ние те́кста

A. Review the reading on page 214 of your textbook. Then complete the following sentences.

1. Мно́гие иностра́нные студе́нты, кото́рые учи́лись в Моско́вской консервато́рии, ста́ли

_____

_____

2. У Све́ты в гру́ппе у́чатся _____

_____

3. Они́ не зна́ли ру́сского языка́, когда́ они́ _____

_____

4. Они́ це́лый год занима́лись то́лько _____

_____

5. Джим учи́л ру́сский язы́к _____

6. Они́ занима́лись _____ дней в неде́лю, _____

часо́в ка́ждый день.

7. Они́ де́лали оши́бки не то́лько _____ — они́ не понима́ли

_____

8. Све́та приглаша́т студе́нта из Вьетна́ма, что́бы _____

_____

How long something takes: <за + Accusative time expression>

Б. Below is a chart showing some of the things your friend Anton did in the past six months and how long it took him to do each activity. How would you express how long it took him to complete each task? (Hint: You will have to use the perfective form of the verb.)

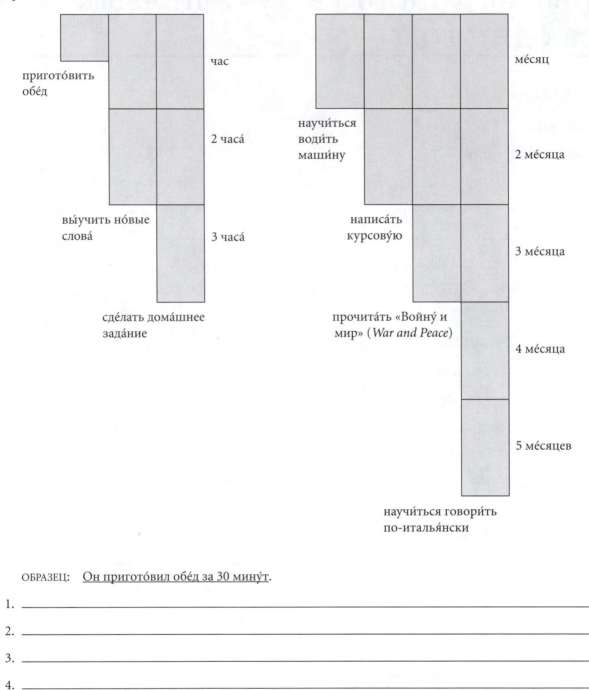

приготóвить обéд — час

вы́учить нóвые словá — 2 часá

сдéлать домáшнее задáние — 3 часá

научи́ться води́ть маши́ну — мéсяц

написáть курсовýю — 2 мéсяца

прочитáть «Войнý и мир» (*War and Peace*) — 3 мéсяца

— 4 мéсяца

— 5 мéсяцев

научи́ться говори́ть по-итальянски

ОБРАЗЕЦ: <u>Он приготóвил обéд за 30 минýт</u>.

1. _____

2. _____

3. _____

4. _____

5. _____

6. _____

В.   How long would it take these people to finish the given activities? Choose a logical time from the box below or make up one of your own.

10 мину́т	30 мину́т	час	2 часа́	6 часо́в	2 дня
20 мину́т	40 мину́т	час 30 мину́т	3 часа́	день	неде́ля

ОБРАЗЕ́Ц: ваш друг / вы́пить большу́ю буты́лку ко́ка-ко́лы

Мой друг мо́жет вы́пить большу́ю буты́лку ко́ка-ко́лы за 20 мину́т.

1. лу́чшие студе́нты в гру́ппе / вы́учить 25 но́вых слов _____

_____

2. ва́ша подру́га / съесть 50 соси́сок _____

_____

3. брат и́ли оте́ц / пригото́вить у́жин _____

_____

4. де́душка и́ли ба́бушка / написа́ть свою́ биогра́фию _____

_____

5. вы / сде́лать э́то упражне́ние _____

_____

6. ваш преподава́тель / прочита́ть рома́н «До́ктор Жива́го» _____

_____

7. наш президе́нт / пробежа́ть 5 миль _____

_____

How long an action lasts: Accusative time expressions

Г.   Using the charts from Exercise **Б** and *imperfective* verbs, tell how long Anton *spent doing* each of the activities..

ОБРАЗЕ́Ц: Я гото́вил (гото́вила) обе́д 30 мину́т.

1. _____

2. _____

3. _____

4. _____

5. _____

6. _____

Consolidation: The Accusative and time expressions

Д. Choose an appropriate time expression from the box below to complete each of the following sentences. One of the answers has been given for you.

~~час~~	час	вечер	два часа́
за час		в че́тверть оди́ннадцатого	
неде́лю	в пя́тницу		часо́в в шесть

На́ша ба́бушка живёт недалеко́, и мы с сестро́й хо́дим к ней ка́ждую

_____.[1] _____[2] ве́чером мы опя́ть ходи́ли к ней.

Мы пришли́ _____[3] и сиде́ли у неё весь _____.[4]

Це́лый _____[5] мы е́ли вку́сные сала́ты, кото́рые ба́бушка пригото́вила. Нам

так хоте́лось есть, что _____[6] мы съе́ли все сала́ты. Пото́м мы

_____[7] смотре́ли но́вый америка́нский фильм. Ещё _____ час _____[8]

мы про́сто сиде́ли и разгова́ривали. _____[9] мы ушли́ домо́й.

Nested case constructions

Е. How would you express the following in Russian?

ОБРАЗЕЦ: economics instructor _преподава́тель эконо́мики_

1. *pirozhki* with potatoes _____

2. type of sport _____

3. electronics store _____

4. native speaker _____

5. music department _____

6. birthday _____

Ж. Now choose from the expressions in Exercise **E** and complete the sentences below. In parentheses identify the case used for the first word of each phrase. Remember that only this first word will change case endings.

ОБРАЗЕЦ: Вчера́ ве́чером на конце́рте мы ви́дели _преподава́теля эконо́мики_ (*Acc.*).

1. Ты ду́маешь, что Со́фья Анто́новна _____ (_____)?
   По-мо́ему, она́ говори́т по-ру́сски с акце́нтом.

2. Я учу́сь на _____ (_____).

3. Ге́на, поздравля́ю тебя́ с _____ (_____)!

4. Ва́ля пригото́вила о́чень вку́сные _____ (_____).

5. Он купи́л компью́тер ря́дом, в _____ (_____).

6. Каки́м _____ (_____) ты занима́ешься?

Names: Declension of first names

3. At various times during your stay in Russia you talk to your host family about your American friends. How would you tell them how old your friends are?

ОБРАЗЕЦ:　Джордж / 22
Джо́рджу 22 го́да.

1. Ша́нна / 21

_____

2. Брэ́ндон / 20

_____

3. Дже́ннифер / 23

_____

4. Э́мили / 19

_____

5. Фил / 24

_____

6. Ро́нда / 25

_____

reVERBerations: *To try* про́бовать vs. пыта́ться

И. Fill in the blanks of the following sentences with the correct forms of the imperfective or perfective verbs given in parentheses.

ОБРАЗЕЦ:　Ты лю́бишь ___про́бовать___ но́вые блю́да (*dishes*)? (про́бовать, пыта́ться)

1. _____ пельме́ни! Они́ о́чень вку́сные. (попро́бовать, попыта́ться)

2. Мы _____ говори́ть то́лько по-ру́сски, но э́то о́чень тру́дно. (про́бовать, пыта́ться)

3. Татья́на Дми́триевна пригласи́ла нас в го́сти и мно́го пригото́вила — сала́ты, пирожки́, то́рты.

Мы всё _____. (попро́бовать, попыта́ться)

4. Когда́ мы бы́ли в Росси́и, мы _____ понима́ть ру́сские телепереда́чи. (про́бовать, пыта́ться)

5. Ма́ртин _____ почини́ть мой компью́тер, но, к сожале́нию, он всё ещё не рабо́тает. (про́бовать, пыта́ться)

6. Ты не хо́чешь _____ солёные помидо́ры? Почему́? (про́бовать, пыта́ться)

Перево́д

К. Translate the following dialogue into Russian.

"Is your father an electrician?"
"He used to be an electrician, but now he's a history professor at a small university in Wisconsin."
"That's interesting. When did he become a history professor?"
"Just recently. He started studying when we lived in Washington, where I was born. He studied there four years. And I know that he was writing his dissertation (**диссерта́ция**) for about ten years and finally finished it two years ago. I'm twenty years old, so it only took him eighteen years (**за. . .**) to become a history professor!"

_____

_____

_____

_____

_____

_____

_____

_____

_____

_____

_____

_____

_____

Повторе́ние — мать уче́ния

Л. Following is a summary of the reading in Part 3. Fill in the blanks with words that maintain the context of the reading. You will have to change the form of some of the words. Use each word only once. The events are retold in the present tense, as they occur in the reading. Events that happen before the action of the reading will call for the corresponding past tense (marked with an asterisk*).

У Све́ты в медици́нском учи́лище (*nursing school*) у́чится много _____.[1] Они́ почти́ не говори́ли по-ру́сски, когда́ прие́хали в Росси́ю. Они́ _____[2] год занима́лись то́лько _____[3] языко́м на подготови́тельном факульте́те. Они́ занима́лись шесть дней в _____,[4] шесть _____[5] ка́ждый день. _____[6] день они́ слы́шали ру́сскую речь (*speech*), смотре́ли ру́сские _____,[7] _____[8]* чита́ть ру́сские газе́ты. Сейча́с они́ говоря́т по-ру́сски о́чень хорошо́. Све́та пригласи́т одного́ из э́тих студе́нтов, вьетна́мца _____,[9] чтобы он _____[10]* о свои́х пе́рвых ме́сяцах в Москве́.	иностра́нец каждый Нгуе́н неде́ля пыта́ться рассказа́ть ру́сский телепереда́ча це́лый час

Ситуа́ции

M. How would you . . .

1. say you brought your sister Brandy and your brother Grant to Natasha's house? _____
_____

2. say you tried to explain the homework assignment to Joe (**Джо**)? _____
_____

3. ask where the taxi stand is located? _____
_____

4. say that you can eat a whole pizza in twenty minutes? _____
_____

5. say that you studied for three hours yesterday, then went to Veronica's place?
_____
_____

6. say that you tried pickled tomatoes but you didn't like them? _____
_____

7. say that you watched TV shows all evening? _____
_____

Ва́ша о́чередь!

H. Answer the following questions.

1. За ско́лько вре́мени ты мо́жешь вы́учить 20 но́вых ру́сских слов? _____
_____

2. Ты иногда́ пыта́ешься чита́ть ру́сские газе́ты? А понима́ть ру́сские телепереда́чи?
_____
_____

3. Ты когда́-нибудь про́бовал (про́бовала) ру́сские пирожки́? А пельме́ни? А солёные помидо́ры?
_____
_____

4. Ско́лько вре́мени ты занима́лся (занима́лась) вчера́? _____
_____

5. Как ча́сто ты хо́дишь в кино́? _____
_____

6. За ско́лько вре́мени ты научи́лся (научи́лась) води́ть маши́ну? _____
_____

Сочине́ние

O. Write a short paragraph (seven or eight sentences) about what you did yesterday or on a recent day. Ideas: At what time did you get up? How long did it take to fix breakfast and/or dinner? How much time did you study Russian or other subjects? How long did it take to finish your homework? How much time did you spend watching TV?

_____

_____

_____

_____

_____

_____

_____

_____

_____

РАБОТА В ЛАБОРАТОРИИ

ДИАЛОГИ

Диало́г 1 Како́й язы́к ты учи́ла в шко́ле? (Discussing language study)

AA. Follow along as you listen to the dialogue.

ЛЮ́ДА. Како́й иностра́нный язы́к ты учи́ла в шко́ле?
МА́ША. Францу́зский.
ЛЮ́ДА. А в университе́те?
МА́ША. Англи́йский.
ЛЮ́ДА. Зна́чит, ты свобо́дно (*fluently*) говори́шь на двух[1] языка́х?
МА́ША. К сожале́нию, я не говорю́ на э́тих языка́х, а то́лько чита́ю.

- Now read and repeat aloud in the pause after each phrase.
- Now read the lines for Masha aloud.
- Now read the lines for Lyuda aloud.

Rewrite the dialogue so that Lyuda is asking about Masha's sister who studied German and Japanese.

ЛЮ́ДА. _____

МА́ША. _____

ЛЮ́ДА. _____

МА́ША. _____

ЛЮ́ДА. _____

МА́ША. _____

---

[1]This is the Prepositional case form of **два.**

Диалог 2 Ско́лько лет вы изуча́ли ру́сский язы́к? (Discussing language study)

ББ. Follow along as you listen to the dialogue.

СЕРГЕ́Й БОРИ́СОВИЧ.	Вы давно́ в Росси́и?
КА́РЕН.	Я прие́хала три ме́сяца наза́д.
СЕРГЕ́Й БОРИ́СОВИЧ.	Вы о́чень хорошо́ говори́те по-ру́сски. Ско́лько лет вы изуча́ли ру́сский язы́к?
КА́РЕН.	Я изуча́ла ру́сский язы́к пять лет — два го́да в шко́ле и три го́да в университе́те. Здесь у меня́ мно́го пра́ктики — я говорю́ со свои́ми ру́сскими друзья́ми то́лько по-ру́сски.

- Now read and repeat aloud in the pause after each phrase.
- Now read the lines for Karen aloud.
- Now read the lines for Sergei Borisovich aloud.

How would the first sentence of Karen's last comment read if she had studied five years in school and four years in college?

_____

_____

АУДИ́РОВАНИЕ

ВВ. Your favorite instructor is a **сверхчелове́к,** a superwoman. Listen carefully to see how long it took her to complete certain tasks and fill in the times. The first one has been done for you.

1. finished school *six years* _____

2. learned to speak and write French _____

3. learned to speak and write German _____

4. learned to speak and write Russian _____

5. wrote her dissertation _____

6. finished the university _____

7. memorized *Eugene Onegin* _____

ГГ. In contrast, your English literature instructor is very slow about things and often doesn't finish what he starts. Listen carefully and write down how much time he spent on each activity. The first one has been done for you.

1. speaking unintelligibly *five years* _____

2. attending school _____

3. studying French _____

4. reading *Moby-Dick* _____

5. writing his dissertation _____

6. studying at the university _____

ДД.   **Reviewing directions.** You will hear a short dialogue in which a woman gives directions to her house. The man has made notes, but there is one mistake in everything he jotted down. Cross out the incorrect word and write the correct one to the side (in English). The first one has been done for you.

1. Get on trolleybus number ~~16~~.   _4_ _____

2. Go past four stops. _____

3. The trolleybus stops on the corner of Lesnaya and Tolstoy Streets. _____

4. When you get off you'll see a building of eighteen stories. _____

5. It's building number 8. _____

6. It's the second entryway. _____

7. The apartment number is 19. _____

8. It's on the third floor. _____

ГОВОРЕНИЕ

ЕЕ.   You will hear a series of questions asking you *whom, to whom, with whom,* etc. Listen carefully and answer with the names below.

> ОБРАЗЕЦ: *You hear:*   Кому́ вы пе́редали письмо́?
> *You see:*   (*Reid*)
> *You say:*   Ри́ду.

1. (*Sandra*)   5. (*Jeffrey*)
2. (*Bill*)   6. (*Jessica*)
3. (*Eric*)   7. (*Sallie*)
4. (*Amber*)

ЖЖ.   Just what are you trying? As stated in your textbook, the meaning of the verbs **про́бовать / попро́бовать** and **пыта́ться / попыта́ться** overlaps. For this exercise, however, use a past-tense *perfective* form of the verb **про́бовать / попро́бовать** to say that you tried (sampled) a certain item and **пыта́ться / попыта́ться** to say that you tried (attempted) to do a certain activity.

> ОБРАЗЕЦ: *You hear and see:*   (*caviar*)
> *You say:*   Я попро́бовал (попро́бовала) икру́.

1. (*crêpes with chocolate*)   5. (*to prepare Russian pelmeni*)
2. (*to speak only Russian yesterday*)   6. (*to repair the printer*)
3. (*to study 3 hours on Monday*)   7. (*vinegret*)
4. (*pickled mushrooms*)

33.   How long did it take for you to do the following activities?

> ОБРАЗЕЦ: *You hear and see:*   (*answer all the questions / 30 minutes*)
> *You say:*   Я отве́тил (отве́тила) на все вопро́сы за три́дцать мину́т.

1. (*learn the words of the song / 3 hours*)   4. (*sell your car / 2 days*)
2. (*eat all the chocolate / 15 minutes*)   5. (*make the pirozhki / 2 hours*)
3. (*drink a bottle of mineral water / 4 minutes*) 6. (*become a well-known musician / 5 years*)

ЧАСТЬ ЧЕТВЁРТАЯ
Им нас не понять!

РАБОТА ДОМА

ПИСЬМО

Понима́ние те́кста

А.   Review the reading on pages 225–226 of your textbook. Then read through the following events and number them from one to nine in the order in which they occurred. The first one has been marked for you.

_____   На ры́нке студе́нтам понра́вился вено́к из цвето́в с краси́выми чёрными ле́нтами.

_____   Они́ пое́хали ещё раз на ры́нок и купи́ли кра́сные и жёлтые ро́зы.

____1____   Све́та пригласи́ла Нгуе́на в го́сти.

_____   Иностра́нные студе́нты узна́ли, что таки́е венки́ в Росси́и покупа́ют то́лько на по́хороны.

_____   Продаве́ц написа́л золоты́ми бу́квами: «Дорого́й Ири́не Серге́евне от студе́нтов».

_____   Гру́ппа иностра́нных студе́нтов реши́ла подари́ть цветы́ свое́й преподава́тельнице.

_____   Когда́ Нгуе́н был у Све́ты, он рассказа́л, как он и его́ друзья́ попа́ли впроса́к.

_____   Студе́нты реши́ли купи́ть вено́к.

_____   Дежу́рная уви́дела вено́к и спроси́ла, кто у́мер.

Comparatives with «по-»

Б.   Fill in the blanks of the following sentences with the correct «**по-**» form of the comparatives below.

бо́льше   быстре́е   да́льше   ~~деше́вле~~   ме́ньше

ОБРАЗЕ́Ц: Э́ти бока́лы мне нра́вятся. А у вас нет ничего́ <u>подеше́вле?</u>

1. Мы опа́здываем. На́до идти́ _____.

2. Буке́т действи́тельно краси́вый, но я о́чень люблю́ тюльпа́ны. Да́йте мне

_____[a] тюльпа́нов, и _____[b] гвозди́к.

3. Мы живём чуть (*just a little*) _____.

Cardinal numerals with the metric system

В.   When traveling in Russia you repeatedly have to convert measurements from the metric system to the English system of weights and measures and vice versa, whether for friends or just for yourself. What would be the equivalents in each of the following instances? Round to the nearest inch, pound, mile, or quart. The first one has been done for you. Below is a conversion chart to help you.

1 литр = 1.06 quarts	1 quart = .94 литр
1 килогра́мм = 2.2 pounds	1 pound = 455 грамм
1 киломе́тр = .62 mile	1 mile = 1.6 киломе́тр
1 метр = 39.37 inches	1 foot = 30.5 сантиме́тров
1 сантиме́тр = .40 inch	1 inch = 2.5 сантиме́тров

1. You are told that certain sports figures have the following heights and weights:

   а. рост: 185 сантиме́тров ___*6 feet 2 inches*___

      вес: 80 килогра́мм ___*176 pounds*___

   б. рост: 160 сантиме́тров _____

      вес: 55 килогра́мм _____

   в. рост: 178 сантиме́тров _____

      вес: 77 килогра́мм _____

   г. рост: 167 сантиме́тров _____

      вес: 59 килогра́мм _____

2. Now try converting into the metric system:

   а. рост: 5 feet 8 inches _____

      вес: 160 pounds _____

   б. рост: 5 feet 5 inches _____

      вес: 110 pounds _____

   в. рост: 6 feet 4 inches _____

      вес: 200 pounds _____

3. You hear people talking about distances between cities. Transpose the distances into miles:

   а. 5000 киломе́тров _____

   б. 2000 киломе́тров _____

   в. 700 киломе́тров _____

   г. 50 киломе́тров _____

4. Now change the following distances into kilometers:

   а. 2500 miles _____

   б. 850 miles _____

   в. 200 miles _____

   г. 70 miles _____

5. How big a gas tank does your car have if it holds:

   а. 48 ли́тров _____

   б. 56 ли́тров _____

   г. 72 ли́тра _____

6. How big a gas tank does *your* car have? Give the size in gallons and liters. Approximate if you are not sure.

   _____

A touch of "class"

Г. Fill in the blanks with the correct form of the Russian "class" nouns in the box below. Some words may be used more than once.

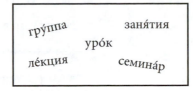

ОБРАЗЕЦ: Я всегда́ ухожу́ на __занятия__ в 8 часо́в утра́.

1. Три ра́за в неде́лю у студе́нтов бу́дет _____ по ру́сской литерату́ре девятна́дцатого ве́ка.

2. У нас в _____ у́чатся япо́нцы и вьетна́мцы.

3. За́втра в шко́ле не бу́дет _____.

4. Сего́дня по́сле _____ по ру́сскому языку́ мы с Ване́ссой пойдём на ры́нок.

5. Ка́ждую сре́ду в 2 часа́ аспира́нты на на́шем факульте́те хо́дят на _____ по исто́рии Санкт-Петербу́рга.

6. Все шко́льники шесто́го кла́сса сейча́с на _____ биоло́гии.

Ordinal numerals with four-digit years

Д. How would you write out the following dates? Refer to Appendix F on page 420 of your textbook if you need to review numerals.

ОБРАЗЕЦ: в 1943 году́
                      в ты́сяча девятьсо́т со́рок тре́тьем году́

1. в 1728 году́

   _____

2. в 1831 году́

   _____

3. в 1894 году́

   _____

4. в 1912 году́

   _____

5. в 2000 году́

   _____

6. в 2002 году́

   _____

E. What world events took place in the following years? First write out the years in numerals. Then match them with the corresponding event. The first one has been done for you. If you are stumped, refer to Appendix J on pages 425–426 in your textbook for help with the Russian events.

1. __1492__ __в__ в тысяча четыреста девяносто втором году

2. _____ _____ в тысяча пятьсот сорок седьмом году

3. _____ _____ в тысяча шестьсот двадцатом году

4. _____ _____ в тысяча семьсот третьем году

5. _____ _____ в тысяча семьсот семьдесят шестом году

6. _____ _____ в тысяча семьсот восемьдесят девятом году

7. _____ _____ в тысяча восемьсот двадцать первом году

8. _____ _____ в тысяча девятьсот семнадцатом году

9. _____ _____ в тысяча девятьсот восемнадцатом году

10. _____ _____ в тысяча девятьсот двадцать девятом году

а. Санкт-Петербург был основан (*founded*)

б. Иван IV стал первым русским царём*

в. ~~Колумб открыл Америку~~

г. в Америку прибыли (*arrived*) первые поселенцы (*settlers*) на корабле Мейфлауэр

д. была подписана (*signed*) Декларация† независимости (*independence*)

е. умер Наполеон Бонапарт

ж. в России произошла (*took place*) Октябрьская революция

з. кончилась Первая мировая война (*World War I*)

и. произошла Французская революция

к. в «Чёрный четверг» произошло падение (*fall*) биржа

reVERBerations: Variations in key forms

Ж. Fill in the blanks of the following sentences with the past-tense perfective forms of the following verbs: **садиться / сесть, привыкать / привыкнуть, умирать / умереть.**

ОБРАЗЕЦ: Дима __сел__ на стул и начал писать письмо.

1. Лев Николаевич Толстой _____ в 1910 году.

2. Тим, ты уже _____ к московской погоде?

3. Бабушка моей подруги _____ три года назад.

4. Лена _____ не на тот автобус и приехала совсём в другой район.

5. Кейти, по-моему, ты очень быстро _____ к нашим традициям.

---

*Although Ivan III is often called **царь**, Ivan IV was the first ruler to officially hold the title. Ivan IV inherited the throne from his father at the age of three. When he was old enough to rule on his own, he decided to crown himself **царь** of Russia.

Перево́д

3. Translate the following dialogue into Russian.

"Were you at the market yesterday?"

"Yes, I had to buy some flowers for our teacher. There were a lot of flowers there. I bought the prettiest ones—red and pink roses. There were also (**ещё**) wreaths there."

"It's good that you didn't buy a wreath! In Russia they buy such wreaths only for funerals."

_____

_____

_____

_____

_____

_____

Повторе́ние — мать уче́ния

И. Following is a summary of the reading in Part 4. Fill in the blanks with words that maintain the context of the reading. You will have to change the form of some of the words. Use each word only once. The events are retold in the present tense, as they occur in the reading. Events that happen before the action of the reading will call for the corresponding past tense (marked with an asterisk*).

Све́та пригласи́ла вьетна́мского студе́нта Нгуе́на к себе́ в го́сти.	
Он расска́зывал, как он _____[1]*	
впроса́к (*made blunders*).	вено́к
Э́то случи́лось че́рез ме́сяц по́сле его́ _____[2]	гру́ппа
в Москву́. Его́ _____[3] реши́ла подари́ть	дежу́рная
цветы́ преподава́тельнице ру́сского языка́. Они́ пошли́ на	дорого́й
_____[4] и купи́ли вено́к из цвето́в с краси́выми	попа́сть
чёрными ле́нтами. Продаве́ц написа́л на _____:[5]	по́хороны
«_____[6] Ири́не Серге́евне от студе́нтов».	прие́зд
В общежи́тии _____[7] уви́дела вено́к и спроси́ла,	ры́нок
кто _____.[8]* Тут студе́нты	узна́ть
_____,[9]* что таки́е венки́ покупа́ют	умере́ть
то́лько на _____.[10] Они́ пое́хали ещё раз	
на ры́нок и купи́ли кра́сные и жёлтые ро́зы.	

Ситуа́ции

К. How would you . . .

1. say that the taxi stand is a little farther? _____

   _____

2. say that your history instructor is not very interesting and you always want to sleep in his lectures?

   _____

   _____

3. say that you wanted to laugh when Eileen told about the incident at the market? _____

   _____

4. ask Yulya if she has gotten used to American traditions?

   _____

5. say that George Washington died in 1799? [*Write out the date in words.*]

   _____

6. ask when Anna Akhmatova (*Russian poet*) died?

   _____

7. say that you have no classes today?

   _____

8. say that you need a T-shirt (that is) a little larger?

   _____

Ва́ша о́чередь!

Л. Answer the following questions.

1. Ты ча́сто опа́здываешь на заня́тия?

   _____

2. Ты ду́маешь, что америка́нские преподава́тели интере́сно чита́ют ле́кции? Како́й преподава́тель у вас чита́ет ле́кции лу́чше всех?

   _____

   _____

3. В како́м году́ ты роди́лся (родила́сь)?

   _____

4. Каки́е уро́ки в шко́ле тебе́ нра́вились бо́льше всего́?

   _____

5. Ты ду́маешь, что тру́дно бу́дет привы́кнуть к ру́сским тради́циям? За ско́лько вре́мени мо́жно

привы́кнуть? _____

_____

6. Каки́е цветы́ тебе́ бо́льше нра́вятся — гвозди́ки, ро́зы и́ли тюльпа́ны?

_____

7. Ты когда́-нибудь попада́л впроса́к? Расскажи́!

_____

_____

Сочине́ние

M. Write a short paragraph (seven or eight sentences) about when you started the university and whether it was easy or difficult to get used to university life, **университе́тская жизнь.** Ideas: Did you have many hours of classes? Many lectures? A lot of homework? Were the instructors interesting? Was it hard to get used to your dorm? Can you recall any particular incident that is interesting?

_____

_____

_____

_____

_____

_____

_____

_____

_____

Fun with grammar! Case review

H. Fill in the blanks of the following sentences with the appropriate case endings. Not all blanks, however, will have an ending. Then enter the words into the crossword puzzle on page 180 to help check your spelling. The letter-number combinations (e.g., **г**12) at the end of each sentence indicate the location of the word or words in the puzzle. The first letter and number are for the first word and so on. Note that **г** is for **горизонта́ль,** or horizontal; **в** is for **вертика́ль,** or vertical.

1. Сейча́с без че́тверт_____ семь. (в3)

2. Та́ня придёт в полови́н_____ пя́т_____. (г30) (в22)

3. Почему́ окно́ откры́т_____? Хо́лодно! (г20)

4. Приведи́ тво_____ подру́г_____ Э́рин_____ сего́дня ве́чером. (г16) (г8) (в6)

5. Ро́берт_____ ну́жн_____ бы́ло купи́ть буке́т_____ на ры́нк_____. (в12) (г32) (в24) (в18)

6. Лю́ба, ты должн_____ была́ переда́ть паке́т_____ Со́н_____. Ты забы́ла? (в29) (в2) (в14)

7. Я слы́шал по ра́ди_____, что бу́дет дожд_____. (г27) (г31)

8. Студе́нты до́лго разгова́ривали с преподава́тел_____ ру́сск_____ язык_____. (г17) (в21) (г4)

9. В суббо́т_____ мы е́здили во Влади́мир_____. (г15) (в10)

10. Сосе́ди в_____ (*all*) но́ч_____ гро́мко говори́ли и слу́шали му́зык_____. (в11) (в25) (в7)

11. Тама́ра вы́пила буты́лк_____ минера́льн_____ вод_____ за де́сят_____ мину́т_____.
(г19) (в9) (г28) (г23) (г7)

12. Да́ша, куда́ ты идёшь? На заня́ти_____? (в5)

13. Оле́г роди́лся в ты́сяч_____ девятьсо́т восемьдесят вто́р_____ год_____. (г13) (в1) (г26)

РАБОТА В ЛАБОРАТОРИИ

ДИАЛОГИ

Диалог 1   Что вы мо́жете мне посове́товать (*advise me to do*)? (Asking for advice)

АА.   Follow along as you listen to the dialogue.

КИ́РСТИН.   Вам бы́ло тру́дно, когда́ вы в пе́рвый раз прие́хали в Москву́?

БРЭ́НДИ.   О́чень тру́дно, потому́ что я пло́хо зна́ла ру́сский язы́к. Кро́ме того́, я ма́ло зна́ла о Росси́и, поэ́тому я де́лала оши́бки не то́лько в языке́.

КИ́РСТИН.   Я вас хорошо́ понима́ю, потому́ что я здесь в пе́рвый раз и мне о́чень тру́дно. Что вы мне мо́жете посове́товать?

БРЭ́НДИ.   Я сове́тую вам смотре́ть ру́сские фи́льмы и телепереда́чи, слу́шать ра́дио и разгова́ривать с друзья́ми то́лько по-ру́сски.

- Now read and repeat aloud in the pause after each phrase.
- Now read the lines for Brandy aloud.
- Now read the lines for Kirstin aloud.

What advice does Brandy offer to help Kirstin improve her Russian?

1. _____

2. _____

3. _____

Диалог 2   Где вы рабо́таете в Москве́? (Getting acquainted)

ББ.   Follow along as you listen to the dialogue.

ЛЕОНИ́Д НИКИ́ТИЧ.   Где вы рабо́таете в Москве́?

ДЖОРДЖ.   В телекомпа́нии CNN.

ЛЕОНИ́Д НИКИ́ТИЧ.   Вы здесь с семьёй?

ДЖОРДЖ.   Да, моя́ жена́ рабо́тает в ру́сско-америка́нской фи́рме, а де́ти у́чатся в ру́сской шко́ле.

ЛЕОНИ́Д НИКИ́ТИЧ.   Ва́ши де́ти бу́дут о́чень хорошо́ говори́ть по-ру́сски.

ДЖОРДЖ.   Почему́ «бу́дут»? Они́ уже́ прекра́сно говоря́т.

- Now read and repeat aloud in the pause after each phrase.
- Now read the lines for George aloud.
- Now read the lines for Leonid Nikitich aloud.

Rewrite the dialogue so that George works in Tokyo, his wife works at a Japanese-American firm, and the children attend a Japanese school.

ЛЕОНИ́Д НИКИ́ТИЧ.   _____

ДЖОРДЖ.   _____

ЛЕОНИ́Д НИКИ́ТИЧ.   _____

ДЖОРДЖ.   _____

_____

ЛЕОНИ́Д НИКИ́ТИЧ.   _____

ДЖОРДЖ.   _____

АУДИРОВАНИЕ

ВВ. You're at a party and you overhear various questions and statements with dates in them. Circle the year that you hear.

ОБРАЗЕЦ: Я роди́лся в ты́сяча девятьсо́т шестьдеся́т седьмо́м году́.

The speaker was born

a. in 1916.

(б.) in 1967.

в. in 1977.

1. The speakers arrived here

   a. in 1912.

   б. in 1919.

   в. in 1920.

2. She died

   a. in 1750.

   б. in 1850.

   в. in 1950.

3. What happened

   a. in 1812?

   б. in 1820?

   в. in 1890?

4. They left Moscow

   a. in 1906.

   б. in 1916.

   в. in 1960.

5. Which Russian poet was born

   a. in 1719?

   б. in 1790?

   в. in 1799?

6. The speakers bought their house

   a. in 2000.

   б. in 2001.

   в. in 2002.

ГГ. If you heard that a woman was a certain height in centimeters, would you have an image of her as short, medium, or tall? Use the following scale for your orientation:

SHORT	–	MEDIUM	–	TALL
5′2″		...		5′6″
160 cm.		...		170 cm.

ОБРАЗЕЦ: сто пятьдеся́т семь сантиме́тров (157 см)

___×___ short

_____ medium

_____ tall

1. _____ short

   _____ medium

   _____ tall

2. _____ short

   _____ medium

   _____ tall

3. _____ short

   _____ medium

   _____ tall

4. _____ short

   _____ medium

   _____ tall

5. _____ short

   _____ medium

   _____ tall

ДД. If you heard that a man was a certain height in centimeters, would you have an image of him as short, medium, or tall? Use the following scale for your orientation:

SHORT	–	MEDIUM	–	TALL
5′6″		...		5′10″
170 cm.		...		180 cm.

ОБРАЗЕЦ: сто сéмьдесят вóсемь сантимéтров (178 см)

_____ short   ___×___ medium   _____ tall

1. _____ short   _____ medium   _____ tall

2. _____ short   _____ medium   _____ tall

3. _____ short   _____ medium   _____ tall

4. _____ short   _____ medium   _____ tall

5. _____ short   _____ medium   _____ tall

EE. More practice with directions! People frequently give you directions on the telephone, telling you how to get here or there from your dorm, marked with an asterisk on the map. Follow along on the map below as you hear the directions and put the correct letter next to the destination. Metro stations are written in capital letters. Each step of the directions will be given twice before the next step is given. The compass points are also given on the map to help you.

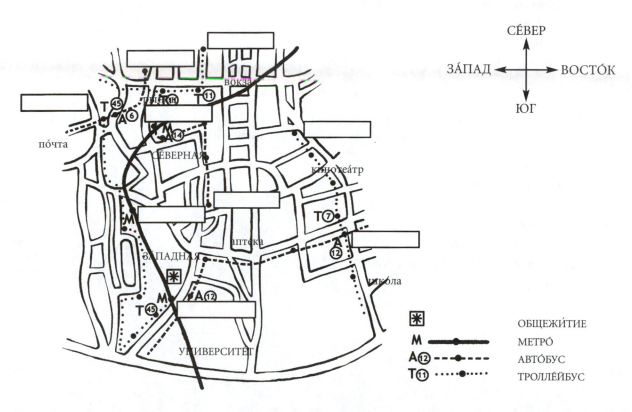

ОБРАЗЕЦ: Нýжно проéхать на метрó две останóвки — до стáнции Сéверная, потóм сесть на четы́рнадцатый автóбус и проéхать три останóвки. Там на углý бýдет _____.

1. _____ market   3. _____ post office   5. _____ movie theater

2. _____ train station   4. _Об._ drugstore   6. _____ school

ГОВОРЕНИЕ

ЖЖ. How would you read the following years?

> ОБРАЗЕЦ: *You hear:* (*in nineteen thirty-six*)
> *You see:* (*in 1936*)
> *You say:* в т́ясяча девятьсо́т три́дцать шесто́м году́

1. (*in 1983*)
2. (*in 1765*)
3. (*in 1819*)
4. (*in 2001*)
5. (*in 1847*)
6. (*in 1622*)
7. (*in 1994*)

33. Which of the various "class" words would you use to respond to the questions you hear?

> ОБРАЗЕЦ: *You hear:* Куда́ ты идёшь?
> *You see:* (*To classes.*)
> *You say:* На заня́тия.

1. (*Yes, to Russian history seminar.*)
2. (*Yes, she's in history class.*)
3. (*No, there are no classes today.*)
4. (*To [my] music lesson.*)
5. (*There's no school today. [There are no classes today.]*)

ИИ. How would you say that these people have already gotten used to the indicated item?

> ОБРАЗЕЦ: *You hear and see:* (*Lori / Moscow weather*)
> *You say:* Ло́ри уже́ привы́кла к моско́вской пого́де.

1. (*Don / lectures in Russian*)
2. (*Jeannette / Russian markets*)
3. (*Betsy / our family's traditions*)
4. (*Bob / caviar for dinner*)
5. (*Cindy / Russian TV broadcasts*)
6. (*Brad / the public transportation in Moscow*)
7. (*Tom / the pay phones*)

СКОРЕЕ ВЫЗДОРАВЛИВАЙТЕ! УРОК 12

ЧАСТЬ ПЕРВАЯ
Дома́шний до́ктор

РАБОТА ДОМА

ПИСЬМО

Понима́ние те́кста

A. Review the reading on pages 242–243 of your textbook. Then complete the following sentences.

1. Когда́ профе́ссор Петро́вский выхо́дит из до́ма, он встреча́ет _____

2. Профе́ссор Петро́вский говори́т, что он идёт в магази́н, что́бы (*in order to*) купи́ть _____
   _____

3. Алекса́ндра Никола́евна говори́т, что она́ ле́чит своего́ му́жа _____

4. Профе́ссор Петро́вский не хо́чет _____
   Алекса́ндру Никола́евну.

5. Алекса́ндра Никола́евна говори́т профе́ссору Петро́вскому, что она́ придёт к нему́ че́рез
   _____

6. Алекса́ндра Никола́евна ку́пит профе́ссору Петро́вскому _____
   _____

7. Когда́ профе́ссор Петро́вский возвраща́ется домо́й, он звони́т _____
   _____

8. Семина́р профе́ссора Петро́вского до́лжен был нача́ться _____

9. Профе́ссор Петро́вский про́сит Шу́ру _____

On being sick and getting well

Б. If you're in Russia and you're sick, it's important to be able to understand and communicate what's wrong! Choose from the "sickness" verbs in the box below and complete the sentences. You may use words more than once, but you should use each word at least once. Decide whether present or past forms are needed in the given context.

болеть[1] (болею, болеешь, . . . болеют)

болеть[2] (болит, болят)

вылечить   заболеть   чувствовать

полечить   простудиться   лечить

ОБРАЗЕЦ: Марк, как ты себя __чувствуешь__ ?

1. Бонни, что у тебя _____? Голова? Горло?

2. Алло, Аля? Говорит Ванесса. Я дома, я _____,[а] но завтра надеюсь пойти

   на собрание. Бабушка _____[б] меня своими домашними средствами и

   говорит, что она _____[в] меня немедленно.

3. Я себя очень плохо _____.[а] Я наверно _____[б]

   гриппом, ведь в городе сейчас эпидемия.

4. Джейсон, ты _____,[а] у тебя высокая температура. Наша соседка врач.

   Она может тебя _____[б] (*take care of*).

5. Тим, ты чихаешь. Ты _____?

Means and instruments: Домашними средствами

В. What means would you use in each of the following instances? Choose from the box below.

автобус   аспирин   домашние средства

нож   рука   вилка

ключ   ~~ручка~~   красный карандаш

ОБРАЗЕЦ: На экзамене вы должны писать только __ручкой__.

1. Когда у мамы болит голова, она лечится _____.

2. Мы всегда ездим на работу _____.

3. Ты не хочешь идти к врачу? Тогда бабушка будет лечить тебя _____.

4. Вася, какой ты некультурный! Мясо едят _____[а] и

   _____,[б] а не _____![в]

5. Ошибки лучше исправлять (*to correct*) _____.

6. Дедушка всегда закрывает дверь _____.

Г. Would you express the sense of *with* in the following sentences by using the preposition «**c**» or not? Fill in the blanks with «**c**» if necessary.

ОБРАЗЕЦ: Как интере́сно! Лёня сейча́с пришёл ____c____ буке́том роз. Они́ тебе́ и́ли мне?

1. Когда́ у меня́ на́сморк, ма́ма ле́чит меня́ _____ ча́ем _____ мёдом (*honey*).

2. За́втра у́тром мы _____ Ка́тей пое́дем _____ по́ездом в Финля́ндию.

3. Све́та, _____ кем ты была́ на ле́кции? _____ Оле́гом?

4. Ты ешь торт _____ ло́жкой? Как стра́нно!

5. Вот у нас пирожки́ _____ гриба́ми и _____ карто́шкой. Их мо́жно есть _____ рука́ми.

6. Чем ты предпочита́ешь писа́ть? _____ ру́чкой и́ли _____ карандашо́м?

reVERBerations: боле́ть[1] vs. боле́ть[2]

Д. Complete the following sentences with the correct form of the two **боле́ть** verbs.

ОБРАЗЕЦ: Есть у тебя́ аспири́н? У меня́ о́чень <u>боли́т</u> голова́.

1. У Ви́ки о́чень _____ но́ги. Она́ весь день ходи́ла по го́роду.

2. Чем ты _____? Гри́ппом?

3. Все студе́нты чём-то _____. Мо́жет быть, в университе́те кака́я-то эпиде́мия.

4. Что у тебя́ _____?

5. Де́душка уже́ давно́ _____. Он ничего́ не ест, не пьёт.

Перево́д

Е. Translate the following dialogue into Russian.

"Vera Nikolaevna, you're coughing and sneezing. Have you gotten sick?"
"I caught a bad cold. My head hurts and I feel awful."
"Did you go to the doctor?"
"No. My neighbor will take care of me. She always treats me with her home remedies."

_____

_____

_____

_____

_____

_____

Повторе́ние — мать уче́ния

Ж. Following is a summary of the reading in Part 1. Fill in the blanks with words that maintain the context of the reading. You will have to change the form of some of the words. Use each word only once. The events are retold in the present tense, as they occur in the reading. Events that happen outside the action of the reading, either before or after, will call for the corresponding past tense (marked with an asterisk*) or future tense (marked with two asterisks**).

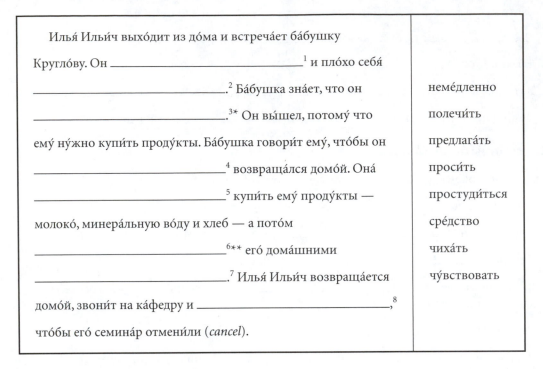

Илья́ Ильи́ч выхо́дит из до́ма и встреча́ет ба́бушку Кругло́ву. Он _____ [1] и пло́хо себя́ _____ .[2] Ба́бушка зна́ет, что он _____ .[3*] Он вы́шел, потому́ что ему́ ну́жно купи́ть проду́кты. Ба́бушка говори́т ему́, чтобы он _____ [4] возвраща́лся домо́й. Она́ _____ [5] купи́ть ему́ проду́кты — молоко́, минера́льную во́ду и хлеб — а пото́м _____ [6**] его́ дома́шними _____ .[7] Илья́ Ильи́ч возвраща́ется домо́й, звони́т на ка́федру и _____ ,[8] чтобы его́ семина́р отмени́ли (*cancel*).

немедленно

полечи́ть

предлага́ть

проси́ть

простуди́ться

сре́дство

чиха́ть

чу́вствовать

Ситуа́ции

З. How would you . . .

1. say you have a headache and your back hurts?

   _____

2. say that you don't feel well? _____

3. ask a friend how he feels today? _____

4. say that when you are sick, you treat yourself with aspirin?

   _____

5. say you don't want Lyudmila Valentinovna to treat you with home remedies, the doctor will cure you?

   _____

   _____

6. say that you wrote the composition with a pencil but should have written it with a pen?

   _____

7. say that in America one usually eats pizza with one's hands?

   _____

Ва́ша о́чередь!

И. Answer the following questions.

1. Когда́ ты был (была́) ма́ленький (ма́ленькая), роди́тели лечи́ли тебя́ дома́шними сре́дствами? Каки́ми?

   _____

2. Что ты де́лаешь, когда́ ты себя́ пло́хо чу́вствуешь?

   _____

3. Ты ча́сто е́здишь авто́бусом? По́ездом?

   _____

4. Чем ты ешь торт с моро́женым — ви́лкой и́ли ло́жкой?

   _____

5. Ты хо́дишь к врачу́, когда́ у тебя́ на́сморк? А когда́ у тебя́ температу́ра?

   _____

6. Что у тебя́ боли́т, когда́ ты занима́ешься спо́ртом?

   _____

Сочине́ние

К. Write a short paragraph (seven or eight sentences) about a time recently when you were sick. Did you catch a cold or have the flu? What were your symptoms? Did you go to the doctor or treat yourself? What did you take (**принима́ть**)? Did you take your temperature?

_____

_____

_____

_____

_____

_____

_____

_____

_____

РАБОТА В ЛАБОРАТОРИИ

ДИАЛОГИ

Диалог 1 Что с тобо́й? (Inquiring about health)

АА. Follow along as you listen to the dialogue.

СО́НЯ. Что с тобо́й?
ВА́СЯ. Я заболе́л. Наве́рно, у меня́ грипп.
СО́НЯ. Ты ме́рил температу́ру?
ВА́СЯ. У́тром температу́ра была́ норма́льная, а сейча́с — не зна́ю.
СО́НЯ. На́до изме́рить температу́ру ещё раз. У тебя́ до́ма есть аспири́н?
ВА́СЯ. Не уве́рен.
СО́НЯ. Хорошо́. Иди́ домо́й, а я пойду́ в апте́ку и куплю́ тебе́ аспири́н.
ВА́СЯ. Большо́е спаси́бо.

- Now read and repeat aloud in the pause after each phrase.
- Now read the lines for Vasya aloud.
- Now read the lines for Sonya aloud.

1. How does Sonya ask if Vasya has taken his temperature?

_____

2. How does she tell him he needs to take it again?

_____

Диалог 2 Как ты себя́ чу́вствуешь сего́дня? (Inquiring about health)

ББ. Follow along as you listen to the dialogue.

О́ЛЯ. Али́са, где ты была́ вчера́?
АЛИ́СА. До́ма. Я простуди́лась и весь день сиде́ла до́ма.
О́ЛЯ. А ты не ходи́ла к врачу́?
АЛИ́СА. Да нет. Я принима́ла (took) аспири́н и пила́ чай с мёдом (honey).
О́ЛЯ. А как ты себя́ чу́вствуешь сего́дня?
АЛИ́СА. Спаси́бо, намно́го лу́чше.

- Now read and repeat aloud in the pause after each phrase.
- Now read the lines for Alisa aloud.
- Now read the lines for Olya aloud.

1. How does Alisa say that she caught a cold?

_____

2. What did she drink for her cold?

_____

3. How would she say she drank tea with lemon (лимо́н)?

_____

АУДИРОВАНИЕ

BB. Listen to the dialogue and check the correct answer to each question. The first one has been done for you.

1. The man

    _____ a. thinks he has a cold.

    _____ б. thinks he has a temperature.

    ___✕___ в. thinks he has the flu.

2. Different parts of his body hurt—

    _____ a. his head, back, and legs.

    _____ б. his back, arms, and legs.

    _____ в. his head, arms, and legs.

3. The man took his temperature

    _____ a. last night.

    _____ б. this morning.

    _____ в. this afternoon.

4. When he took his temperature, it was

    _____ a. normal.

    _____ б. high.

    _____ в. very high.

5. The woman thinks that his temperature now is

    _____ a. normal.

    _____ б. high.

    _____ в. very high.

6. She recommends that he

    _____ a. go home and get some sleep.

    _____ б. see a doctor.

    _____ в. take some aspirin.

ГГ. What would be the most appropriate response to the questions that you hear?

    ОБРАЗЕЦ: Чем ты обы́чно пи́шешь контро́льную?

            ⓐ Ру́чкой.   б. С ру́чкой.

1. a. Хле́бом.   б. С хле́бом.
2. a. Ви́лкой.   б. С ви́лкой.
3. a. Троллéйбусом.   б. С троллéйбусом.
4. a. Брáтом.   б. С брáтом.
5. a. Чáем.   б. С чáем.
6. a. Италья́нской студéнткой.   б. С италья́нской студéнткой.

ДД. A group of Russians is visiting your town and you are relaying messages to the American group director about their aches and pains. Place the number of the person's name in the blank next to the part of the body that ails him or her. Not all blanks will be used. The first one has been done for you.

1. a
2. ___
3. ___
4. ___
5. ___
6. ___
7. ___
8. ___
9. ___
10. ___

а. Жéня   д. Кóстя
б. Кóля   е. Фéдя
в. Гáля   ж. Сóня
г. Нáдя   з. Дúма

ГОВОРЕНИЕ

EE. How would you answer the following questions, all asking *with what* or *with whom* you do something?

ОБРАЗЕЦ: *You hear:*   С чем ты пьёшь чай?
            You see: (*With lemon.*)
            You say: С лимóном.

1. (*With milk.*)
2. (*With aspirin.*)
3. (*With Andrei.*)
4. (*With tea.*)
5. (*With a group of tourists.*)
6. (*With a pencil.*)
7. (*With [my] hands.*)

ЖЖ. Use the words in parentheses and tell what part of your body hurts. Remember to change **болúт** to **боля́т** for plural nouns.

ОБРАЗЕЦ: *You hear and see:*   (*nose*)
            You say: У меня́ болúт нос.

1. (*head*)
2. (*legs*)
3. (*shoulder*)
4. (*ear*)
5. (*arms*)
6. (*fingers*)
7. (*throat*)
8. (*eye*)

33. Below is a series of statements. Read the statements silently right now. You will then hear the speaker say something. Choose the appropriate response and read it aloud. Check off your answer as you hear the correct response read to you. The first one is marked for you.

ОБРАЗЕЦ: *You hear:*   У тебя́ дóма есть аспирúн?
            You see and say: Нет, я сейчáс пойдý в аптéку.

1. _____ Ужé три дня.
2. _____ Головá и спинá.
3. _____ Плóхо. Я простудúлся.
4. _____ Бýдь здорóв.
5. _____ Будь здорóва.
6. _____ Вы температýру мéрили?
7. _Об._ Нет, я сейчáс пойдý в аптéку.

ЧАСТЬ ВТОРАЯ
Ура́, у нас эпиде́мия!

РАБОТА ДОМА

ПИСЬМО

Понима́ние те́кста

A. All of the following statements about the reading on pages 252–253 of your textbook are false. Review the reading, then rewrite the sentences correctly. A simple **не** will not suffice!

1. На ле́стнице (*stairs*) Алекса́ндра Никола́евна встреча́ет Во́ву и Бе́лку.

   _____

2. Во́ва ду́мает, что они́ опа́здывают в шко́лу.

   _____

3. Все шко́лы в райо́не закры́ты, потому́ что о́чень жа́рко.

   _____

4. Алекса́ндра Никола́евна уже́ зна́ет, что все шко́лы в их райо́не закры́ты.

   _____

5. Во́ва и Пе́тя бегу́т в магази́н.

   _____

6. Ка́жется, простуди́лся не то́лько профе́ссор, но и де́душка Кругло́в то́же.

   _____

7. Ма́льчики вызыва́ют врача́ профе́ссору.

   _____

8. Они́ несу́т в поликли́нику запи́ску. Тут фами́лия, и́мя и о́тчество и но́мер телефо́на Си́лина.

   _____

9. Ле́на сиди́т до́ма с па́пой.

   _____

10. Пе́тя говори́т, что сеа́нс в кинотеа́тре начина́ется в 11.00.

    _____

Destination or location?

Б. All the grandmothers love to sit at the entrance of their building and ask the neighbors where they are going. Using the words in parentheses, write down the answers they got today.

ОБРАЗЕЦ: Ка́тя, куда́ ты идёшь? (поликли́ника, рабо́та)

Я иду́ в поликли́нику на рабо́ту.

1. Куда́ вы так спеши́те, И́нна Ви́кторовна? (университе́т, ле́кция)

_____

2. Па́ша, ты куда́ ходи́л сего́дня в 6 утра́? (стадио́н, трениро́вка [*practice*])

_____

3. Же́ня, а куда́ пошли́ твои́ роди́тели? (теа́тр, бале́т)

_____

4. Вы не зна́ете, куда́ уе́хал профе́ссор Сидоре́нко? (Финля́ндия, конфере́нция)

_____

5. Алекса́ндр Ильи́ч, куда́ вы е́дете? (Фра́нция, командиро́вка [*business trip*])

_____

6. Варва́ра Андре́евна, куда́ ваш муж ходи́л сего́дня ве́чером? (институ́т, семина́р)

_____

В. Whom or where would you call in each of the following situations? Choose from the words in the box below. Remember: If you are calling a person, you are answering the question **кому́?** If you are calling a place, it is the question **куда́?**

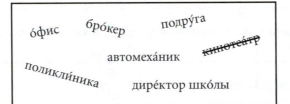

ОБРАЗЕЦ: Вы хоти́те знать, когда́ начина́ется сеа́нс. На́до позвони́ть <u>в кинотеа́тр</u>.

1. Ва́ша маши́на не рабо́тает. На́до позвони́ть _____

2. Ва́ша сестра́ заболе́ла. На́до позвони́ть _____

3. Вы хоти́те знать, когда́ класс ва́шего сы́на уезжа́ет на экску́рсию.

На́до позвони́ть _____

4. Вы вдруг вспомина́ете, что у вас сего́дня встре́ча на рабо́те в 8.30, а сейча́с 8.20.

На́до позвони́ть _____

5. Вчера́ ве́чером у Ка́ти вы познако́мились с америка́нцем из Филаде́льфии. Вы забы́ли, как его́ зову́т.

На́до позвони́ть _____

6. Вы хоти́те знать, как дела́ на би́рже. На́до позвони́ть _____

Direct objects and negation: Этого она́ ещё не уме́ет

Г. Here is a conversation between two girls, Nadya and Nastya, who are discussing their families. Their family members have completely opposite tastes and habits. Write out what Nastya says using negation and the Genitive case.

ОБРАЗЕЦ: НА́ДЯ.   Мой дя́дя ка́ждый ве́чер чита́ет газе́ты.
НА́СТЯ.   А мой дя́дя никогда́ _не чита́ет газе́т_ .

1. НА́ДЯ.   Мой ста́рший брат лю́бит спорти́вные телепереда́чи.

   НА́СТЯ.   А мой брат совсе́м _____

2. НА́ДЯ.   Моя́ тётя ви́дела ру́сский бале́т.

   НА́СТЯ.   А моя́ тётя никогда́ _____

3. НА́ДЯ.   Моя́ ба́бушка лю́бит гро́мкую му́зыку.

   НА́СТЯ.   А моя́ ба́бушка _____

4. НА́ДЯ.   Моя́ сестра́ пи́шет мне пи́сьма ка́ждый день.

   НА́СТЯ.   А моя́ сестра́ никогда́ _____

5. НА́ДЯ.   Мой па́па чита́ет америка́нские журна́лы и газе́ты. [*Use* **ни… ни…**]

   НА́СТЯ.   А мой па́па _____

6. НА́ДЯ.   Смотри́! Жёлтые помидо́ры! Мой де́душка про́бовал таки́е помидо́ры.

   НА́СТЯ.   А мой де́душка никогда́ _____

Д. Two people witnessed a bank robbery. As they file a police report, one person contradicts everything the other person says. Fill in the second person's part of the police report, using **ни… ни…** and **никако́й** with Genitive case and negated verb forms. Be sure to include the complete underlined portion of each sentence in your response.

ОБРАЗЕЦ: В 6 ве́чера я слы́шал стра́нные зву́ки (*sounds*) на у́лице.

А я никаки́х стра́нных зву́ков не слы́шал.

1. Когда́ я стоя́л на авто́бусной остано́вке, я ви́дел большу́ю кра́сную маши́ну и ма́ленький бе́лый грузови́к.

   _____

   _____

2. Я слы́шал класси́ческую му́зыку.

   _____

3. Я ви́дел высо́кого молодо́го челове́ка и де́вушку в чёрных джи́нсах.

   _____

4. У вхо́да в банк я ви́дел како́й-то паке́т.

   _____

5. Я слы́шал францу́зские пе́сни.

   _____

6. Я по́мню но́мер маши́ны.

   _____

The partitive Genitive: Чáю

Е. You are invited to a big dinner party where many people are sitting at the table. In some cases it is easier to pass the whole serving dish (Accusative case), while in others it is easier to pass your plate and ask someone to put some food (partitive Genitive) on it. In the following dialogues, underline the food words in the partitive Genitive and circle those in the Accusative. The first one has been done for you.

1. — Передáйте (помидóры),[а] пожáлуйста.

   — Пожáлуйста. Мóжно вам налúть вóдки[б]?

   — Нет, спасúбо. Лýчше налéйте мне сóка.[в]

   — Вам положúть сýру[г]?

   — Да, спасúбо.

2. — Что э́то? Огурцы́?

   — Да, солёные, óчень вкýсные. Вам положúть огурцóв[а]?

   — Нет, спасúбо. Передáйте мне хлеб,[б] пожáлуйста.

   — А мне положúте, пожáлуйста, э́того салáта[в] и мя́са.[г]

3. — Хотúте мя́са[а]?

   — Нет, спасúбо. Я вегетариáнец.

   — Тогдá попрóбуйте пúццу[б] с овощáми.

Ж. Now create a similar dialogue of your own. Choose from the words in the box below.

> винегрéт   винó   икрá   колбасá
>
> паштéт   салáт   сок   молокó
>
> сыр   хлеб   кúслая капýста   чай

СÚНДИ.   Передáйте _____,[1] пожáлуйста.

НÚНА ИВÁНОВНА.   Пожáлуйста. Мóжно вам налúть _____?[2]

СÚНДИ.   Нет, спасúбо. Я _____[3] не пью. Лýчше налéйте мне

_____.[4]

ДЖÉЙСОН.   А мне налéйте _____,[5] пожáлуйста.

НÚНА ИВÁНОВНА.   Вам положúть _____?[6]

ДЖÉЙСОН.   Нет, спасúбо. Передáйте мне _____,[7] пожáлуйста.

СÚНДИ.   А мне положúте, пожáлуйста, _____[8] и

_____.[9]

Comparisons without чем: Лу́чше любы́х лека́рств

3. Change the following comparative sentences to show the opposite. Use a construction without **чем.**

ОБРАЗЕЦ: Ты игра́ешь на ро́яле лу́чше, чем мой па́па.

Ты игра́ешь на ро́яле ху́же моего́ па́пы.

1. Ива́н моло́же, чем Фили́пп.

_____

2. Ста́рый райо́н лу́чше, чем но́вый.

_____

3. Пе́рвое упражне́ние бы́ло ле́гче, чем второ́е.

_____

4. Ка́тя зна́ет матема́тику ху́же, чем други́е студе́нты.

_____

5. На́ша но́вая кварти́ра ме́ньше, чем ста́рая.

_____

6. Те́ма у Ли́зы трудне́е, чем те́ма у вас.

_____

7. Его́ су́мка тяжеле́е, чем мой портфе́ль.

_____

Comparatives

И. How would you compare the following items? First write a sentence using **чем.** Then write it without **чем.**

ОБРАЗЕЦ: а. Дом 52 вы́ше, чем дом 23.

б. Дом 52 вы́ше до́ма 23.

дом 52   дом 23

1.

а. _____

б. _____

2.

Ники́та Анто́нович   Михаи́л Дми́триевич

а. _____

б. _____

3.

а. _____

б. _____

4.

Со́ня   Ли́да

а. _____

б. _____

5.

ко́мната Гри́ши

ко́мната Стёпы

а. _____

б. _____

reVERBerations: конча́ться / ко́нчиться

К.   How would you say that the following events begin and end at the given times? Write out the times as words.

ОБРАЗЕЦ: (*movie showing; 7:00; 8:45*)

Сеа́нс начина́ется в семь часо́в, а конча́ется в во́семь со́рок пять.

1. (*seminar; 4:15; 5:00*) _____

_____

2. (*the TV program about Germany; 6:00; 7:00*) _____

_____

3. (*excursion to the Kremlin; 10:00; 12:00*) _____

_____

4. (*gymnastics class; 2:30; 3:30*) _____

_____

5. (*soccer game; 3:30; 6:30*) _____

_____

6. (*aerobics; 1:45; 2:45*) _____

_____

Перево́д

Л. Translate the following dialogue into Russian.

"Did you call the restaurant?"
"Yes. Everything is in order. We'll leave (by subway) at 6 o'clock."
"Good. I like that restaurant. It's more expensive than the restaurant downtown, but the menu there is better."
"They have delicious *vinegret.*"
"I don't eat *vinegret,* but I like the caviar there."

_____

_____

_____

_____

_____

_____

Повторе́ние — мать уче́ния

М. Following is a summary of the reading in Part 2. Fill in the blanks with words that maintain the context of the reading. You will have to change the form of some of the words. Use each word only once. The events are retold in the present tense, as they occur in the reading. Events that happen before the action of the reading will call for the corresponding past tense (marked with an asterisk*).

В го́роде эпиде́мия гри́ппа и все шко́лы в райо́не _____.[1] У Во́вы сего́дня нет _____,[2] и они́ с Пе́тей ухо́дят из до́ма на весь день. Снача́ла они́ _____[3] в поликли́нику, потому́ что па́па _____.[4]* Па́па до́ма оди́н. Ма́ма ушла́ на рабо́ту, а Ле́на ушла́ в _____[5] на _____.[6] Позвони́ть в _____[7] бы́ло невозмо́жно. Всё вре́мя телефо́н был _____.[8] Во́ва и Пе́тя ду́мают, что эпиде́мия как _____.[9] Из поликли́ники они́ пойду́т в кино́, а пото́м на като́к (*ice skating*). Сеа́нс _____[10] в 10.30.	заболе́ть закры́т за́нят кани́кулы поликли́ника начина́ться семина́р спеши́ть университе́т уро́к

Ситуа́ции

H. How would you . . .

1. say you don't eat meat and you don't drink vodka? _____

_____

2. say you would like some tea with lemon? _____

3. ask your host mother to give you (put on your plate) some meat and potatoes? _____

_____

4. ask your friend to pour you some mineral water? _____

_____

5. ask your host father to pass you the meat and potatoes? _____

_____

6. say that Lori is younger than you but older than Sam? _____

_____

7. say that you are going to a lecture at the university? _____

_____

8. say that you called Canada last night? _____

_____

Ва́ша о́чередь!

O. Answer the following questions.

1. Ты ешь икру́? Солёные огурцы́? Винегре́т? А борщ? _____

_____

2. Где доро́же жить — в Калифо́рнии и́ли в Ога́йо? _____

_____

3. Что тебе́ ле́гче — ру́сский язы́к и́ли фи́зика? _____

_____

4. Кака́я гора́ (*mountain*) вы́ше — гора́ Э́лберт в Колора́до и́ли гора́ Мак-Ки́нли на Аля́ске? _____

_____

5. Куда́/Кому́ ты звони́л (звони́ла) вчера́? _____

_____

6. Когда́ у вас начина́ются ле́тние кани́кулы? Когда́ они́ конча́ются? _____

_____

7. Как по-тво́ему, президе́нт США бога́тый челове́к? А кто бога́че его́?

_____

Сочине́ние

П. Write a short paragraph (seven or eight sentences) comparing two cities that you know. Ideas: Which city is larger? Cleaner? Is the transportation system better in one city than the other? Is it more interesting to live in one city than the other? Is it easier to find good restaurants in one than the other?

_____

_____

_____

_____

_____

_____

_____

_____

РАБОТА В ЛАБОРАТОРИИ

ДИАЛОГИ

Диало́г 1 Уро́ков не бу́дет! (Making plans; asking permission)

АА. Follow along as you listen to the dialogue.

МА́МА.	Ва́ня, пора́ встава́ть, в шко́лу опозда́ешь.
ВА́НЯ.	Ма́ма, сего́дня уро́ков не бу́дет!
МА́МА.	Э́то почему́?
ВА́НЯ.	Потому́ что в го́роде эпиде́мия гри́ппа и шко́лы закры́ты!
МА́МА.	Отку́да ты зна́ешь?
ВА́НЯ.	По телеви́зору сказа́ли!
МА́МА.	Что же ты бу́дешь де́лать це́лый день?
ВА́НЯ.	Пойду́ снача́ла в кино́, а пото́м на като́к. Мо́жно?
МА́МА.	На като́к мо́жно, а в кино́ нельзя́. Ты ведь сам сказа́л, что в го́роде эпиде́мия гри́ппа.

- Now read and repeat aloud in the pause after each phrase.
- Now read the lines for Vanya aloud.
- Now read the lines for the mother aloud.

Rewrite the first four lines of the dialogue so that it is between two university roommates, Zina and Masha.

ЗИ́НА. _____

МА́ША. _____

ЗИ́НА. _____

МА́ША. _____

Диалог 2 **Дай мне ча́ю с лимо́ном!** (Requesting and offering assistance)

ББ. Follow along as you listen to the dialogue.

НАТА́ЛЬЯ ВИ́КТОРОВНА. Ми́ша, отнеси́, пожа́луйста, э́ту запи́ску в поликли́нику.

МИ́ША. А кто у вас заболе́л?

НАТА́ЛЬЯ ВИ́КТОРОВНА. Никола́й Ива́нович. Вот ви́дишь — я здесь написа́л его́ фами́лию, и́мя и о́тчество, год рожде́ния и наш а́дрес.

МИ́ША. Хорошо́, сейча́с побегу́ (*I'll run*) в поликли́нику. Мо́жет, вам ну́жно что́-нибудь купи́ть?

НАТА́ЛЬЯ ВИ́КТОРОВНА. Да, вот тебе́ де́ньги, купи́ мне де́сять лимо́нов, пожа́луйста.

МИ́ША. Так мно́го?

НАТА́ЛЬЯ ВИ́КТОРОВНА. Никола́ю Ива́новичу всё вре́мя хо́чется пить, он всё вре́мя про́сит: «Дай мне ча́ю с лимо́ном!»

- Now read and repeat aloud in the pause after each phrase.
- Now read the lines for Misha aloud.
- Now read the lines for Natalya Viktorovna aloud.

1. Why does Natalya Viktorovna ask for ten lemons?

_____

2. How would the last line read if Natalya Viktorovna said that Nikolai Ivanovich always wants to eat and is

always asking for some cheese? _____

_____

АУДИ́РОВАНИЕ

ВВ. You are sick and a doctor is examining you. Read through the sentences below, then choose the most appropriate response to the doctor's questions and statements. The first one has been done for you.

ОБРАЗЕ́Ц: Как вы себя́ чу́вствуете?

1. _____ Но у меня́ до́ма почти́ нет проду́ктов.

2. _____ У́тром и ве́чером?

3. _____ То́лько аспири́н.

4. __a__ О́чень пло́хо.

5. _____ Не о́чень высо́кая.

6. _____ Го́рло.

ГГ. All of your host family and neighbors have disappeared. Where did they all go? Listen to the sentences and match the person with the destination. The first one has been done for you.

ОБРАЗЕЦ: Серёжа пошёл в университе́т на ле́кцию.

1. ___ж___ Seryozha

2. _____ Leonid Antonovich

3. _____ Andrei Dmitrievich

4. _____ Liza

5. _____ Inna Mikhailovna

6. _____ Lyuda

7. _____ Pasha

8. _____ Svetlana Viktorovna

а. to a conference in Petersburg

б. on a business trip to Petersburg

в. to work at the clinic

г. to work at school

д. to work at the library

е. to the laboratory at the university

~~ж. to a lecture at the university~~

з. to the dining hall at the university

ДД. Listen to the statements of your friends and rate (1, 2, 3) the people, things, or places that you see. Which one is bigger than which? Who is older than who? Use the number 1 to indicate the largest, oldest, etc.

ОБРАЗЕЦ: Стёпа ста́рше И́горя, а Фе́дя ста́рше Стёпы.

____1____ Фе́дя

____3____ И́горь

____2____ Стёпа

а. _____ Серге́й Дми́триевич

_____ Анто́н Миха́йлович

_____ Ви́ктор Васи́льевич

б. _____ Ирку́тск

_____ Санкт-Петербу́рг

_____ Кострома́

в. _____ БМВ (BMW)

_____ Мерседе́с

_____ Фольксва́ген

г. _____ Мари́на

_____ Зи́на

_____ Ни́на

д. _____ неме́цкий язы́к

_____ ру́сский язы́к

_____ францу́зский язы́к

ГОВОРЕНИЕ

ЕЕ. You run around with a bunch of space cadets! They invite you to events, but sometimes they tell you only when the event begins and sometimes they tell you only when it ends. Write down the time they give you. Then ask for the time they have not given you.

> ОБРАЗЕЦ: *You hear:* Сеа́нс начина́ется в че́тверть пя́того.
> *You see:* (film showing)
> *You write:* 4.15
> *You say:* А когда́ конча́ется?

	Begins	Ends
Об. (*film showing*)	4.15	_____
1. (*ballet Swan Lake*)	_____	_____
2. (*play Three Sisters*)	_____	_____
3. (*concert of Russian symphonic music*)	_____	_____
4. (*TV program about Canadian geese*)	_____	_____
5. (*hockey game*)	_____	_____
6. (*lecture on Pushkin*)	_____	_____

ЖЖ. Your classmates are making comparisons that you disagree with. Tell them that you think the opposite is true. Use the comparative construction without **чем.**

> ОБРАЗЕЦ: *You hear:* По-мо́ему, президе́нт США бога́че, чем Билл Гейтс.
> *You see:* (president of the USA; Bill Gates)
> *You say:* А по-мо́ему, Билл Гейтс бога́че президе́нта США.

1. (*Ford; Cadillac*)
2. (*mathematics; physics*)
3. (*Boston; Philadelphia*)
4. (*Mel Gibson; Tom Hanks*)
5. (*Houston; Los Angeles*)
6. (*Alberta; Saskatchewan*)

ЗЗ. How would you ask your hostess to give or pour you some of the following items?

> ОБРАЗЕЦ: *You hear and see:* (bread)
> *You say:* Положи́те мне хле́ба, пожалуйста.
> [or]
> *You hear and see:* (juice)
> *You say:* Нале́йте мне со́ка, пожа́луйста.

1. (*potatoes*)
2. (*milk*)
3. (*cheese*)
4. (*tea*)
5. (*mushrooms*)
6. (*mineral water*)
7. (*salad*)
8. (*wine*)

ИИ. Tell somebody where you are going using the cued destinations.

> ОБРАЗЕЦ: *You see and hear:* (to a meeting at the institute)
> *You say:* Я иду́ в институ́т на собра́ние.

1. (*to a seminar at the university*)
2. (*on an excursion to Red Square*)
3. (*on a business trip to France*)
4. (*to a conference in Japan*)
5. (*to Dr. Pavlov at the clinic*)
6. (*to a basketball game at the gym*)

ЧАСТЬ ТРЕТЬЯ
Карто́шка — лу́чшее лека́рство

РАБОТА ДОМА

ПИСЬМО

Понима́ние те́кста

А. Review the reading on pages 263–264 of your textbook. Read through the following statements, then number them in the correct chronological order. The first one has been done for you.

а. _____ Джим ка́шляет.

б. _____ Прихо́дит Джим.

в. _____ Илья́ Ильи́ч снима́ет носки́.

г. _____ Илья́ Ильи́ч снима́ет руба́шку.

д. _____ Илья́ Ильи́ч снима́ет кры́шку кастрю́ли (*pan*).

е. _____ Илья́ Ильи́ч опуска́ет (*lowers*) но́ги в горя́чую во́ду.

ж. _____ Илья́ Ильи́ч опуска́ет го́лову в кастрю́лю и ды́шит.

з. _____ Ба́бушка налива́ет горя́чую во́ду в таз (*basin*).

и. ___1___ Ба́бушка прихо́дит с проду́ктами и лека́рствами.

к. _____ Ба́бушка ста́вит горчи́чники на спи́ну Ильи́ Ильича́.

л. _____ Ба́бушка ста́вит кастрю́лю горя́чей карто́шки на стол.

Aspect and imperatives

Б. Here are instructions from your Russian classmate's grandmother on what to do if you get sick. The instructions are old, and some words are hardly legible. Reconstruct the text, using the imperative forms of the verbs below. First, however, review the formation of imperatives in Lesson 11, Part 1, page 193 of your textbook. Write out all the imperative forms for **ты**. (The **я** and **ты** forms of each verb have been given to help you.) Then choose the correct word for each blank. You may use a word more than once. The first one has been done for you.

VERB	IMPERATIVE
купи́ть (куплю́, ку́пишь)	купи́
дыша́ть (дышу́, ды́шишь)	_____
нали́ть (налью́, нальёшь)	_____
поста́вить (поста́влю, поста́вишь)	_____
сесть (ся́ду, ся́дешь)	_____
снять (сниму́, сни́мешь)	_____

ПРОСТУ́ДА

<u>Купи́</u> в магази́не карто́шку и свари́ (*boil*) её. _____¹ горя́чей воды́

в таз (*basin*). _____² карто́шку на стол. _____³ на стул.

_____⁴ носки́ и опусти́ но́ги в во́ду. _____⁵

кры́шку (*lid*) и _____.⁶

* * * * * *

VERB	IMPERATIVE
вы́звать (вы́зову, вы́зовешь)	_____
ме́рить (ме́рю, ме́ришь)	_____
вы́пить (вы́пью, вы́пьешь)	_____
открыва́ть (открыва́ю, открыва́ешь)	_____
позвони́ть (позвоню́, позвони́шь)	_____

ГРИПП

_____⁷ по телефо́ну в поликли́нику, _____⁸

врача́. _____⁹ ча́ю с лимо́ном и ложи́сь в крова́ть. Ча́ще

_____¹⁰ окно́, чтобы прове́трить (*air out*) ко́мнату. Не ешь ничего́ солёного и

_____¹¹ температу́ру.

B. Use imperative forms of the imperfective verbs in the box to invite or encourage someone to do something.

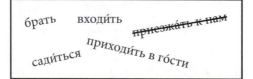

брать   входи́ть   ~~приезжа́ть к нам~~
сади́ться   приходи́ть в го́сти

ОБРАЗЕ́Ц: На́стя и Га́ля, <u>приезжа́йте к нам</u> в Москву́.

1. Ко́ля, _____ в суббо́ту ве́чером.

2. Михаи́л Петро́вич, _____,ᵃ пожа́луйста. _____.ᵇ

3. Ба́бушка, _____ ещё одно́ пиро́жное.

Г. Some of your classmates are going to study abroad in Russia. Use imperative forms of the imperfective verbs in the box to give them advice about what they should do on a regular basis.

говори́ть   писа́ть   принима́ть

ходи́ть   смотре́ть   ~~чита́ть~~

ОБРАЗЕЦ: _Чита́йте_ ру́сские газе́ты и журна́лы.

1. _____ мне ка́ждую неде́лю!

2. _____ регуля́рно витами́ны!†

3. _____ то́лько по-ру́сски с ва́шими друзья́ми!

4. _____ на но́вые ру́сские фи́льмы!

5. _____ но́вости по телеви́зору ка́ждый ве́чер!

Д. Kostya and Nina are giving Grisha some advice, but their opinions are quite different. Based on Kostya's advice, write down what Nina says, using negated imperatives from imperfective verbs only.

ОБРАЗЕЦ: КО́СТЯ.   Позвони́ бра́ту.

НИ́НА.   _Нет, не звони́ бра́ту._

1. КО́СТЯ.   Скажи́ преподава́телю, что ты бо́лен.

   НИ́НА.   _____

2. КО́СТЯ.   Напиши́ письмо́ дире́ктору шко́лы.

   НИ́НА.   _____

3. КО́СТЯ.   Спроси́ Анто́на, как де́лать э́то упражне́ние.

   НИ́НА.   _____

4. КО́СТЯ.   Попроси́ Серге́я помо́чь тебе́.

   НИ́НА.   _____

5. КО́СТЯ.   Купи́ э́тот журна́л.

   НИ́НА.   _____

6. КО́СТЯ.   Посмотри́ э́тот фильм.

   НИ́НА.   _____

7. КО́СТЯ.   Прода́й свой компью́тер.

   НИ́НА.   _____

Transitive and reflexive verbs: Когда́ начина́ется ле́кция?

Е. Rewrite the following sentences, which use transitive verbs, as sentences that use reflexive verbs.

ОБРАЗЕ́Ц: Я пишу́ э́ту бу́кву не так. → <u>Э́та бу́ква пи́шется не так</u>.

1. Профе́ссор Анто́нов всегда́ конча́ет э́ту ле́кцию в три часа́.

_____

2. Учи́тель обы́чно начина́ет уро́к с вопро́сов (*starting with questions*).

_____

3. Преподава́тель у́чит аспира́нтов писа́ть статьи́ по-ру́сски.

_____

4. Почтальо́н верну́л письмо́, потому́ что на конве́рте не́ было ма́рки.

_____

5. Мы с бра́том открыва́ем наш магази́н в 9 утра́.

_____

6. Ба́бушка ле́чит па́пу но́вым ме́тодом.

_____

7. Продаве́ц продаёт фру́кты у вхо́да в метро́.

_____

Ж. On pages 208 and 209 you see two families—the Petrovs and the Adamovs. In the Petrov household, everything is normal. Misha turns on the TV, Maksim Nikolaevich runs the vacuum, etc. The Adamov household, however, is rather creepy. A bottle lifts into the air and juice pours out. The vacuum turns on and cleans the house without the aid of a human hand. Use the verbs below to describe what happens in both households. For the Petrovs, do not limit yourself to what the people are doing at this very moment. Two unfamiliar verbs have been added to give you more options.

начина́ть(ся)	открыва́ть(ся)	включа́ть(ся) (*to turn on*)	писа́ть(ся)
конча́ть(ся)	закрыва́ть(ся)	выключа́ть(ся) (*to turn off*)	налива́ть(ся)

ОБРАЗЕ́Ц: Ми́ша включа́ет телеви́зор.

1. _____

2. _____

3. _____

4. _____

5. _____

6. _____

7. _____

Макси́м Никола́евич Петро́в (*father*), Ири́на Миха́йловна Петро́ва (*mother*), Ми́ша (*son*), Ка́тя (*daughter*)

ОБРАЗЕЦ: Компьютер сам включа́ется.

1. _____
   _____
2. _____
   _____
3. _____
   _____
4. _____
   _____
5. _____
   _____
6. _____
   _____
7. _____
   _____

Кошма́р Кошма́рович Ада́мов (*father*), Ска́зка Ива́новна Ада́мова (*mother*), У́жас (*son*), Фанта́зия (*daughter*)

3. On page 210 you will see an advertisement for the European Medical Center and the European Dental Center in Moscow. Scan the ads to find the following information.

European Medical Center

1. There are specialists in many branches of medicine at this center. Give the English equivalent for at least

   five of them. _____

   _____

2. To which countries might one be sent for treatment? _____

   _____

3. What is provided in the clinic **Эсте́тика?** _____

European Dental Center

4. Words with the stem **стомато́лог** don't seem to relate to what we refer to as *dental,* so if the translation of the clinic's name weren't at the bottom of the ad, you might not have guessed its meaning immediately. Find at least three words in the ad that would have helped you guess. Write down the Russian words and what you think they mean in English.

RUSSIAN	ENGLISH
а. _____	_____
б. _____	_____
в. _____	_____

Перево́д

И. Translate the following dialogue into Russian.

"Boris Mikhailovich, here's your medicine—hot potatoes."
"And what should I do with it?"
"Take off the lid (**кры́шка**), lower (**опусти́ть**) your head, and breathe."
"I can't! It's too hot!"
"It's good that it's hot. I promise you that your cough will go away."

_____

_____

_____

_____

_____

_____

Повторе́ние — мать уче́ния

К. Following is a summary of the reading in Part 3. Fill in the blanks with words that maintain the context of the reading. You will have to change the form of some of the words. Use each word only once. The events are retold in the present tense, as they occur in the reading. Events that happen before the action of the reading will call for the corresponding past tense (marked with an asterisk*).

Ба́бушка Кругло́ва купи́ла Илье́ Ильичу́ проду́кты и _____.¹ Э́то лека́рства, кото́рые не _____² в апте́ке — э́то её _____³ апте́ка. Ба́бушка начина́ет _____⁴ Илью́ Ильича́. Илья́ Ильи́ч _____⁵ носки́ и опуска́ет (*lower*) но́ги в _____⁶ во́ду. Пото́м ба́бушка ста́вит _____⁷ Илье́ Ильичу́ на спи́ну. Пото́м Илья́ Ильи́ч снима́ет кры́шку (*lid*) кастрю́ли (*pan*) с горя́чей _____,⁸ опуска́ет го́лову и дыши́т. Неожи́данно (*unexpectedly*) прихо́дит Джим. Он то́же _____.⁹ Ба́бушка спра́шивает его́, не хо́чет ли он, что́бы она́ _____¹⁰*и его́ то́же.	горчи́чники горя́чий дома́шний карто́шка ка́шлять лека́рства лечи́ть полечи́ть продава́ться снима́ть

Ситуа́ции

Л. How would you . . .

1. say that the market opens at 7 A.M. and closes at 3 P.M.? _____
_____

2. say that this song is sung like this? _____
_____

3. tell your roommate to take (his) temperature? _____
_____

4. tell your guests to please come in and sit down? _____
_____

5. tell your host parents to please not call the doctor? _____
_____

6. say that you've been coughing and sneezing for two days? _____
_____

7. say that you had a runny nose, but it went away in just a day? _____
_____

Ваша очередь!

M. Answer the following questions.

1. Когда магазины в Америке обычно открываются? А закрываются?

    _____

2. Когда обычно начинаются зимние каникулы в вашем университете? А кончаются?

    _____

    _____

3. Чем ты обычно лечишься, когда ты кашляешь и чихаешь? _____

    _____

4. Твои преподаватели всегда начинают лекции вовремя (*on time*)?

    _____

    _____

5. Ты когда-нибудь лечился (лечилась) горчичниками? А горячей картошкой? А другими домашними

    средствами? _____

    _____

6. Ты часто принимаешь аспирин? Когда ты его принимаешь? _____

    _____

Сочинение

H. Write a short paragraph (seven or eight sentences) describing what you do when you have a cold. Do you sneeze a lot? Cough a lot? Does your throat hurt? Do you go to the doctor? Do you not go to classes? Do you take medicine? Sleep a lot? What do you eat? What do you drink?

_____

_____

_____

_____

_____

_____

_____

_____

_____

_____

РАБОТА В ЛАБОРАТОРИИ

ДИАЛОГИ

Диалог 1 У неё насморк и кашель (Discussing health and treatment)

AA. Follow along as you listen to the dialogue.

НИ́НА. Алло́?

ВЕ́РА. Ни́на, приве́т, э́то я. Серге́й сказа́л, что ма́ма больна́ (*sick*). Что с ней?

НИ́НА. Она́ простуди́лась. Вчера́ она́ всё вре́мя чиха́ла. У неё на́сморк, ка́шель, ей тру́дно говори́ть.

ВЕ́РА. Вы вы́звали врача́?

НИ́НА. Нет, она́ не хо́чет вызыва́ть врача́.

ВЕ́РА. Тогда́, лечи́те её дома́шними сре́дствами: дава́йте ей кури́ный (*chicken*) бульо́н† и чай с лимо́ном. И пусть полежи́т (*have her stay in bed*) день и́ли два.

- Now read and repeat aloud in the pause after each phrase.
- Now read the lines for Vera aloud.
- Now read the lines for Nina aloud.

1. What does Vera advise Nina to do? _____

_____

2. How would the last line read if Vera were talking directly to the mother and wanted her to take aspirin

three times a day and drink tea with honey? _____

_____

Диалог 2 Не бо́йтесь, это не опа́сно (Discussing medicine)

ББ. Follow along as you listen to the dialogue.

ИРИ́НА ВАДИ́МОВНА. Джордж, вы больны́ (*sick*). Я бу́ду вас лечи́ть дома́шними сре́дствами.

ДЖОРДЖ. Спаси́бо, но я не хочу́ лечи́ться дома́шними сре́дствами. Я бою́сь.

ИРИ́НА ВАДИ́МОВНА. Не бо́йтесь, э́то не опа́сно. Мно́гие врачи́ счита́ют, что молоко́ с со́дой и мёдом (*with baking soda and honey*) — о́чень хоро́шее сре́дство от просту́ды.

ДЖОРДЖ. Нет, я лу́чше бу́ду принима́ть аспири́н.

ИРИ́НА ВАДИ́МОВНА. Когда́ у вас был на́сморк, вы принима́ли аспири́н. Когда́ у вас был грипп, вы то́же принима́ли аспири́н. Вы, наве́рно, ду́маете, что аспири́н — э́то лека́рство от всех боле́зней (*illnesses*).

ДЖОРДЖ. В Аме́рике мно́гие так ду́мают.

- Now read and repeat aloud in the pause after each phrase.
- Now read the lines for George aloud.
- Now read the lines for Irina Vadimovna aloud.

How are the following two sentences expressed in the dialogue?

1. "It's a good remedy for a cold." _____

2. "It's a medicine for all illnesses." _____

Notice that Russian uses the preposition **от** (*from*) in this construction where English uses *for*. Keeping that in mind, how would you say:

3. "It's good medicine for a runny nose." _____

4. "It's the best remedy for the flu." _____

АУДИРОВАНИЕ

ВВ. Listen to the dialogue and circle the most appropriate answer to each question. The first one has been done for you.

1. These two women are discussing
   a. medicines.
   б. one family's health.
   в. health-care availability.

2. Whose husband is sick?
   a. Aleksandra Nikolaevna's.
   б. Her conversation partner's.
   в. It is unclear.

3. The woman is fairly sure her husband has the flu because
   a. the doctor diagnosed it.
   б. there is an epidemic in town.
   в. she had the flu a week earlier.

4. The sick person has not seen a doctor because
   a. the doctors are too busy.
   б. he got well very quickly.
   в. his wife is treating him.

5. How is the sick person being treated?
   a. No treatment.
   б. Aspirin.
   в. Home remedies.

6. Who else is sick?
   a. Aleksandra Nikolaevna
   б. Her conversation partner.
   в. The child of one of the women.

ГГ. Mark the most appropriate continuation to the statements that you hear.

ОБРАЗЕЦ: Здесь óчень жáрко.

1. _____ Не говори́те никомý об э́том.

2. _____ Скажи́, что ты заболéл.

3. _____ Снимáйте шáпку на лéкциях.

4. _____ Сними́ кýртку.

5. _____ Не покупáйте егó.

6. _____ Купи́ егó!

7. _Об._ Открóйте окнó, пожáлуйста.

ДД. Listen carefully to the following statements, and determine whether or not the times listed below are correct. Write **в** (**ве́рно**) for those that are correct, or **н** (**неве́рно**) for those that are wrong. The times will not necessarily be given to you in a logical order. The first one has been done for you.

		Opens	**Closes**
1.	__н__ магази́н электро́ники	10:00 A.M.	6:00 P.M.
2.	_____ апте́ка	9:00 A.M.	7:00 P.M.
3.	_____ по́чта	8:00 A.M.	11:00 P.M.
4.	_____ поликли́ника	7:00 A.M.	7:00 P.M.

		Begins	**Ends**
5.	_____ бале́т	8:00 P.M.	10:30 P.M.
6.	_____ ле́кция	10:30 A.M.	11:45 A.M.
7.	_____ футбо́льный матч	2:00 P.M.	5:00 P.M.
8.	_____ сеа́нс	6:00 P.M.	8:15 P.M.

ГОВОРЕНИЕ

ЕЕ. Change the positive commands that you hear to the negative. Remember that you will need to change the verb to the imperfective. (None of these will be warning commands.)

ОБРАЗЕЦ: *You hear and see:* Напиши́те объявле́ние.
You say: Не пиши́те объявле́ние.

1. Позвони́ мне сего́дня ве́чером.
2. Расскажи́те ему́ об э́том.
3. Сними́ кроссо́вки.
4. Закро́йте глаза́.
5. Купи́те гвозди́ки.
6. Спроси́ преподава́теля об э́том.

ЖЖ. How would you change the following active sentences to the passive voice?

ОБРАЗЕЦ: *You hear and see:* Преподава́тель на́чал ле́кцию в 3 часа́.
You say: Ле́кция начала́сь в 3 часа́.

1. Учи́тель всегда́ конча́ет уро́к в 11 часо́в.
2. Мы открыва́ем кио́ск в 7 часо́в утра́.
3. Продаве́ц там продаёт помидо́ры и грибы́.
4. Я пишу́ э́ту бу́кву не так.
5. Почтальо́н верну́л бандеро́ль.
6. Ма́ма ле́чит меня́ дома́шними сре́дствами.

33. All of your American classmates are sick, and your Russian host parents are asking you what is wrong with them. Answer with the cued response.

ОБРАЗЕЦ: *You hear:* Что с Бо́бом?
You see: (*caught a bad cold*)
You say: Он си́льно простуди́лся.

1. (*has a runny nose*)
2. (*coughs all the time*)
3. (*sneezes all the time*)
4. (*has a high temperature*)
5. (*has a headache*)
6. (*got sick with the flu*)

ЧАСТЬ ЧЕТВЁРТАЯ
Кака́я у вас температу́ра?

РАБО́ТА ДО́МА

ПИСЬМО́

Понима́ние те́кста

А. Review the reading on pages 272–273 of your textbook. Then match the questions in the left-hand column with the appropriate responses on the right.

1. _____ Кто звони́т Серге́ю Петро́вичу?

2. _____ Кто прихо́дит к Серге́ю Петро́вичу вме́сто (*instead of*) врача́?

3. _____ Почему́ к нему́ не прихо́дит врач?

4. _____ Како́й у Све́ты медици́нский о́пыт?

5. _____ Что с Серге́ем Петро́вичем?

6. _____ Кака́я у него́ температу́ра?

7. _____ Что Све́та выпи́сывает ему́?

8. _____ Како́е лека́рство ему́ ну́жно?

9. _____ Что Ната́лья Ива́новна должна́ ему́ дать?

10. _____ На ско́лько вре́мени Све́та выпи́сывает ему́ больни́чный?

11. _____ Почему́ Све́та говори́т, что э́то не опа́сная боле́знь?

а. Серге́й Петро́вич не потеря́л чу́вства ю́мора.

б. В го́роде эпиде́мия гри́ппа и враче́й не хвата́ет.

в. Он ка́шляет и чиха́ет. У него́ всё боли́т.

г. Антибио́тик и лека́рство от ка́шля.

д. Молоко́ с со́дой и мёдом.

е. Три́дцать во́семь и три.

ж. Рабо́та на ско́рой по́мощи.

з. Ба́бушка Кругло́ва.

и. На три дня.

к. Реце́пт.

л. Све́та.

Third-person imperatives: Пусть

Б. Tolya is very lazy. How would he suggest that another family member do what he has been asked to do?

ОБРАЗЕ́Ц: То́ля, вы́зови де́душке врача́. (ма́ма)

<u>Пусть ма́ма вы́зовет.</u>

1. То́ля, купи́, пожа́луйста, хле́ба и молока́. (Лю́да)

_____

2. То́ля, зайди́ на по́чту за пи́сьмами. (па́па)

_____

3. То́ля, погуля́й ве́чером с соба́кой. (Са́ша)

_____

4. То́ля, пригото́вь нам сего́дня у́жин. (ба́бушка)

_____

5. То́ля, ты мо́жешь за́втра встре́тить дя́дю в аэропорту́? (роди́тели)

_____

6. То́ля, у меня́ к тебе́ про́сьба, отнеси́ (take) запи́ску Еле́не Ива́новне. (Са́ша с Лю́дой)

_____

7. То́ля, закро́й окно́, пожа́луйста. (Са́ша)

_____

8. То́ля, тебе́ ну́жно учи́ть но́вые слова́. (други́е)

_____

B.   It is the eightieth birthday of Nastya's grandmother, who will be coming to town for a big celebration. Nastya and her mother are discussing plans, and Nastya suggests various family members who might help out. What does she say?

тётя Ни́на   Ди́ма   дя́дя Лёня
~~Ви́ка~~   Сла́ва   Ла́ра
дя́дя Ва́ня   тётя Га́ля

пригото́вить пирожки́   сде́лать сала́ты
~~купи́ть хлеб и ма́сло~~   зайти́ за бока́лами
купи́ть шампа́нское
пригото́вить пи́ццу
встре́тить ба́бушка на вокза́ле   купи́ть цветы́

ОБРАЗЕ́Ц: Пусть Ви́ка ку́пит хлеб и ма́сло.

1. _____

2. _____

3. _____

4. _____

5. _____

6. _____

7. _____

Expressing *from:* <из, с, от + Genitive>

Г. You met the following people not on their way *to,* but on their way *from* the places indicated. Change the sentences accordingly.

ОБРАЗЕЦ: Мы ви́дели А́ню, когда́ она́ шла к свое́й подру́ге.

Мы ви́дели А́ню, когда́ она́ шла <u>от свое́й подру́ги.</u>

1. Мы встре́тили Ма́шу, когда́ она́ шла на конце́рт.

   Мы встре́тили Ма́шу, когда́ она́ шла _____

2. Мы ви́дели Пе́тю, когда́ он шёл к своему́ преподава́телю.

   Мы ви́дели Пе́тю, когда́ он шёл _____

3. На авто́бусной остано́вке мы ви́дели Вади́ма с Бори́сом, кото́рые е́хали в центр го́рода.

   Мы ви́дели Вади́ма с Бори́сом, кото́рые е́хали _____

4. На вокза́ле мы познако́мились со студе́нтами, кото́рые е́хали в Томск.

   На вокза́ле мы познако́мились со студе́нтами, кото́рые е́хали _____

5. Вчера́ мы встре́тили в метро́ А́нну Фили́пповну, кото́рая е́хала к до́чери.

   Вчера́ мы встре́тили в метро́ А́нну Фили́пповну, кото́рая е́хала _____

6. В магази́не мы встре́тили на́шего дру́га Лёшу, кото́рый шёл на стадио́н.

   В магази́не мы встре́тили на́шего дру́га Лёшу, кото́рый шёл _____

7. В Пари́же мы ви́дели И́горя — он е́хал в А́нглию.

   В Пари́же мы ви́дели И́горя — он е́хал _____

Planning the future: Когда́ Во́ва пойдёт в апте́ку...

Д. Your friends have some plans for the weekend. They are trying to describe them to you. But there are several *ifs* and *whens.* Using the following verbs, fill in the blanks to complete their conditions. One verb will be used twice.

быть	приго́товить	прие́хать	прийти́	принести́

ОБРАЗЕЦ: В суббо́ту мы пое́дем в Я́сную Поля́ну, е́сли пого́да <u>бу́дет</u> хоро́шая.

1. Там мы пойдём в дом-музе́й Толсто́го, е́сли музе́й _____ откры́т.

2. Мы бу́дем иска́ть (*look for*) грибы́. Когда́ мы _____ домо́й, мы начнём гото́вить у́жин (*supper*).

3. Когда́ мы _____ у́жин, мы пригласи́м друзе́й.

4. Когда́ _____ друзья́, мы бу́дем у́жинать.

5. По́сле у́жина мы бу́дем петь пе́сни, е́сли Андре́й _____ гита́ру.

6. Пото́м мы пойдём в кино́, е́сли _____ биле́ты.

E. How would you complete the following **éсли** and **когда́** sentences?

ОБРАЗЕЦ: Она́ вернёт мою́ кни́гу, <u>когда́ она́ прочита́ет её</u>.

1. Éсли пого́да бу́дет хоро́шая, _____

2. Когда́ тётя Да́ша прие́дет, _____

3. Éсли я заболе́ю, _____

4. Когда́ ба́бушка полу́чит пе́нсию, _____

5. Лю́да начнёт писа́ть курсову́ю, _____

6. Грипп у тебя́ ско́ро пройдёт, _____

7. Мы передади́м им пи́сьма, _____

8. Я поздра́влю его́ с днём рожде́ния, _____

reVERBerations: <хвата́ть + Genitive>

Ж. Guests will be arriving at your place soon and you discover that you don't have enough of some items. What do you say to your roommate as you check the cupboards, refrigerator, etc.?

чай	ло́жки	грибы́
сыр	сту́лья	~~колбаса́~~
ножи́	я́блоко	моро́женое

ОБРАЗЕЦ: <u>У нас не хвата́ет колбасы́</u>.

1. _____

2. _____

3. _____

4. _____

5. _____

6. _____

7. _____

8. _____

3. You are nearing the end of your stay in Russia and a Russian journalist has decided to interview you. Fill in the blanks of your conversation using the following words and appropriate forms of the verb **хвата́ть / хвати́ть.** The first one has been done for you.

чу́вство ю́мора	де́ньги	ру́сские кни́ги	рестора́ны	~~вре́мя~~

ЖУРНАЛИ́СТ. Вы пе́рвый раз в Москве́?

СТУДЕ́НТ. Да. И я о́чень рад, что прие́хал.

ЖУРНАЛИ́СТ. Вы ходи́ли в зоопа́рк?

СТУДЕ́НТ. К сожале́нию, у нас <u>не хвати́ло вре́мени</u>.

ЖУРНАЛИ́СТ. А вы купи́ли матрёшки (*nesting dolls*)?

СТУДЕ́НТ. Мой друг купи́л, а у меня́ _____ [1]

ЖУРНАЛИ́СТ. В Москве́ мо́жно вку́сно пое́сть?

СТУДЕ́НТ. Да, мне ка́жется, что в Москве́ вполне́ (*quite*) _____,[2]
о́чень недороги́х — ру́сских, америка́нских, кита́йских, грузи́нских (*Georgian*).

ЖУРНАЛИ́СТ. Вы купи́ли в Москве́ каки́е-нибудь кни́ги?

СТУДЕ́НТ. Коне́чно, тепе́рь мне _____[3] надо́лго (*for a long time*).

ЖУРНАЛИ́СТ. А что вы мо́жете сказа́ть о ва́шем дире́кторе програ́ммы?

СТУДЕ́НТ. Он о́чень симпати́чный челове́к, но ему́ _____.[4]

Перево́д

И. Translate the following dialogue into Russian.

"You called the doctor?"
"Yes, he's coming from the clinic. Our grandfather got sick."
"What's the matter with your grandfather?"
"He says that everything hurts."
"Has he been sick for a long time?"
"Yes, ten years already."
"What? How old is your grandfather?"
"Ninety-eight. He'll feel better when the doctor comes, but then he'll get sick again."

_____

_____

_____

_____

_____

_____

_____

_____

Повторе́ние — мать уче́ния

К. Following is a summary of the reading in Part 4. Fill in the blanks with words that maintain the context of the reading. You will have to change the form of some of the words. Use each word only once. The events are retold in the present tense, as they occur in the reading.

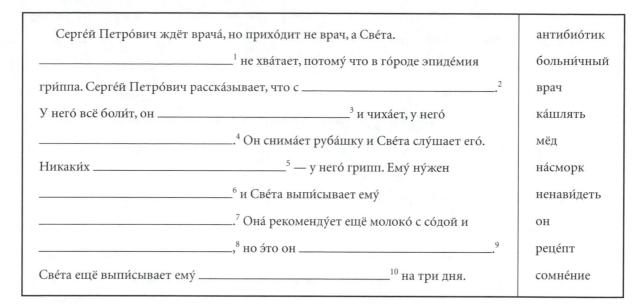

Серге́й Петро́вич ждёт врача́, но прихо́дит не врач, а Све́та.

_____[1] не хвата́ет, потому́ что в го́роде эпиде́мия

гри́ппа. Серге́й Петро́вич расска́зывает, что с _____.[2]

У него́ всё боли́т, он _____[3] и чиха́ет, у него́

_____.[4] Он снима́ет руба́шку и Све́та слу́шает его́.

Никаки́х _____[5] — у него́ грипп. Ему́ ну́жен

_____[6] и Све́та выпи́сывает ему́

_____.[7] Она́ рекоменду́ет ещё молоко́ с со́дой и

_____,[8] но э́то он _____.[9]

Све́та ещё выпи́сывает ему́ _____[10] на три дня.

антибио́тик
больни́чный
врач
ка́шлять
мёд
на́сморк
ненави́деть
он
реце́пт
сомне́ние

Ситуа́ции

Л. How would you . . .

1. say that you don't have enough time? _____

   _____

2. say that you didn't have enough money? _____

   _____

3. say let Sally fix dinner? _____

4. say let John go to the market and buy the fruit? _____

   _____

5. say that if you live in Russia in the summer, you will speak only Russian? _____

   _____

6. say that when you return from Russia, you will first go to your parents in Michigan? _____

   _____

   _____

7. say that you arrived from Vera's at 1 A.M.? _____

   _____

Ваша очередь!

M. Answer the following questions.

1. От кого ты часто получаешь подарки? _____

_____

2. Когда ты вернулся (вернулась) домой вчера вечером? _____

_____

3. Что ты будешь делать, когда ты закончишь университет? _____

_____

4. Что ты купишь себе, если выиграешь в лотерею (*win the lottery*)? _____

_____

5. У вас в университете хватает хороших общежитий? Компьютерных лабораторий?

_____

_____

6. У вас в городе хватает хороших ресторанов? Кинотеатров? Городских автобусов?

_____

_____

7. Чего у тебя не хватает дома? _____

_____

Сочинение

H. Write a short paragraph (seven or eight sentences) about what you will do when you graduate (finish the university). Ideas: Where will you live? What will you do if you don't find work? What will you buy for yourself when you begin to earn (**зарабатывать**) money?

_____

_____

_____

_____

_____

_____

_____

_____

Fun with grammar! Case review

O.   Fill in the blanks of the following sentences with the appropriate case endings. Not all blanks, however, will have an ending. Then enter the words into the crossword puzzle on page 224 to help check your spelling. The letter-number combinations (e.g., **г**12) at the end of each sentence indicate the location of the word or words in the puzzle. The first letter and number are for the first word and so on. Note that **г** is for **горизонта́ль,** or horizontal; **в** is for **вертика́ль,** or vertical.

1. Ма́ма всегда́ ле́чит м_____ (*me*) дома́шн_____ сре́дств_____. (г28) (в7) (г11)

2. Па́па уже́ неде́лю боле́ет грипп_____. (г24)

3. У меня́ боля́т спин_____ и голов_____. (в23) (г13)

4. Как ты с_____ чу́вствуешь? (г2)

5. Ле́на, ты звони́ла в поликли́ник_____? (г15)

6. Лю́ба и Све́та пошли́ в университе́т_____ на ле́кци_____. (в5) (г18)

7. Мне на́до позвони́ть ба́бушк_____. (г27)

8. Тебе́ положи́ть колбас_____ и сы́р_____? (в1) (г4)

9. Я мя́с_____ не ем. (в9)

10. Налéйте м_____ (*me*) ча́_____, пожа́луйста. (в25) (в16)

11. Почему́ ро́зы всегда́ доро́_____ (*more expensive*) гвозди́к_____? (г26) (г10)

12. Когда́ конча́ется семина́р_____? (г21)

13. Эт_____ бу́кв_____ пи́шется так, но я пишу́ её по-друго́му (*a different way*). (г12) (в8)

14. У нас в общежи́тии никогда́ не хвата́ет туале́тн_____ бума́г_____. (в14) (в3)

15. Лари́са ста́р_____ (*older*) Андре́_____? (в19) (в22)

16. Ты сейча́с идёшь с вокза́л_____? (в6)

17. Все э́ти пи́сьма от тво_____ дру_____ (*friends*)? (г20) (г17)

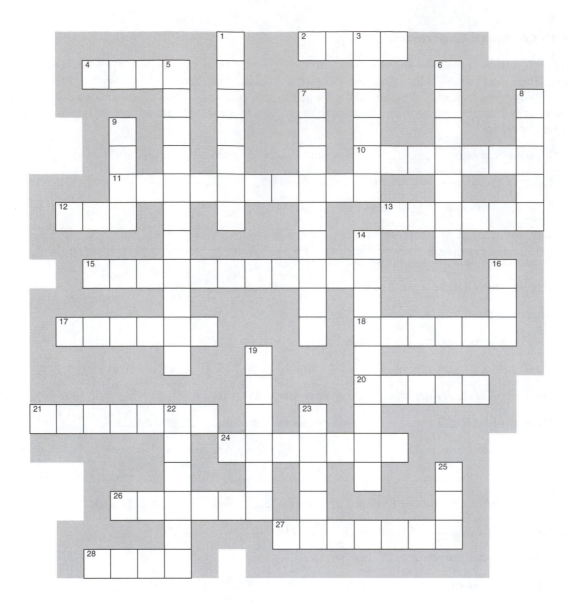

РАБОТА В ЛАБОРАТОРИИ

ДИАЛОГИ

Диалог 1 **У меня́ всё боли́т** (Telling symptoms to a doctor)

АА.   Follow along as you listen to the dialogue.

> ЖЕ́НЯ.   До́ктор, я себя́ пло́хо чу́вствую.
> ВРАЧ.   Что у вас боли́т?
> ЖЕ́НЯ.   У меня́ боли́т голова́, боли́т спина́. У меня́ всё боли́т.
> ВРАЧ.   Когда́ вы заболе́ли?
> ЖЕ́НЯ.   Я уже́ не́сколько дней пло́хо себя́ чу́вствую.
> ВРАЧ.   Сними́те руба́шку, я вас послу́шаю.

- Now read and repeat aloud in the pause after each phrase.
- Now read the lines for the doctor aloud.
- Now read the lines for Zhenya aloud.

How do you say the following in Russian:

1. "Where do you hurt?" _____

2. "When did you get sick?" _____

Диалог 2 Вот вам реце́пт (Getting a medical examination and prescription)

ББ. Follow along as you listen to the dialogue.

ВРАЧ. Кака́я у вас температу́ра?
И́ННА. Три́дцать во́семь и три.
ВРАЧ. Я должна́ вас послу́шать. Сними́те руба́шку. Дыши́те. Ещё. Не дыши́те.
И́ННА. Что у меня́, до́ктор?
ВРАЧ. У вас грипп. Вот вам реце́пт, принима́йте по две табле́тки три ра́за в день.
И́ННА. Спаси́бо, до́ктор.
ВРАЧ. Кро́ме того́, вам ну́жно мно́го пить. Пе́йте молоко́ с со́дой и мёдом и чай с лимо́ном.

- Now read and repeat aloud in the pause after each phrase.
- Now read the lines for Inna aloud.
- Now read the lines for the doctor aloud.

1. How often will Inna have to take two tablets? _____

2. What is Inna supposed to drink? _____

3. How would you say in Russian, "Take four tablets twice a day"?

_____

АУДИ́РОВАНИЕ

ВВ. What would be the most appropriate response to the sentences that you hear?

ОБРАЗЕ́Ц: Ты ча́сто хо́дишь в рестора́ны?

1. _____ У меня́ не хвати́ло де́нег.

2. _____ Éсли у меня́ хва́тит вре́мени.

3. _____ Нет, у меня́ уже́ хвата́ет ме́бели.

4. _____ Зна́ю. У него́ не хвата́ет чу́вства ю́мора.

5. _____ Нет, у нас в го́роде не хвата́ет хоро́ших теа́тров.

6.   Об.   Нет, к сожале́нию, у нас в го́роде не хвата́ет хоро́ших рестора́нов.

ГГ. Read the statements below. Then listen to the conversation between the sick man and the doctor. Change the statements so that they correctly reflect the conversation. The first one has been done for you.

1. The man has ~~a cold~~ _the flu_ _____

2. . . . but he will be allowed to return to work. _____

3. The doctor will excuse him from work for four days. _____

4. After the excused days, the doctor will come see him again. _____

5. If he feels well, he can go directly back to work. _____

6. The man doesn't think he will feel better on the fourth day. _____

ДД. You will hear a series of questions asking you **Где? Куда?** or **Откуда?** Check the blank next to the correct response to each question.

ОБРАЗЕЦ: Куда́ ты спеши́шь?

а. _____ У до́чери.

б. _____ От до́чери.

в. ___×___ К до́чери.

1. а. _____ На ле́кции.

  б. _____ С ле́кции.

  в. _____ На ле́кцию.

2. а. _____ На конце́рте.

  б. _____ С конце́рта.

  в. _____ На конце́рт.

3. а. _____ У Оле́га.

  б. _____ От Оле́га.

  в. _____ К Оле́гу.

4. а. _____ В То́мске.

  б. _____ Из То́мска.

  в. _____ В Томск.

5. а. _____ В це́нтре го́рода.

  б. _____ Из це́нтра го́рода.

  в. _____ В центр го́рода.

6. а. _____ В Аме́рике.

  б. _____ Из Аме́рики.

  в. _____ В Аме́рику.

7. а. _____ У подру́ги.

  б. _____ От подру́ги.

  в. _____ К подру́ге.

8. а. _____ На по́чте.

  б. _____ С по́чты.

  в. _____ На по́чту.

ГОВОРЕНИЕ

ЕЕ. Everything in your life depends on something else. If this, then that. Respond to the questions you hear with an appropriate *if* clause. Remember to use the future tense.

ОБРАЗЕЦ: *You hear:* Вы ку́пите но́вый компью́тер?
  You see: (If I have the money.)
  You say: Éсли у меня́ бу́дут де́ньги.

1. (If I feel well.)

2. (If Yulya comes over.)

3. (If there are tickets.)

4. (If the weather is nice.)

5. (If I see him at the concert.)

6. (If Andy brings [his] guitar.)

ЖЖ. You just aren't in the mood to be told what to do. How would you suggest that others do the things you are asked to do? Use perfective verbs.

ОБРАЗЕЦ: *You hear:* Купи́ мёда и са́хара.
  You see: (Grisha)
  You say: Пусть Гри́ша ку́пит мёда и са́хара.

1. (Alya)

2. (Vitya)

3. (Zhenya and Pasha)

4. (Emily and Tina)

5. (George)

6. (Brad and Justin)

7. (Kelly)

33. Everybody is arriving at your house at once from all different directions. Tell where they are coming from.

ОБРАЗЕЦ: *You hear and see:* (Nikita; the instructor's)
  You say: Ники́та идёт от преподава́теля.

1. (Ira; clinic)

2. (Kolya; soccer game)

3. (Alik and Lyonya; movie theater)

4. (Dasha and Vera; [female] friends)

5. (Kostya; train station)

6. (Olya; parents)

7. (Petya and Rita; pharmacy)

8. (Galya; concert)

8 МАРТА

ЧАСТЬ ПЕРВАЯ
Оди́н из са́мых лу́чших пра́здников

РАБОТА ДОМА

ПИСЬМО

Понима́ние те́кста

А. Review the reading on pages 288–289 of your textbook. Then match the sentences halves below.

1. 8 Ма́рта — э́то оди́н из _____

2. Все мужчи́ны говоря́т то́лько _____

3. В э́тот день мужчи́нам о́чень приятно _____

4. В э́тот день мужчи́ны да́рят же́нщинам _____

5. Джим говори́т профе́ссору, _____

6. Джим реши́л сде́лать _____

7. Постепе́нно все забы́ли _____

8. Профе́ссор посла́л поздрави́тельные откры́тки _____

9. Ра́ньше э́то действи́тельно был _____

10. Ру́сские же́нщины привы́кли, _____

а. спи́сок всех знако́мых же́нщин.

б. ску́чный официа́льный пра́здник.

в. о пода́рках же́нщинам к 8 Ма́рта.

г. что в Аме́рике тако́го пра́здника нет.

д. са́мых люби́мых пра́здников в Росси́и.

е. пода́рки, цветы́, говоря́т им комплиме́нты.

ж. что их всегда́ поздравля́ют с Же́нским днём.

з. о его́ революцио́нном происхожде́нии.

и. каза́ться себе́ до́брыми и внима́тельными.

к. свои́м колле́гам-же́нщинам, кото́рые рабо́тают за грани́цей.

One (out of several): <оди́н из + Genitive plural>

Б. Natasha is describing some of her favorite things. Compose sentences based on the cues given in parentheses.

ОБРАЗЕЦ: (Нью-Йо́рк, го́род) <u>Нью-Йо́рк — оди́н из мои́х люби́мых городо́в.</u>

1. (Эрмита́ж, музе́й)

    _____

2. («Карме́н», о́пера)

    _____

3. (Бах, компози́тор)

    _____

4. (Че́хов, писа́тель)

    _____

5. (гита́ра, музыка́льный инструме́нт)

    _____

6. (те́ннис, вид спо́рта)

    _____

В. There are some situations when you do not want to mention specific names. In such cases the expression **оди́н из / одна́ из** is helpful. Change the following sentences to avoid personal names.

ОБРАЗЕЦ: Моя́ подру́га Мари́на не лю́бит соба́к.
          <u>Одна́ из мои́х подру́г</u> не лю́бит соба́к.

1. Наш сосе́д Алексе́й Си́доров жени́лся на балери́не.

    _____ жени́лся на балери́не.

2. На́ша студе́нтка Ве́ра вы́шла за́муж за о́чень бога́того бизнесме́на.

    _____ вы́шла за́муж за о́чень бога́того
    бизнесме́на.

3. Ваш профе́ссор Никола́ев обеща́л показа́ть нам са́мое ста́рое зда́ние в го́роде.

    _____ обеща́л показа́ть нам са́мое ста́рое
    зда́ние в го́роде.

4. Италья́нский журнали́ст Антонио́ни написа́л ужа́сную статью́ о ва́шем но́вом фи́льме.

    _____ написа́л ужа́сную статью́ о ва́шем
    но́вом фи́льме.

5. Футболи́ст Кузнецо́в заболе́л и не бу́дет игра́ть в фина́льном ма́тче.

    _____ заболе́л и не бу́дет игра́ть в
    фина́льном ма́тче.

6. Мой брат Вале́ра ве́рит в чёрных ко́шек.

    _____ ве́рит в чёрных ко́шек.

Writing dates

Г. Write out the following dates as Russians would write them. For each date, use four of the five formats given on page 291 of your textbook.

ОБРАЗЕЦ:

July 8, 1992	8 июля 1992	8/7/92
	8/VII-92	8 июл. 1992 г.

1. October 18, 1912

2. April 4, 1935

3. August 24, 1956

4. February 23, 1979

5. November 25, 1984

6. May 14, 1999

7. December 25, 2000

8. January 1, 2003

Telling when: Когда́ э́то случи́лось? Когда́ э́то бу́дет?

Д. Your neighbors had several children in a short period of time. You remember little about when the two oldest children were born but progressively more about the younger ones. Write out the complete dates in the blanks below.

ОБРАЗЕЦ: А́ня родила́сь в ты́сяча девятьсо́т во́семьдесят тре́тьем году́ (1983).

1. Ма́рта родила́сь _____

_____ (1984).

2. Ли́за родила́сь _____

_____ (January 1986).

3. Сла́ва роди́лся _____

_____ (September 8, 1987).

4. Ко́стя и Ко́ля роди́лись _____

_____ (Saturday, August 18, 1989).

E. Fill in the blanks with the correct form of the time expression given in parentheses. Write out all numerals as words. Remember not to capitalize the names of the days and months in Russian.

ОБРАЗЕ́Ц: Ве́ра пришла́ домо́й <u>в полови́не восьмо́го</u> (*at 7:30 P.M.*).

1. Ива́н Вади́мович роди́лся _____

   _____ (*May 14, 1971*).

2. Ле́кция профе́ссора Петро́ва бу́дет _____

   _____ (*tomorrow at 8:00 A.M.*).

3. _____ (*February 24*) заня́тий в автошко́ле не бу́дет.

4. _____ (*On Wednesday*) я иду́ к врачу́.

5. _____ (*Last week*) студе́нты ходи́ли в теа́тр о́перы и бале́та.

6. День незави́симости (*independence*) Росси́и — _____ (*June 12*).

7. Мы пое́дем во Фра́нцию _____ (*in July*).

8. Мы зако́нчили университе́т _____ (*in 2001*).

9. Моя́ ба́бушка прие́хала в Аме́рику _____

   _____ (*in October 1952*).

10. Мне ну́жно занима́ться _____ (*at night*), когда́ все спят.

Seasonal words

Ж. Fill in the blanks with the most appropriate words from the box below. The first one has been done for you.

ле́то	ле́том	ле́тний
о́сень	~~о́сенью~~	осе́нний
зима́	зимо́й	зи́мний
весна́	весно́й	весе́нний

1. Мы все — сёстры, бра́тья и я — роди́лись <u>о́сенью</u>, в октябре́. То́лько на́ши роди́тели роди́лись не

   в октябре́, а _____, в апре́ле.

2. В э́том году́ _____ᵃ кани́кулы начина́ются 21-ого декабря́,

   а _____ᵇ кани́кулы начина́ются 3-его ию́ня.

3. Моё люби́мое вре́мя го́да — _____. Я о́чень люблю́ снег и холо́дную погоду.

4. В Аме́рике мали́новка (*robin*) си́мвол _____, а в Росси́и э́то жа́воронок (*lark*).

5. — Что ты бу́дешь де́лать _____?

   — В ию́ле мы с семьёй пое́дем в Калифо́рнию.

6. Мне о́чень нра́вится _____ пого́да: днём обы́чно тепло́, а ве́чером обы́чно хо́лодно.

7. _____ мы лю́бим ката́ться на лы́жах (*to ski*).

8. На́дя жила́ у ба́бушки в Ирку́тске почти́ всё _____.

reVERBerations: Э́то был (была́, бы́ло, бы́ли)...

З. Which past-tense form of **быть** would you use to complete each of the following sentences?

ОБРАЗЕ́Ц: Э́то _была́_ телепереда́ча о неме́цких компози́торах.

1. Э́то _____ на́ша пе́рвая пое́здка за грани́цу.

2. Э́то _____ замеча́тельный круи́з.

3. Э́то _____ о́чень вку́сные грибы́.

4. Э́то _____ моё де́ло.

5. Э́то _____ о́чень неприя́тная неде́ля.

6. Э́то _____ интере́сный матч.

Перево́д

И. Translate the following dialogue into Russian.

"Have you already bought gifts?"

"Gifts? What gifts?"

"You mean (**ра́зве**) you don't know? On March 8 men give gifts or flowers to the women they know. It's a big holiday—International Women's Day."

"My goodness! I had completely forgotten about that. Thanks for (**Спаси́бо, что ты...**) telling me. Today is already March 3."

_____

_____

_____

_____

_____

_____

_____

Повторе́ние — мать уче́ния

К. Following is a summary of the reading in Part 1. Fill in the blanks with words that maintain the context of the reading. You will have to change the form of some of the words. Use each word only once. The events are retold in the present tense, as they occur in the reading. Events that happen before the action of the reading will call for the corresponding past tense (marked with an asterisk*).

Джим беспоко́ится о _____¹ пра́зднике 8-о́го

_____² и спра́шивает Илью́ Ильича́ об э́том. Илья́

Ильи́ч объясня́ет:

Ра́ньше э́то _____³* ску́чный официа́льный

пра́здник, но сейча́с э́то оди́н из са́мых _____,⁴

осо́бенно для же́нщин. Же́нщины стара́ются быть осо́бенно

_____,⁵ а мужчи́нам прия́тно каза́ться себе́ до́брыми и

_____.⁶ Они́ стара́ются сде́лать до́ма всю рабо́ту,

_____⁷ обы́чно де́лают же́нщины. Мужчи́ны да́рят

же́нщинам пода́рки, цветы́, говоря́т им _____.⁸

Мужчи́ны поздравля́ют свои́х колле́г-же́нщин _____⁹

ма́рта, а восьмо́го _____¹⁰ Же́нский день до́ма.

быть

весе́нний

внима́тельный

популя́рный

комплиме́нт

кото́рый

краси́вый

Март

пра́здновать

седьмо́й

Ситуа́ции

Л. How would you . . .

1. say that one of your classmates was born November 25, 1984? _____

_____

2. say that on Wednesday your brother got sick and that he had to go to the clinic? _____

_____

3. say that you took a trip to Russia in May of 1999? _____

_____

4. ask a classmate if he likes winter weather? _____

_____

5. say that during the summer you got up every day at 11 A.M.? _____

_____

6. say that next week one of your instructors is going to a conference in Irkutsk? _____

_____

7. say that one of the greeting cards is from your Russian language instructor? _____

_____

Ва́ша о́чередь!

M. Answer the following questions.

1. Когда́ ты роди́лся (родила́сь)? _____

   _____

2. Когда́ у вас в университе́те начина́ются зи́мние кани́кулы? А ле́тние кани́кулы? ____

   _____

3. У вас в университе́те есть весе́нние кани́кулы? Когда́? _____

   _____

4. Когда́ ты поступи́л (поступи́ла) (*enrolled*) в университе́т? _____

   _____

5. Како́е твоё люби́мое вре́мя го́да? Почему́? _____

   _____

6. Когда́ сле́дующая контро́льная по ру́сскому языку́? _____

   _____

7. Каки́е цветы́ тебе́ бо́льше нра́вятся — маргари́тки и́ли и́рисы? _____

   _____

8. Когда́ у вас пра́зднуют день Незави́симости (*Independence*)? А день свято́го Валенти́на (*St. Valentine's Day*)? _____

   _____

Сочине́ние

H. Write a short paragraph (seven or eight sentences) about your life. Ideas: Tell when you and your siblings were born, when you started going to school, when you finished, when you enrolled (**поступи́ть**) at the university, when and to where you have traveled.

_____

_____

_____

_____

_____

_____

_____

_____

РАБОТА В ЛАБОРАТОРИИ

ДИАЛОГИ

Диалог 1 У вас в Америке празднуют. . . ? (Discussing cultural differences)

АА.   Follow along as you listen to the dialogue.

ИГОРЬ.   Скажи, Тед, у вас в Америке празднуют 8 Марта?
ТЕД.   Нет. У нас такого праздника нет.
ИГОРЬ.   Жаль. А у вас есть какой-нибудь праздник, когда дети поздравляют своих мам?
ТЕД.   Да, конечно. У нас есть праздник День Матери.
ИГОРЬ.   А когда его празднуют?
ТЕД.   Во второе воскресенье мая.

- Now read and repeat aloud in the pause after each phrase.
- Now read the lines for Ted aloud.
- Now read the lines for Igor aloud.

1. What American holiday does Ted compare to March 8?

_____

2. Why does he make this comparison?

_____

Диалог 2 Подарите ей. . . (Asking for advice on presents)

ББ.   Follow along as you listen to the dialogue.

МУЖЧИНА.   Мне очень нужен хороший подарок к 8-ому Марта. Что вы посоветуете (*suggest*)?
ПРОДАВЩИЦА.   Для какого возраста (*age*)?
МУЖЧИНА.   Как вам сказать? Я думаю, что ей лет сорок пять, но она говорит, что ей тридцать шесть.
ПРОДАВЩИЦА.   А что она говорила в прошлом году?
МУЖЧИНА.   Она говорила, что ей тридцать шесть. Она уже несколько лет говорит, что сй тридцать шесть.
ПРОДАВЩИЦА.   Тогда подарите ей вот эту книгу. У неё хорошее название: «Женщина без возраста».

- Now read and repeat aloud in the pause after each phrase.
- Now read the lines for the sales clerk aloud.
- Now read the lines for the man aloud.

1. How would you translate the title of the recommended book?

_____

2. Why is this an appropriate present for the woman in question?

_____

АУДИРОВАНИЕ

ВВ.   You will hear a short conversation between two people. Listen carefully and answer the questions below.

1. What holiday are the speakers discussing?

   _____

2. Why does the second speaker like the holiday?

   _____

3. How is the occasion celebrated at work?

   _____

ГГ.   Your Russian classmate has been working on his family's genealogy. As he tells you some of his most recent birthdate entries, match the person with the corresponding date. The first one has been done for you.

1. ___и___ Grandmother (mother's mother)   а. 2.IV.1931

2. _____ Grandfather (mother's father)   б. 17.IX.1936

3. _____ Aunt Dusya (grandmother's sister)   в. 21.VII.1937

4. _____ Uncle Sasha (grandmother's brother)   г. 8.VIII.1937

5. _____ Aunt Zina (grandfather's sister)   д. 15.III.1938

6. _____ Uncle Alyosha (grandfather's brother) е. 9.II.1939

7. _____ Grandmother (father's mother)   ж. 2.II.1941

8. _____ Grandfather (father's father)   з. 25.III.1941

9. _____ Uncle Vanya (grandfather's brother)   ~~и. 2.IV.1943~~

ДД.   Vera Nikolaevna is the director of a Russian school. Listen as she tells about the many things that she is doing or helping organize. Match the given times with the corresponding activities. The first one has been done for you.

1. ___и___ on Wednesday   а. four teachers arrive from Italy

2. _____ on Thursday   б. German school kids leave

3. _____ a week from Friday   в. evening party for all the school kids

4. _____ 12 March   г. going to Petersburg with German school kids

5. _____ 15 March   д. 10th grade leaves for Arkhangelsk

6. _____ 20 March   е. attending conference in Petersburg

7. _____ 30 March   ж. going to Chicago

8. _____ in April   з. going to Vladimir with German school kids

9. _____ in May   ~~и. general meeting of teachers~~

10. _____ in June   к. group of school kids arrives from Germany

ГОВОРЕНИЕ

EE. How would you say when these famous people were born?

> ОБРАЗЕЦ: *You hear:* Алекса́ндр Серге́евич Пу́шкин – seventeen ninety-nine
> *You see:* Алекса́ндр Серге́евич Пу́шкин – 1799
> *You say:* Алекса́ндр Серге́евич Пу́шкин роди́лся в ты́сяча семьсо́т девяно́сто девя́том году́.

1. Екатери́на II (Втора́я) – 1729
2. Джордж Вашингто́н – 22.II.1732
3. Фло́ренс На́йтингейл – 1820
4. Авраа́м Ли́нкольн – 12.II.1809
5. Фёдор Миха́йлович Достое́вский – 1821
6. Лев Никола́евич Толсто́й – 28.VIII.1828
7. Инди́ра Га́нди – 1917
8. Джон Ке́ннеди – 29.V.1917

ЖЖ. Answer each of the questions you hear by saying that one of your sisters, brothers, friends, etc. does or did the activity in question.

> ОБРАЗЕЦ: *You hear:* Твои́ бра́тья бы́ли в Росси́и?
> *You see:* (*one of your brothers*)
> *You say:* Оди́н из мои́х бра́тьев был в Росси́и.

1. (*one of your neighbors*)
2. (*one of your sisters*)
3. (*one of your dogs*)
4. (*one of your* [respond with a form of **наш**] *instructors*)
5. (*one of your friends*)

33. Your Russian classmates often ask you when you did or are doing certain activities. How would you express the following times to them in Russian?

> ОБРАЗЕЦ: *You hear and see:* (*On Tuesday, September 3.*)
> *You say:* Во вто́рник, тре́тьего сентября́.

1. (*On Friday, November 20.*)
2. (*On May 27, 1993.*)
3. (*In August 1997.*)
4. (*On January 1, 2004.*)
5. (*On Sunday, April 6.*)
6. (*On July 4, 1989.*)
7. (*In March 1975.*)
8. (*On December 16, 2001.*)

ЧАСТЬ ВТОРАЯ
Пода́рок к 8 ма́рта

РАБОТА ДОМА

ПИСЬМО

Понима́ние те́кста

А. Review the reading on page 300 of your textbook. Then mark the following sentences with **В** (**ве́рно**), true, or **Н** (**неве́рно**), false. If a statement is incorrect, underline the false information, and write the correction on the line given.

1. _____ Са́ша и ба́бушка ждут де́душку. _____

2. _____ В магази́не «Посу́да» продава́ли ча́йные серви́зы. _____

3. _____ В о́череди стоя́ли одни́ мужчи́ны. _____

4. _____ Де́душка не понима́ет, заче́м ба́бушке ну́жен кофе́йный набо́р. _____

5. _____ Ба́бушка и де́душка лю́бят пить ко́фе. _____

6. _____ В кофе́йном набо́ре бы́ло шесть ча́шек с блю́дцами. _____

7. _____ Са́ша хо́чет кофе́йный набо́р для себя́. _____

8. _____ Ба́бушка даёт набо́р Са́ше. _____

Почему́ vs. заче́м

Б. Fill in the blanks with correct Russian word for *why,* either **почему́** or **заче́м.**

ОБРАЗЕЦ: Ты е́дешь в Я́лту? _Заче́м_ тебе́ зи́мнее пальто́? Ведь на ю́ге (*south*) всегда́ тепло́.

1. — _____ ты звони́шь ма́ме?

   — Я хочу́ знать, как она́ гото́вит пирожки́.

2. _____ ходи́ть по магази́нам, е́сли нет де́нег?

3. — Мы все идём на като́к. _____ ты не хо́чешь пойти́ с на́ми?

   — Я себя́ пло́хо чу́вствую.

4. — _____ ты изуча́ешь францу́зский, а не неме́цкий язы́к?

   — Потому́ что моя́ ба́бушка из Фра́нции.

5. _____ ты покупа́ешь зо́нтик? Ведь у тебя́ уже́ два зо́нтика до́ма.

Adjectives as nouns and adjectival surnames

B. Fill in the blanks with the correct form of the following words.

бу́лочная (*bakery*)	знако́мый	са́мое гла́вное
гости́ная	контро́льная	пиро́жные
ру́сский	шампа́нское	~~столо́вая~~

ОБРАЗЕ́Ц: Проходи́те в ___столо́вую___ , сейча́с бу́дем у́жинать.

1. Мой _____ е́здил в Москву́ и ви́дел в Большо́м теа́тре бале́т «Спарта́к».

2. У меня́ сего́дня день рожде́ния, бу́дут го́сти. Я купи́л три буты́лки _____.
   Как ты ду́маешь, хва́тит?

3. Мне так сты́дно, что я пло́хо написа́л _____.

4. На симпо́зиуме бы́ло мно́го _____.

5. У вас в _____ о́чень краси́вая ме́бель.

6. Сейча́с мы расска́жем тебе́ _____ — ба́бушка выхо́дит за́муж.

7. В ва́шей _____[a] продаю́т то́лько хлеб и́ли

   _____[b] там то́же есть?

Г. Fill in the blanks with the correct form of the names given in parentheses.

ОБРАЗЕ́Ц: Вы чита́ли балла́ду[†] Жуко́вского (Жуко́вский) «Светла́на»?

1. Я сейча́с слу́шаю курс по ру́сской литерату́ре. Мы чита́ем _____

   (Маяко́вский) и _____ (Петруше́вская).

2. Тебе́ нра́вится му́зыка _____ (Страви́нский)?

3. Мне осо́бенно нра́вится ру́сская литерату́ра 19-ого ве́ка — рома́ны

   _____ (Достое́вский) и _____ (Толсто́й).

4. В музе́е мы ви́дели карти́ны ру́сского худо́жника (*artist*) _____
   (Канди́нский).

5. Влади́мир _____ (Высо́цкий) — оди́н из са́мых популя́рных ру́сских
   певцо́в (*singers*).

6. Ты когда́-нибудь чита́ла расска́зы Татья́ны _____ (Толста́я)?

7. Мы о́чень лю́бим о́перу _____ (Му́соргский) «Бори́с Годуно́в».

Motion verbs with <по + Dative>

Д. Use the preposition «**по**» to tell where you have been in your travels or where you will be! Choose from the words below.

Вашингтóн ~~гóрод~~

Калифóрния   магазины

Орегóн   улицы Москвы

музéи

Эрмитáж

Еврóпа

ОБРАЗÉЦ: Когдá я жилá в Чикáго, я чáсто ходи́ла __по гóроду__ и всегдá ви́дела чтó-нибудь нóвое и интерéсное.

1. В прóшлом годý мы с Вéрой и Натáшей éздили _____. Мы бы́ли в Гермáнии, во Фрáнции, в Áнглии и в Росси́и.

2. В Пари́же я мнóго ходи́ла _____. Я купи́ла себé блýзки, ю́бки, тýфли и ещё мнóго всегó.

3. Мне не óчень понрáвилось ходи́ть _____ в Лóндоне. Вообщé меня́ óчень интересýют стари́нные (*ancient*) вéщи, но у меня́ всегдá боля́т нóги.

4. Мы три дня ходи́ли _____. Мы ви́дели Кремль, Крáсную плóщадь, Нóвый и Стáрый Арбáт, зоопáрк.

5. Когдá мы бы́ли в Петербýрге, мы цéлый день ходи́ли _____.

6. Лéтом мы поéдем в Амéрику. Мы цéлый мéсяц бýдем éздить по зáпадным (*western*) штáтам:

_____, _____ и

_____.

Use of the Dative case: Summary

E. Fill in the blanks of the following story with the correct Dative-case form of the words in parentheses. Then identify the reason for the use of the Dative case: (1) to show the recipient of something, (2) in certain impersonal expressions, (3) with certain prepositions, (4) when expressing age, and (5) other constructions. Refer to page 306 in your textbook for further clarification of the uses. The first one has been done for you.

Через неде́лю у нас в семье́ пра́здник. Мы идём к __на́шей ба́бушке__ (3) (на́ша ба́бушка) на день

рожде́ния. _____( )¹ (Она́) бу́дет 80 лет. Но мы ещё ничего́

_____( )² (она́) не купи́ли. Па́па сказа́л, что в на́шем райо́не откры́лся

но́вый ры́нок, где мо́жно купи́ть всё, что хо́чешь, и мы реши́ли в суббо́ту туда́ пое́хать.

По _____( )³ (доро́га) мы ду́мали, что лу́чше подари́ть

_____( )⁴ (ба́бушка). Мой мла́дший брат Лёша предложи́л купи́ть лы́жи.

«_____( )⁵ (Я) ка́жется, — сказа́л па́па, — что

_____( )⁶ (А́нна Степа́новна) тако́й пода́рок не о́чень понра́вится».

«Действи́тельно, — сказа́л ста́рший брат Ви́тя, — _____( )⁷

(ста́рые лю́ди) лы́жи не нужны́». «На́ша ба́бушка совсе́м не ста́рая, — отве́тила я

_____( )⁸ (Ви́тя). — Она́ вчера́ весь день ходи́ла по

_____( )⁹ (магази́ны), принесла́ три килогра́мма карто́шки, мя́со, хлеб,

пригото́вила у́жин, а ве́чером игра́ла с Лёшей в футбо́л».

Когда́ мы пришли́ на ры́нок, _____( )¹⁰ (мы) сра́зу там понра́вилось.

На ры́нке бы́ло всё: цветы́, проду́кты, сувени́ры… Мы подошли́ к _____( )¹¹

(челове́к), кото́рый продава́л посу́ду. «Покупа́йте ча́шки! Краси́вые ча́шки — лу́чший пода́рок

_____( )¹² (родны́е [relatives] и

знако́мые)!» «Таку́ю ча́шку на́до купи́ть _____( )¹³ (тётя Ли́да)», — сказа́л

па́па _____( )¹⁴ (ма́ма). «Покупа́йте лотере́йные биле́ты! Мо́жет быть,

_____( )¹⁵ (вы и́ли ва́ши знако́мые)

повезёт!» Мы купи́ли ча́шку, биле́ты, пото́м мы купи́ли _____( )¹⁶ (дя́дя

И́горь) набо́р откры́ток, _____( )¹⁷ (Ива́н Анто́нович) — со́товый телефо́н

(*cell phone*), а _____( )¹⁸ (на́ша сосе́дка) каку́ю-то кни́гу. Че́рез два часа́

Лёша сказа́л, что _____( )¹⁹ (он) ску́чно и жа́рко. А у ма́мы ко́нчились

де́ньги. А пода́рок для ба́бушки? _____( )²⁰ (Мы) ста́ло сты́дно. «Я у́тром

куплю́ _____( )²¹ (она́) цветы́», — сказа́л па́па.

Ж. Flowers are one of the most common presents given for the March 8 holiday. Below are the introductory paragraphs of an article about a type of flower that was not mentioned in your textbook—sunflowers. The article, «Со́лнечные (*sun*) буке́ты», is from the magazine *Мой мир*. Read through the following questions, then scan the title, subtitle, and article for the answers.

Со́лнечные буке́ты

Сияющий подсолнух — самый красивый символ веселого лета

Лучистые золотые цветы — примета лета. С июля до сентября подсолнухи радуют глаз своими огромными жизнерадостными соцветиями. Летняя роскошь звучит даже в названиях этих гигантских цветов — "Солнечный цветок", "Невеста солнца", "Солнечный глаз" и "Солнечная шляпа" цветут желтым, а новые сорта бывают даже красноватыми. Они одинаково хорошо чувствуют себя в саду и на балконе.

Подсолнухи можно ставить и в вазы. Они простоят примерно две недели. Нужно только ненадолго опустить свежесрезанные концы в кипяток. На балконе и террасе растениям нужно солнечное место. Высокие сорта, несмотря на крепкий стебель, необходимо подвязывать к палочке. Подсолнухам нужны обильный полив и еженедельная подкормка.

Для сада выведено множество сортов. "Солнечная невеста" имеет особенно богатую цветовую палитру, вплоть до темно-красного и коричневого. Сорта "Цветочный стол" (желтые) и "Кримсон бьюти" (красно-коричневые) цветут с июля. "Солнечный глаз" ярко-желтого цвета. Его самый низкорослый вариант — "Солнечный карлик", а "Марс", напротив, очень высокий. "Солнечная шляпа" особенно популярна благодаря своей неприхотливости. Его вариант "Золотая буря" темно-коричневый в середине.

Подсолнух завезен в Европу из Южной Америки. Древние инки считали этот яркий цветок символом бога солнца. Самые высокие экземпляры могут достигать 4 метров, а диаметр цветов — до 50 см.

1. In the subtitle the author says that sunflowers are a symbol of what? _____

2. What is the Russian word for *sunflower* (see subtitle and first paragraph)? _____

3. According to the first paragraph, during which months are sunflowers generally in bloom?

_____

4. What are the Russian names given in the same paragraph of four variants of the flower? How would you translate these names into English? (**неве́ста** = *fiancée, bride*)

    а. _____   _____

    б. _____   _____

    в. _____   _____

    г. _____   _____

5. Sunflowers are traditionally yellow. What color is a new variant of sunflower? _____

6. According to information in the second paragraph, about how long will sunflowers keep in a vase?

_____

7. In the last paragraph, the author writes that sunflowers were brought to Europe from where?

_____

8. Which ancient people considered this flower a symbol of the sun god? _____

9. What height can sunflowers reach? _____ What diameter? _____

Перево́д

3. Translate the following dialogue into Russian.

"Seryozha, where have you been? I called several times, but you weren't home."
"I was shopping all day. At every store I had to stand in a long line."
"What did you buy?"
"I bought presents for March 8. I bought earrings for Nadya, French perfume for Mom, an umbrella for
    Grandma, and a book for Anna Sergeevna, our English instructor."
"Why did you buy her a present?"
"She's my favorite instructor."

_____

_____

_____

_____

_____

_____

_____

_____

_____

Повторе́ние — мать уче́ния

И. Following is a summary of the reading in Part 2. Fill in the blanks with words that maintain the context of the reading. You will have to change the form of some of the words. Use each word only once. The events are retold in the present tense, as they occur in the reading. Events that happen before the action of the reading will call for the corresponding past tense (marked with an asterisk*).

Де́душка Кругло́в и Са́ша _____,[1] потому́ что

ба́бушка опа́здывает на обе́д. Наконе́ц, она́ прихо́дит и объясня́ет, что случи́лось.

Когда́ ба́бушка шла домо́й, она́ _____[2]*

в магази́не «Посу́да» _____.[3]

Там стоя́ли _____[4] мужчи́ны. Они́ покупа́ли

кофе́йные набо́ры к _____[5] ма́рта. Ба́бушка то́же

_____[6]* в о́чередь и купи́ла набо́р.

Са́ша про́сит _____[7] дать

_____[8] э́тот набо́р. Он говори́т, что уже́ три дня

хо́дит по _____[9] и не мо́жет купи́ть хоро́ший пода́рок.

ба́бушка

волнова́ться

восьмо́й

магази́ны

оди́н

он

о́чередь

стать

уви́деть

Ситуа́ции

К. How would you . . .

1. ask a classmate why she's calling her brother? _____

_____

2. say that Maksim, the son of Professor Petrovsky, is sitting in the living room?

_____

_____

3. say that you drove around town for two hours? _____

_____

4. say that it's very hard for you to understand Russians when they speak Russian?

_____

_____

5. say that you called your parents last night? _____

_____

6. say that you and Vasilii went to your grandfather's on Tuesday? _____

_____

7. say that Sveta wanted to buy tickets for (**на** + Acc.) the rock concert and stood in line three hours?

_____

_____

8. say that you are worried about the history test? _____

_____

Ва́ша о́чередь!

Л. Answer the following questions.

1. Ты обы́чно но́сишь джи́нсы и футбо́лку? _____

_____

2. Где ты обы́чно обе́даешь? _____

3. Как ча́сто ты хо́дишь по магази́нам? _____

_____

4. Что ты да́ришь подру́гам? Перча́тки? Се́рьги? Ко́льца? _____

_____

5. Ты когда́-нибудь чита́л (чита́ла) Толсто́го? Достое́вского? Пу́шкина? _____

_____

6. Что тебе́ хо́чется де́лать ле́том? _____

7. Как тебе́ ка́жется, тру́дно занима́ться ру́сским языко́м? _____

_____

Сочинéние

M. Write a short paragraph (seven or eight sentences) about a present that you bought recently for a friend or family member. Ideas: What did you buy and for whom? What was the occasion? How long did you walk or drive around looking for it? Did you have to stand in a line? Did the person like the present?

_____

_____

_____

_____

_____

_____

_____

_____

_____

_____

РАБОТА В ЛАБОРАТОРИИ

ДИАЛОГИ

Диалог 1 Купи́ть хоро́ший пода́рок тру́дно (Planning for shopping)

AA. Follow along as you listen to the dialogue.

ОЛЕ́Г. Пётр, ты уже́ купи́л пода́рок Ка́те к 8 (восьмо́му) Ма́рта?
ПЁТР. Ещё нет. Я ника́к (*just*) не могу́ реши́ть, что ей купи́ть.
ОЛЕ́Г. Но до 8 (восьмо́го) Ма́рта оста́лся то́лько оди́н день!
ПЁТР. Ничего́. Сего́дня я бу́ду ходи́ть по магази́нам. Мо́жет быть, я куплю́ ей францу́зские духи́ (*perfume*). А за́втра у́тром я пойду́ на ры́нок и куплю́ ей цветы́.
ОЛЕ́Г. Но францу́зские духи́ — э́то до́рого!
ПЁТР. Но ведь э́то для Ка́ти!

- Now read and repeat aloud in the pause after each phrase.
- Now read the lines for Pyotr aloud.
- Now read the lines for Oleg aloud.

1. What is Pyotr not able to decide?

_____

2. Why is he not concerned about the prices?

_____

Диалог 2 Интере́сно, где Ди́ма (Planning for shopping)

ББ. Follow along as you listen to the dialogue.

МА́ША. Интере́сно, где Ди́ма. Он до́лжен был верну́ться два часа́ наза́д.

ВА́ЛЯ. Заче́м он тебе́ ну́жен?

МА́ША. Он обеща́л, что мы бу́дем ходи́ть по магази́нам сего́дня днём. Мне на́до купи́ть пода́рки.

ВА́ЛЯ. Вы бу́дете стоя́ть в о́череди в ка́ждом магази́не, потому́ что сего́дня все покупа́ют пода́рки к 8 (восьмо́му) Ма́рта.

- Now read and repeat aloud in the pause after each phrase.
- Now read the lines for Valya aloud.
- Now read the lines for Masha aloud.

Rewrite the first two lines of the dialogue so that the speakers are talking about Lara rather than Dima.

МА́ША. _____

ВА́ЛЯ. _____

АУДИ́РОВАНИЕ

ВВ. You will hear a short dialogue between a husband and a wife. Listen to it and answer the questions below.

1. For whom did the wife buy the present? _____

2. Why did she buy it? _____

3. For whom did the husband think she had bought the present? _____

4. Was the wife's purchase needed? Why or why not? _____

ГГ. For each question that you hear, choose the most appropriate response. The first one has been done for you.

1. _____ Нет, я их купи́ла ба́бушке к 8 Ма́рта.

2. _____ Обяза́тельно. Но мне ещё ну́жно купи́ть откры́тку.

3. _____ К ба́бушке.

4. _____ Ему́ всегда́ везёт!

5. ___a___ Мы три неде́ли е́здили по Фра́нции.

6. _____ Ходи́ть по магази́нам.

7. _____ Тёте Зи́не.

ДД. Marina has been snooping around to see what presents her friends will be receiving from their boyfriends for March 8. As she tells her mother what she found out, match each girl's name with the present she will be receiving. The first one has been done for you.

1. ___г___ Vika   а. earrings
2. _____ Tanya   б. ring
3. _____ Zina   в. umbrella
4. _____ Sonya   ~~г. tea service~~
5. _____ Dasha   д. coffee set
6. _____ Natasha   е. kerchief

ГОВОРЕНИЕ

ЕЕ. Answer the questions you hear with the cued response.

> ОБРАЗЕЦ: *You hear:*   Где твои родители?
> *You see:*   (*In the dining room.*)
> *You say:*   В столовой.

1. (*A term paper.*)
2. (*No, a bottle of champagne.*)
3. (*No, just* [**просто**] *an acquaintance.*)
4. (*And a lot of tasty pastries.*)
5. (*No, he's Russian.*)

ЖЖ. Using the verbs **ходить** and **ездить**, how would you say that the given people or animals were walking or driving around the following locations for the given amount of time?

> ОБРАЗЕЦ: *You hear and see:*   бабушка с внуком — целый час — улица
> *You say:*   Бабушка с внуком целый час ходили по улице.

1. мы — пять часов — магазины
2. собака — двадцать минут — кухня
3. туристы — три часа — музей
4. мы с друзьями — два месяца — Европа
5. наша семья — три недели — Германия

33. Your classmate really doesn't know what she is talking about. For every situation she mentions, you disagree about the person involved.

> ОБРАЗЕЦ: *You hear:*   Вере хочется поехать в Америку.
> *You see:*   (Алла)
> *You say:*   Нет, не Вере, а Алле.

1. (Сергей)
2. (Наталья Борисовна)
3. (Анатолий Владимирович)
4. (Миша)
5. (Галина)

ЧАСТЬ ТРЕТЬЯ
Пода́рок купи́ть всегда́ нелегко́

РАБОТА ДОМА

ПИСЬМО

Понима́ние те́кста

A. Review the reading on pages 312–313 of your textbook. Then answer the following questions.

1. Куда́ иду́т Во́ва и Пе́тя, когда́ они́ встреча́ют Джи́ма?

   _____

   _____

2. Что ма́льчики несу́т?

   _____

3. Ско́лько девчо́нок у них в кла́ссе?

   _____

4. Где они́ купи́ли цветы́?

   _____

5. Ле́на лю́бит ро́зы и́ли гвозди́ки?

   _____

6. Како́го цве́та (*What color*) тюльпа́ны у Во́вы?

   _____

7. Каки́е цветы́ доро́же — ро́зы и́ли тюльпа́ны?

   _____

8. Кому́ весь день не везёт? Почему́?

   _____

   _____

9. Кто предлага́ет Джи́му помо́чь купи́ть пода́рок?

   _____

10. Как вы ду́маете, кому́ Джим хо́чет купи́ть пода́рок?

   _____

The conditional-hypothetical mood: Éсли бы я знал...

Б. Very often you think something will happen a certain way, but you cannot always be sure. The following sentences express definite future plans or hopes. Rewrite them to reflect hypothetical situations: how life would be if only things were different!

ОБРАЗЕЦ: Éсли Игорь мне поможет, мы всё сделаем за два часа.

Éсли бы Игорь мне помог, мы бы всё сделали за два часа.

1. Éсли Митя научится водить машину, мы летом поедем в Киев. _____

_____

2. Éсли вы купите сыр, я приготовлю пиццу. _____

_____

3. Éсли Билл будет хорошо говорить по-русски, ему будет легче найти интересную работу.

_____

_____

4. Éсли у нас будет время, мы пойдём в музей. _____

_____

5. Éсли у Толи будут деньги, он купит новый компьютер. _____

_____

6. Éсли они будут говорить правду, то у них не будет никаких проблем. _____

_____

В. What might you say in each of the following situations?

ОБРАЗЕЦ: Вы были в магазине и купили молоко. Вы не знали, что дома нет хлеба.

Éсли бы я знал, что дома нет хлеба, я бы купил хлеб тоже.

1. Коля должен был играть в футбол в финальном матче. Он лучший футболист, но он не пришёл.

Его команда проиграла. _____

_____

2. В университете показывали новый документальный фильм о России. Вы опоздали и не посмотрели

этот интересный фильм. _____

_____

3. Вас пригласили в гости. Когда вы пришли, вы узнали, что у хозяйки день рождения. А вы не

принесли подарок. _____

_____

4. Вы давно хотели купить кошку или собаку. Вы купили кошку — и через три дня узнали, что у вас

аллергия[†] на кошек, зато нет аллергии на собак. _____

_____

Г. How would you complete the following sentences about your own wishes?

1. Если бы у меня́ бы́ло мно́го де́нег, _____

2. Если бы я жил (жила́) в Росси́и, _____

3. Если бы у меня́ была́ хоро́шая, но́вая маши́на, _____

4. Если бы у нас не́ было заня́тий сего́дня, _____

5. Если бы я обе́дал (обе́дала) с президе́нтом США, _____

6. Если бы я был (была́) преподава́телем, _____

Asking for suggestions or advice: Что мне де́лать?

Д. Advice sometimes differs. What kind of advice do you think Dima would get from his grandmother and his friends in the following situations? Follow the example, using one question with a <Dative + infinitive> construction and one statement with a <**на́до** (or **ну́жно**) + infinitive> construction.

ОБРАЗЕЦ: ДИ́МА.   У меня́ боли́т го́рло.

                    БА́БУШКА.   <u>Мо́жет быть, тебе́ пойти́ к врачу́?</u>

                    ВА́НЯ.   <u>Тебе́ на́до вы́пить во́дки.</u>

1.   ДИ́МА.   Я не зна́ю, что купи́ть мое́й де́вушке к 8 Ма́рта.

        БА́БУШКА. _____

        ПЕ́ТЯ. _____

2.   ДИ́МА.   Я пригласи́л друзе́й на у́жин, но не зна́ю, что пригото́вить.

        БА́БУШКА. _____

        О́ЛЯ. _____

3.   ДИ́МА.   Меня́ пригласи́ли в го́сти америка́нские студе́нты. Что мне принести́?

        БА́БУШКА. _____

        ФЕ́ДЯ. _____

4.   ДИ́МА.   У мое́й подру́ги за́втра день рожде́ния. Что ей подари́ть?

        БА́БУШКА. _____

        СТЁПА. _____

5.   ДИ́МА.   Меня́ пригласи́ли в кино́, а я не хочу́ идти́. Что мне сказа́ть?

        БА́БУШКА. _____

        И́РА. _____

reVERBerations: пóльзоваться

E. Which of the pictured items below would you use in each of the given situations? Insert the correct form of the verb **пóльзоваться** as well as the correct form of the used item. The first one has been done for you.

ОБРАЗЕ́Ц: На́ша кварти́ра всегда́ чи́стая. Ба́бушка лю́бит ___пóльзоваться пылесо́сом___.

1. Де́вушки в на́шей гру́ппе покупа́ют францу́зские духи́ и _____ дорого́й

   _____.

2. Я не уме́ю води́ть маши́ну. Я всегда́ _____

   _____.

3. Мы ча́сто _____ _____. Почти́ ка́ждый день

   у нас идёт дождь.

4. Светла́на Ю́рьевна живёт на седьмо́м этаже́ но никогда́ не _____

   _____.

5. Михаи́л не уме́ет гото́вить и в ку́хне _____ то́лько

   _____.

Перево́д

Ж. Translate the following dialogue into Russian.

"Where did you buy such lovely flowers?"
"At the market."
"Really? (**Ра́зве?**) I didn't know that you can buy flowers at the market. I need a gift for Natasha. I was shopping all day but couldn't find anything. If I had known, I'd have gone to the market, too."
"You can go there tomorrow. The market opens (**начина́ет рабо́тать**) early."
"Good idea. It's better I give her flowers than makeup."

_____

_____

_____

_____

_____

_____

Повторе́ние — мать уче́ния

3. Following is a summary of the reading in Part 3. Fill in the blanks with words that maintain the context of the reading. You will have to change the form of some of the words. You will have to use one word twice. The events are retold in the present tense, as they occur in the reading.

Джим встреча́ет Во́ву и его́ дру́га Пе́тю _____¹ у́лице. Ма́льчики спеша́т в шко́лу. Они́ бегу́т с _____,² где они́ купи́ли цветы́ для учи́тельницы и для всех _____³ у них в _____.⁴ Джим то́же хо́чет купи́ть для свое́й _____⁵ краси́вые цветы́, но он их _____⁶ не мо́жет найти́ в магази́нах. Он спра́шивает ма́льчиков, где _____⁷ найти́ краси́вые цветы́. Во́ва и Пе́тя сове́туют Джи́му всегда́ покупа́ть цветы́ на _____⁸ и́ли во́зле _____.⁹ Во́ва ещё сове́тует Джи́му купи́ть ро́зы. Он ду́мает, что Джим покупа́ет цветы́ для его́ _____¹⁰ Ле́ны.	де́вушка девчо́нка класс метро́ ника́к он на ры́нок сестра́

Ситуа́ции

И. How would you . . .

1. say you would study more if you had the time? _____

_____

2. say that your aunt uses only French perfume and makeup? _____

_____

3. say that you are going to Zina's birthday and ask what you should buy? _____

_____

4. say that if your aunt gave you a violet-colored umbrella, you wouldn't use it?

_____

_____

5. say you want to extend greetings to Natalya Viktorovna for the 8th of March and ask

what you should buy her? _____

_____

6. say that if today there were no classes, you would go to the market? _____

_____

Ваша о́чередь!

К. Answer the following questions.

1. Что бы ты купи́л (купи́ла), е́сли бы тебе́ подари́ли ты́сячу до́лларов? _____

_____

2. Чем ты ча́сто по́льзуешься в ку́хне? То́стером? Ми́ксером? Микроволно́вой пе́чью? _____

_____

3. Кому́ ты говори́шь комплиме́нты? Каки́е комплиме́нты ты говори́шь? _____

_____

4. Америка́нские де́вушки ча́сто по́льзуются косме́тикой? Духа́ми? _____

_____

5. В како́й стране́ ты хоте́л (хоте́ла) бы жить? Почему́? _____

_____

6. Каки́е пода́рки ты покупа́ешь друзья́м на день рожде́ния? _____

_____

Сочине́ние

Л. Write a short paragraph (seven or eight sentences) about what your life would be like if you were studying at a Russian university. Ideas: Where would you live? In what department would you study? Would you go to classes every day? What would you eat and drink? Would you work? Would you walk around the city often? Would you use public transportation?

_____

_____

_____

_____

_____

_____

_____

_____

_____

РАБОТА В ЛАБОРАТОРИИ

ДИАЛОГИ

Диалог 1 Цветы́ мо́жно купи́ть во́зле метро́ (Asking for advice about where to buy something)

АА.   Follow along as you listen to the dialogue.

АЛЁША.   Каки́е краси́вые цветы́! Где ты их купи́л?
ТО́ЛЯ.   На ры́нке.
АЛЁША.   Мне то́же ну́жно купи́ть цветы́, но я не могу́ пое́хать на ры́нок. Нет вре́мени. Что де́лать?
ТО́ЛЯ.   Цветы́ мо́жно купи́ть во́зле метро́. Во́зле на́шей ста́нции метро́ всегда́ продаю́т цветы́. Но э́то до́рого — доро́же, чем на ры́нке.
АЛЁША.   Зато́ бы́стро.

- Now read and repeat aloud in the pause after each phrase.
- Now read the lines for Tolya aloud.
- Now read the lines for Alyosha aloud.

Which two places are mentioned where one can buy flowers?

1. _____

2. _____

Диалог 2 Э́то тебе́ цветы́ (Extending holiday greetings)

ББ.   Follow along as you listen to the dialogue.

СЕРЁЖА.   Здра́вствуй, Га́ля! С пра́здником! Э́то тебе́ цветы́.
ГА́ЛЯ.   Спаси́бо, Серёжа. Каки́е краси́вые! Я их сра́зу поста́влю в во́ду. Е́сли бы я зна́ла, что ты придёшь, я пригото́вила бы торт. Проходи́ в ку́хню, мы бу́дем пить чай.
СЕРЁЖА.   Спаси́бо, с удово́льствием. Слу́шай, Га́ля, тебе́ нра́вятся италья́нские фи́льмы?
ГА́ЛЯ.   О́чень. А что?
СЕРЁЖА.   В «Росси́и» идёт но́вый италья́нский фильм. Я о́чень хочу́ посмотре́ть его́. Хо́чешь пойти́?
ГА́ЛЯ.   С удово́льствием. Когда́ ты хо́чешь пойти́? К сожале́нию, я сего́дня и за́втра о́чень занята́.
СЕРЁЖА.   Мо́жет быть, в сле́дующую суббо́ту?
ГА́ЛЯ.   Отли́чно!

- Now read and repeat aloud in the pause after each phrase.
- Now read the lines for Galya aloud.
- Now read the lines for Seryozha aloud.

1. What would Galya have done if she had known that Seryozha were coming by?

_____

2. What does Seryozha invite Galya to?

_____

3. When will they go?

_____

АУДИРОВАНИЕ

ВВ. You will hear a short dialogue. Listen to it and answer the questions below.

1. What is the man's mood? _____

2. Why does he feel that way? _____

3. What suggestion does the woman make? _____

4. What is the man's reaction? _____

ГГ. Your friends have come to you for help. Choose the most appropriate advice for each of them from the list below.

ОБРАЗЕЦ: Скóро бýдет 8 Мáрта. Что мне купи́ть Гáле?

1. _____ Тебé нáдо купи́ть емý кни́гу по францýзской истóрии.

2. _____ Тебé нáдо позвони́ть сестрé. Ты ведь сказáла, что онá хорошó готóвит.

3. _____ Тебé нáдо пить чай с мёдом.

4. _____ Тебé нáдо почитáть интерéсный ромáн и́ли какóй-нибудь журнáл.

5.   Об.   Тебé нáдо купи́ть ей шоколáд и цветы́. Онá óчень лю́бит маргари́тки.

6. _____ Тебé нáдо позвони́ть Алексéю. Он отли́чник (*excellent student*) и всегдá всё знáет.

7. _____ Тебé нáдо принести́ шоколáд и́ли буты́лку шампáнского.

ДД. You will hear a series of *if* clauses, for example: "If I have the time"; "If I spoke Italian." For each clause that you hear, choose the most appropriate completion.

ОБРАЗЕЦ: Éсли Валéрий мне подари́т тéннисную ракéту,

1. _____ мы бы ходи́ли кáждую суббóту по магази́нам.

2. _____ я бы не так боя́лся экзáмена.

3. _____ я бýду учи́ться лéтом за грани́цей.

4. _____ я бы поéхала в Петербýрг.

5.   Об.   мы с ним бýдем игрáть в тéннис кáждое ýтро.

6. _____ мы обязáтельно поздрáвим её с днём рождéния.

7. _____ я бы всегдá носи́л егó с собóй.

ГОВОРЕНИЕ

EE. Don't many of us often wish we had something we don't? How would you express that about each of the given items?

ОБРАЗЕЦ: *You hear and see:* (*a greeting card*)
You say: Éсли бы у меня была поздравительная открытка!

1. (*a new tennis racket*)
2. (*a gold ring*)
3. (*a good coffee set*)
4. (*a credit card*)
5. (*Russian candy*)
6. (*a new teapot*)

ЖЖ. Use <Dative case + infinitive> to express the following questions. All but the first two will use the perfective aspect of the verb.

ОБРАЗЕЦ: *You hear and see:* (*What should I buy?*)
You say: Что мне купить?

1. (*What should I do?*)
2. (*Why should I worry?*)
3. (*Where should we eat lunch?*)
4. (*What should I say?*)
5. (*Where should we go [drive]?*)
6. (*What should I prepare?*)
7. (*What should we bring?*)

33. How would you say that the given person often uses the indicated item?

ОБРАЗЕЦ: *You hear:* моя сестра
You see: (*makeup*)
You say: Моя сестра часто пользуется косметикой.

1. (*the bus*)
2. (*the washing machine*)
3. (*the library*)
4. (*glasses*)
5. (*an umbrella*)
6. (*public [city] transportation*)

ЧАСТЬ ЧЕТВЁРТАЯ
С праздником!

РАБОТА ДОМА

ПИСЬМО

Понимание текста

А. Review the reading on pages 322–324 of your textbook. Then match the following sentence halves.

1. Наталья Ивановна смотрит в окно и _____
2. Вова думает, что Джим _____
3. Виктор дарит Лене и Наталье Ивановне _____
4. Джим идёт _____
5. Джим дарит Тане _____
6. Света будет дома _____
7. Татьяна Дмитриевна на кухне _____
8. Илья Ильич хотел сделать Татьяне Дмитриевне _____

а. цветы и конфеты.
б. через двадцать минут.
в. розы и кофейный набор.
г. оригинальный подарок.
д. идёт к Лене.
е. готовит закуски.
ж. видит Джима.
з. в квартиру № 7.

Verbs of placement

Б. Lyudmila Petrovna is thinking about how she will arrange her living room. Use the picture below to help you choose among the verbs **поставить, положить,** and **повесить.** Then fill in the blanks of the following sentences with the correct perfective future form of the appropriate verb. One of the answers is given for you.

Ковёр, конечно я <u>положу</u> на пол. Кресло я

_____[1] в угол, а диван

_____[2] в другой угол, около окна.

Телевизор я _____[3] на столик, перед

окном. Шкаф я _____[4] около двери,

а книжный шкаф между креслом и диваном. В шкаф я

_____[5] скатерть, салфетки, вилки,

ножи и ложки, а на книжные полки

_____,[6] конечно, все книги. Новую картину я

_____[7] над диваном, а часы _____[8] над креслом.

В. Four-year-old Masha is trying to help her mother by setting the table, but she gets things just a little mixed up. Where does she put things? Fill in the blanks with present-tense forms of the verbs **ставить, класть,** or **вешать.**

Снача́ла Ма́ша <u>ста́вит</u> таре́лку на стол, а под таре́лку она́

_____¹ ви́лку. На таре́лку она́

_____² бока́л, а в бока́л она́

_____³ нож. На нож она́

_____⁴ салфе́тку. Ря́дом с таре́лкой

Ма́ша _____⁵ блю́дце, а на блю́дце она́

_____⁶ ча́шку. В ча́шку она́

_____⁷ ло́жку.

Г. Newlyweds Galya and Grisha are moving into a new apartment. Galya has everything planned already, and she's giving orders to Grisha. Fill in the blanks in their conversation with the correct forms of the verbs **поста́вить** and **положи́ть** from the box below. The first one has been done for you.

клади́   положи́   положи́   положи́
поста́вь
поста́вь   положи́   поста́вь   поста́вь   положу́
поста́вим   ~~поста́вить~~   положу́

ГА́ЛЯ.   Осторо́жно, э́та коро́бка с посу́дой!

ГРИ́ША.   Куда́ её <u>поста́вить</u> ?

ГА́ЛЯ.   _____¹ на стол, а ковёр _____² на́ пол.

Кре́сло _____³ в у́гол.

ГРИ́ША.   А ва́зу? На ку́хню?

ГА́ЛЯ.   Нет, ва́зу _____⁴ на шкаф. Что в э́той су́мке?

ГРИ́ША.   Кни́ги. Дава́й я _____⁵ их на дива́н.

ГА́ЛЯ.   Нет, не на́до ничего́ класть на дива́н. _____⁶ кни́ги в кни́жный шкаф.

ГРИ́ША.   А что в той коро́бке?

ГА́ЛЯ.   Не по́мню, откро́й и посмотри́.

ГРИ́ША.   Ча́йный серви́з, кото́рый подари́ла твоя́ ма́ма.

ГА́ЛЯ.   Так. Ча́шки _____⁷ на стол, таре́лки то́же.

ГРИ́ША.   Но тут уже́ нет ме́ста. Мо́жет быть, мо́жно _____⁸ их пока́ на пол?

ГА́ЛЯ.   Хорошо́. Ой! Не _____⁹ ло́жки и ви́лки на́ пол!

_____¹⁰ их на стол на ку́хне.

ГРИ́ША.   А куда́ мы _____¹¹ телеви́зор?

ГА́ЛЯ.   О́коло окна́, на сто́лик. А здесь что?

ГРИ́ША.   Мои́ ве́щи: руба́шки, джи́нсы...

ГА́ЛЯ.   _____¹² свои́ ве́щи в шкаф на втору́ю по́лку.

Такóй же

Д. Your friends and relatives all seem to have the same or similar likes and often do the same things. Use the correct form of **такóй же** to express that in the following sentences.

ОБРАЗЕЦ: К 8 Мáрта Вáня купи́л Йре золоты́е сéрьги, а Ди́ма купи́л Лéне <u>таки́е же</u> сéрьги.

1. Тáня послáла мáме поздрави́тельную откры́тку, а её сестрá послáла ей

   _____ откры́тку.

2. Ди́ма купи́л своéй бáбушке нóвый платóк, и его брат купи́л ей _____
   платóк.

3. Мáша пóльзуется францýзской космéтикой, и Ви́ка пóльзуется _____
   космéтикой.

4. Вéра лю́бит фиáлки, и Натáша лю́бит _____ цветы́.

5. Дáша всегдá пьёт чай из своéй люби́мой чáшки из Гермáнии, и Сóня пьёт из

   _____ чáшки.

6. Бáбушка всегдá лечи́ла свою́ дочь домáшними срéдствами, и тепéрь э́та дочь лéчит свою́ мáленькую

   дóчку _____ срéдствами.

7. Дéдушке óчень нрáвится холодная погóда, и пáпе тóже нрáвится _____
   погóда.

Russian word order: Statements

Е. Each of the following items is the response to a specific question. Keeping in mind Russian word order, re-create the questions.

ОБРАЗЕЦ: — <u>Что мóжно купи́ть в э́том магази́не?</u>

   — В э́том магази́не мóжно купи́ть продýкты.

1. — _____

   — Лéкция профéссора Пескóва кóнчилась 30 минýт назáд.

2. — _____

   — Мне посовéтовал прочитáть э́ту кни́гу мой стáрший брат.

3. — _____

   — Мы пригласи́ли на ýжин Ми́шу и Семёна.

4. — _____

   — Мя́со мóжно купи́ть в магази́не на углý.

5. — _____

   — Я купи́л э́ти тюльпáны Натáше.

6. — _____

   — Я купи́л Натáше э́ти тюльпáны.

Russian word formation

Ж. The adjectives in the following phrases are based on word roots you already know. Try to figure out the root and then guess the meaning of the phrase.

	Russian Root Word(s)	English Meaning of Root Word	English Meaning of Phrase
Об. цветóчный магазúн	цветóк	flower	flower store
1. рыночная эконóмика			
2. косметúческий салóн			
3. подáрочный набóр			
4. междугорóдный телефóн			
5. успéшный бизнесмéн			
6. яблочный пирожóк			
7. группово́е заня́тия			

reVERBerations: Perfective aspect: Sequence of actions

З. How would you narrate to your Russian classmate what you did when you got home yesterday afternoon? Choose from the verbs below to tell, in order, at least four things that you did.

ОБРАЗЕЦ: Снача́ла я позвони́л (позвони́ла) дру́гу, а пото́м я…

> де́лать / сде́лать дома́шнее зада́ние   смотре́ть / посмотре́ть телеви́зор
> слу́шать / послу́шать му́зыку   гото́вить / пригото́вить обе́д
> звони́ть / позвони́ть дру́гу   чита́ть / прочита́ть газе́ту
> обе́дать / пообе́дать

Перево́д

И. Translate the following dialogue into Russian.

"John, look. I bought this book for Tom for his birthday. *Russian Cuisine* (**ку́хня**). He loves to cook."

"That can't be. I have the same book for him. His sister advised me to buy it."

"What a coincidence! Really, they are the same?"

"Unfortunately, yes."

"That's okay. Let's go to Dom knigi. I saw a different book there. *Cuisine of the Caucasus* (**Кавка́зская ку́хня**)."

"Good idea. Tom especially likes Georgian dishes (**грузи́нские блю́да**). Let's go."

_____

_____

_____

_____

_____

_____

_____

_____

_____

Повторе́ние — мать уче́ния

К. Following is a summary of the reading in Part 4. Fill in the blanks with words that maintain the context of the reading. You will have to change the form of some of the words. You will have to use one word twice. The events are retold in the present tense, as they occur in the reading.

Все в до́ме 3 собира́ются _____¹ 8 ма́рта. Во-пе́рвых, в кварти́ру № 6 к Ле́не прихо́дит Ви́ктор. Он _____² ей и Ната́лье Ива́новне цветы́ и _____.³ Все _____,⁴ потому́ что они́ ду́мали, что к ним шёл Джим. В кварти́ре № 7 Татья́на Дми́триевна и Та́ня ждут госте́й. Све́та бу́дет _____⁵ два́дцать мину́т. Снача́ла к ним прихо́дит Джим. Он даёт Та́не ро́зы и _____.⁶ Пото́м прихо́дит Са́ша с пода́рком для Све́ты. Како́е _____!⁷ Он купи́л ей _____⁸ же кофе́йный набо́р. После́дним прихо́дит Илья́ Ильи́ч с _____⁹ же кофе́йным набо́ром для Татья́ны Дми́триевны. Зна́чит, в кварти́ре, наконе́ц, есть оди́н большо́й серви́з!	дари́ть конфе́ты кофе́йный набо́р пра́здновать совпаде́ние тако́й удивля́ться (*to be surprised*) че́рез

Ситуа́ции

Л. How would you . . .

1. say that you'll put the flowers in a vase?

_____

2. ask where you should put the napkins?

_____

3. say that you hung the picture of Moscow on the wall in the living room?

_____

4. say that you bought a tennis racket yesterday and Vadim bought the same one?

_____

5. say that your friends advised you to give Larisa Petrovna flowers for her birthday?

_____

6. tell your Russian host mother that you will set the table?

_____

Ва́ша о́чередь!

М. Answer the following questions.

1. Кто у вас до́ма обы́чно накрыва́ет на стол? _____

2. Что ты посове́туешь дру́гу, кото́рый хо́чет учи́ть ру́сский язы́к? _____

_____

3. Ты всегда́ ве́шаешь и́ли кладёшь оде́жду в шкаф и́ли ты броса́ешь (*throw*) её на́ пол?

_____

4. Что ты обы́чно да́ришь свое́й ма́ме ко дню рожде́ния? _____

_____

5. Мужчи́ны у вас в Аме́рике когда́-нибудь да́рят же́нщинам цветы́ и конфе́ты?

_____

6. Каки́е пода́рки ты лю́бишь получа́ть? _____

Сочинéние

H. Write a short paragraph (seven or eight sentences) about a friend's or family member's birthday that you celebrated recently. Ideas: Who is this friend or family member? Where did you celebrate? What present did you give him or her? What other presents did he or she receive? What did you do there—eat, dance, just talk?

_____

_____

_____

_____

_____

_____

_____

_____

Fun with grammar! Case review

O. Fill in the blanks of the following sentences with the appropriate case endings. Not all blanks, however, will have an ending. Then enter the words into the crossword puzzle below to help check your spelling. The letter-number combinations (e.g., **г**12) at the end of each sentence indicate the location of the word or words in the puzzle. The first letter and number are for the first word and so on. Note that **г** is for **горизонтáль,** or horizontal; **в** is for **вертикáль,** or vertical.

1. Бáбушка чáсто пóльзуется городск_____ трáнспорт_____. (г15) (в13)

2. Од_____ (*one*) из мо_____ подрýг_____ поéдет лéтом в Áфрику. (г8) (в7) (г17)

3. Лéт_____ я игрáю в футбóл, а зим_____ я игрáю в хоккéй. (г19) (в6)

4. Моя́ мать родилáсь пят_____ декабр_____, 1950-ого гóд_____. (г12) (в3) (в15)

5. Вéра и Николáй — нáши знакóм_____ из Иркýтск_____. (в5) (в14)

6. Лúда, ты дóлго стоя́ла в óчеред_____? (г18)

7. Мы весь день ходúли по ýлиц_____. (в2)

8. Мо_____ брáт_____ óчень нрáвится мýзыка Мýсоргск_____. (г1) (г10) (в9)

9. Что вы купúли сво_____ мáм_____ ко дню рождéния? (г11) (в16)

10. Мúша, почемý ты не отвéтил учúтел_____? (г4)

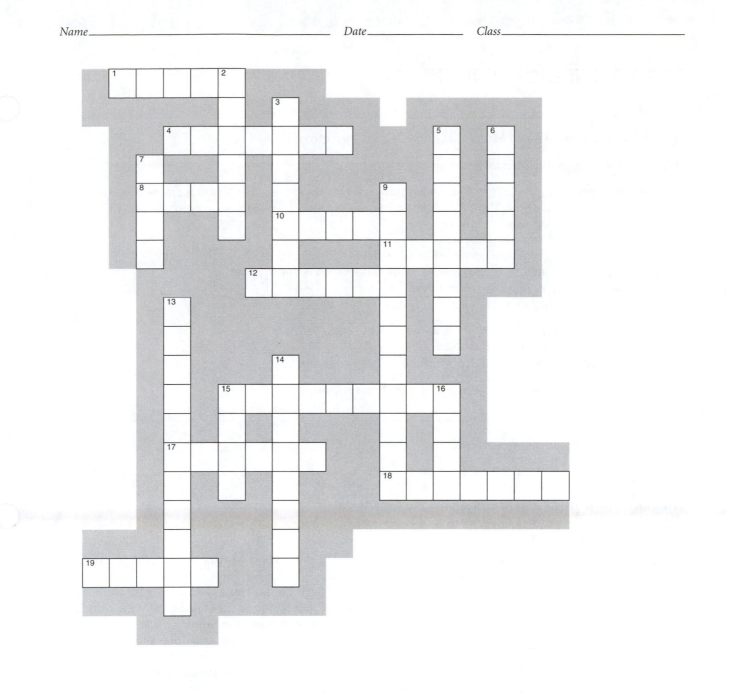

РАБОТА В ЛАБОРАТОРИИ

ДИАЛОГИ

Диалог 1 С 8 (восьмы́м) Ма́рта! (Giving holiday greetings)

AA. Follow along as you listen to the dialogue.

ИВА́Н ПЕТРО́ВИЧ.	Здра́вствуйте, Светла́на! Поздравля́ю вас с 8 (восьмы́м) Ма́рта и с днём рожде́ния!
СВЕТЛА́НА.	Спаси́бо, Ива́н Петро́вич! Вы всегда́ так внима́тельны! Каки́е чуде́сные ро́зы! Сейча́с я поста́влю их в во́ду.
ИВА́Н ПЕТРО́ВИЧ.	А э́то вам пода́рки.
СВЕТЛА́НА.	Спаси́бо, но заче́м же два пода́рка?
ИВА́Н ПЕТРО́ВИЧ.	Оди́н — ко дню рожде́ния и оди́н — к 8 (восьмо́му) Ма́рта.
СВЕТЛА́НА.	Два пода́рка — э́то мно́го.
ИВА́Н ПЕТРО́ВИЧ.	Нет, для са́мой лу́чшей секрета́рши† в ми́ре э́то совсе́м немно́го!

- Now read and repeat aloud in the pause after each phrase.
- Now read the lines for Svetlana aloud.
- Now read the lines for Ivan Petrovich aloud.

1. What is the relationship between Svetlana and Ivan Petrovich?

   _____

2. Why does he give her two presents?

   _____

Диалог 2 Мне ну́жен ваш сове́т (Asking for advice)

ББ. Follow along as you listen to the dialogue.

ПЁТР СТЕПА́НОВИЧ.	Ве́ра Па́вловна, спаси́бо вам за сове́т. Я купи́л Ни́не фотоальбо́м «Аме́рика», она́ была́ о́чень ра́да.
ВЕ́РА ПА́ВЛОВНА.	И я ра́да, что ей альбо́м понра́вился. Пётр Степа́нович, а мне ну́жен ваш сове́т. У меня́ бу́дут го́сти из Аме́рики, журнали́сты. Мне хо́чется подари́ть им что́-нибудь на па́мять (*as a memento*). Как вы ду́маете, что им мо́жет понра́виться?
ПЁТР СТЕПА́НОВИЧ.	Подари́те им что́-нибудь ру́сское. Я да́же зна́ю что! Я ви́дел в До́ме кни́ги краси́вые ка́рты ста́рой Москвы́! Э́то замеча́тельный пода́рок, осо́бенно для журнали́стов! Ва́ши журнали́сты бу́дут смотре́ть на них и вспомина́ть Росси́ю и вас.
ВЕ́РА ПА́ВЛОВНА.	Спаси́бо, Пётр Степа́нович. Прекра́сный сове́т!

- Now read and repeat aloud in the pause after each phrase.
- Now read the lines for Vera Pavlovna aloud.
- Now read the lines for Pyotr Stepanovich aloud.

How would Pyotr Stepanovich's second line read if he had recommended a pretty book with paintings of old Petersburg for a group of teachers?

Подари́те им что́-нибудь ру́сское. Я да́же зна́ю что! _____

_____

_____

АУДИРОВАНИЕ

ВВ.　You will hear a conversation between two boys and their uncle who has just arrived at their home. Listen to the conversation and answer the following questions.

1. Why did the uncle come over? _____

2. Where is the mother? _____

3. Why does the uncle scold the boys? _____

4. Why are the boys breaking the rule for the holiday? _____

ГГ.　Vanya is feeling a bit mischievous as he sets the table for his mother. Which picture best represents where he has placed things? The first one has been done for you.

ОБРАЗЕЦ:　Он поста́вил ви́лку в бока́л.

а. _____　　б. _____　　в. _____　　г. _____

д. _____　　е. _____　　ж. ___Об.___　　з. _____

ДД.　Which of the following statements uses the most appropriate neutral word order for the questions that you hear?

ОБРАЗЕЦ:　Где вы жи́ли в про́шлом году́?

Об.　_____ Мы жи́ли в Герма́нии в про́шлом году́.

　　　___×___ В про́шлом году́ мы жи́ли в Герма́нии.

1.　_____ Ча́йный серви́з получи́ла Еле́на Бори́совна.

　　_____ Еле́на Бори́совна получи́ла ча́йный серви́з.

2.　_____ Ма́ше я подари́л краси́вый плато́к.

　　_____ Я подари́л краси́вый плато́к Ма́ше.

3.　_____ На стол на́до поста́вить ча́йник.

　　_____ Ча́йник на́до поста́вить на стол.

4. _____ Ви́ка сли́шком мно́го по́льзуется косме́тикой.

_____ Сли́шком мно́го косме́тикой по́льзуется Ви́ка.

5. _____ Я посла́л бандеро́ль Са́ше.

_____ Я посла́л Са́ше бандеро́ль.

6. _____ Я пойду́ за́втра днём на ры́нок.

_____ На ры́нок я пойду́ за́втра днём.

ГОВОРЕНИЕ

EE. Larisa has just been shopping and is comparing what she bought with the things her friend bought. How would she say that she bought the same things?

ОБРАЗЕЦ: *You hear and see:* (*perfume*)
You say: Я купи́ла таки́е же духи́.

1. (*ring*)   5. (*greeting card*)
2. (*makeup*)   6. (*coffee set*)
3. (*kerchief*)   7. (*gloves*)
4. (*earrings*)

ЖЖ. A Russian student just spent two weeks at your university. She is compiling some information about the American students she met through you. Answer her questions with the cued information. Remember that new or important information comes at the end of the sentence.

ОБРАЗЕЦ: *You hear:* Кто роди́лся в апре́ле?
You see: (*Spencer*)
You say: В апре́ле роди́лся Спе́нсер.

1. (*from Denver*)   5. (*20 years*)
2. (*Molly*)   6. (*German*)
3. (*12 May*)   7. (*Rachelle and Nicole*)
4. (*Mark*)

33. How would you say that your classmates did the following things, one after the other?

ОБРАЗЕЦ: *You hear and see:* (*John / did homework / read the newspaper / called a friend*)
You say: Джон сде́лал дома́шнее зада́ние, прочита́л газе́ту, а пото́м позвони́л дру́гу.

1. (*Tim and Bob / fixed dinner / ate dinner / drank a cup of tea*)

2. (*Donna / listened to music / watched TV / read the magazine* «**Ито́ги**»)

3. (*Sara and Tina / got up / ate breakfast / left for classes*)

4. (*Jim / put the mail on the table / put [standing] the umbrella in the corner / hung up [his] jacket*)

5. (*Lara / went up to the instructor / asked him a question / left for home*)

МЫ ИДЁМ В БОЛЬШОЙ ТЕАТР!

УРОК **14**

ЧАСТЬ ПЕРВАЯ

Я о́перу не о́чень люблю́. Договори́лись!

РАБОТА ДОМА

ПИСЬМО

Понима́ние те́кста

А. Review the reading on pages 342–344 of your textbook and decide which character's name is the subject of the following sentences: **Ви́ктор, Во́ва, Ле́на, Серге́й Петро́вич.**

1. _____ доста́л четы́ре биле́та в Большо́й теа́тр.

2. _____ должна́ сро́чно взять интервью́ у како́го-нибудь спортсме́на.

3. _____ не интересу́ется хокке́ем.

4. _____ учи́лся в одно́м кла́ссе с хоккеи́стом Воло́дей Ма́ниным.

5. _____ даст Ле́не статьи́ о Ма́нине и фотогра́фии.

6. _____ должна́ пригото́вить вопро́сы.

7. _____ о́чень хоте́л бы пойти́ на хокке́й и про́сит Ви́ктора доста́ть биле́ты на фина́л.

8. _____ говори́т, что он не о́чень лю́бит о́перу.

9. _____ [a] о́чень хо́чет пойти́ с _____ [б] на хокке́й.

Proper nouns—declined or not declined? Я читáю «Прáвду»

Б. Rewrite the following sentences so that the proper names in quotation marks are declined.

ОБРАЗЕЦ: Зáвтра мы идём на балéт «Áнна Карéнина».

Зáвтра мы идём на «Áнну Карéнину».

1. Валентúн был на финáльном мáтче мéжду комáндами «Спартáк» и «Авангáрд».

Валентúн был на финáльном мáтче мéжду _____.

2. Мы óчень хотéли пойтú на балéт «Анюта», но не смоглú достáть билéты.

Мы óчень хотéли пойтú на _____, но не смоглú достáть билéты.

3. Мой дéдушка пригласúл бáбушку на óперу «Пúковая дáма».

Мой дéдушка пригласúл бáбушку на _____.

4. В теáтре úмени А. С. Пýшкина вам обязáтельно нáдо посмотрéть спектáкль «Вишнёвый сад».

В теáтре úмени А. С. Пýшкина вам обязáтельно нáдо посмотрéть _____.

5. Éсли вы интересýетесь совремéнной рýсской литератýрой, читáйте журнáлы «Невá»

и «Нóвый мир».

Éсли вы интересýетесь совремéнной рýсской литератýрой, читáйте _____

_____.

6. Вчерá на урóке мы смотрéли фильм «Ивáн Чóнкин».

Вчерá на урóке мы смотрéли _____.

7. Антóн Петрóв был лýчшим хоккеúстом комáнды «Автомобилúст».

Антóн Петрóв был лýчшим хоккеúстом _____.

8. Откровéнно говоря, я никогдá не читáл ромáн «Мáстер и Маргарúта».

Откровéнно говоря, я никогдá не читáл _____.

Special uses of всё, все, весь, всегó, всех

В. Fill in the blanks with the correct form of **весь.** Remember that **весь** is used as a modifier and in fixed expressions.

ОБРАЗЦЫ: __Все__ моú друзья поздрáвили меня с днём рождéния.
Я бóльше __всегó__ люблю игрáть в тéннис.

1. Антóн Пáвлович прочитáл _____ кнúги в нáшей библиотéке.

2. Моемý брáту нáдо бы́ло срóчно закóнчить статью, и он рабóтал _____ ночь.

3. Мы бы́ли вчерá на концéрте, мне бóльше _____ понрáвился одúн молодóй певéц (*singer*) из Петербýрга.

4. Вы смотрéли вчерá футбóльный матч? По-мóему, Сúдоров игрáл лýчше _____.

5. Моя́ сестра́ — журнали́стка, она́ хо́чет взять интервью́ у _____ знамени́тых футболи́стов в Москве́.

6. Извини́, что я не смогла́ зайти́ (*drop by*) к тебе́ вчера́. У меня́ за́втра экза́мен, и я _____ ве́чер занима́лась в библиоте́ке.

7. Мы с бра́том пригласи́ли в го́сти _____ на́ших сосе́дей.

8. Биле́ты в теа́тр на Тага́нке лу́чше _____ покупа́ть у вхо́да в теа́тр пе́ред спекта́клем.

Expressing interest: Чем вы интересу́етесь?

Г. Make up a series of question/answer mini-dialogues, using the people and subjects in the boxes below. In the questions use the construction <**интересова́ться** + Instrumental>. In the answers give a negative response, using the construction <**интересова́ть** + Accusative>.

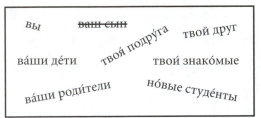

ОБРАЗЕ́Ц: — Ваш сын интересу́ется те́ннисом?

— Нет, те́ннис его́ не интересу́ет.

1. — _____

— _____

2. — _____

— _____

3. — _____

— _____

4. — _____

— _____

5. — _____

— _____

6. — _____

— _____

7. — _____

— _____

reVERBerations: To have enough time, to manage: успе́ть

Д. Your family is rather busy this week. It seems they are not able to do the things that need to be done. Complete each sentence with a form of the verb **успе́ть** and the most appropriate activity from the box below. Pay attention to the tense you use!

ничего́ не успе́ть	пригото́вить у́жин	~~зайти́ к ней~~	её прочита́ть
поздра́вить его́	зае́хать за лека́рством	купи́ть проду́кты	посла́ть её бра́ту

ОБРАЗЕ́Ц: Я купи́ла ба́бушке проду́кты, но я не <u>успе́ю зайти́ к ней</u>.

1. Мы спеши́м домо́й: ма́ма весь день пло́хо себя́ чу́вствует, но мы ещё не

_____.

2. Брат позвони́л и попроси́л, чтобы па́па ему́ присла́л его́ журна́лы «Но́вый мир». Бандеро́ль гото́ва,

но на э́той неде́ле па́па ника́к не _____.

3. Вы мне да́ли свою́ статью́ в понеде́льник, но я пока́ не _____.

4. Дя́дя Ва́ня и тётя Ми́ла приезжа́ют из Петербу́рга в пя́тницу, но ма́ма опя́ть пло́хо себя́ чу́вствует.

Она́ наве́рно не _____ ни _____ ни

_____ на пя́тницу.

5. За́втра день рожде́ния моего́ дру́га Ва́си, но я не _____.

6. По-мо́ему, на э́той неде́ле никто́ из нас _____.

Перево́д

Е. Translate the following dialogue into Russian.

"Vanya, I have two tickets for the theater for Friday (**на пя́тницу**). Do you want to go with me?"
"Gladly! What's playing?"
"Chekhov's *Three Sisters*. My friend gave me the tickets an hour ago when he was leaving for the airport."
"What theater are we going to?"
"To the MKhAT (**МХАТ**)."
"Great! Let's meet at half-past seven at the entrance to the theater."
"Agreed."

_____

_____

_____

_____

_____

_____

_____

_____

_____

Повторе́ние — мать уче́ния

Ж. Following is a summary of the reading in Part 1. Fill in the blanks with words that maintain the context of the reading. You will have to change the form of some of the words. Use each word only once. The events are retold in the present tense, as they occur in the reading. Events that happen after the action of the reading will call for the corresponding future tense (marked with two asterisks**).

Scene A. Ви́ктор доста́л четы́ре биле́та в Большо́й теа́тр на воскресе́нье на

_____¹ и приглаша́ет Ле́ну и её роди́телей на

_____.² Ле́на о́чень хо́чет пойти́, но она́ должна́

_____³ интервью́ у спортсме́на, и она́ не зна́ет

_____⁴ одного́ спортсме́на.

    Ви́ктор обеща́ет ей помо́чь. Он учи́лся в одно́м кла́ссе

со _____⁵ хоккеи́стом Воло́дей Ма́ниным. Он даст

Ле́не не́сколько _____⁶ о Ма́нине, и она́ пригото́вит

вопро́сы. Серге́й Петро́вич то́же хо́чет, что́бы Ви́ктор помо́г ему́. Он про́сит

Ви́ктора _____⁷ биле́ты на воскресе́нье на фина́льный

хокке́йный матч ме́жду _____⁸ и «Дина́мо».

    Scene B. Серге́й Петро́вич удивля́ется, что Ви́ктор доста́л биле́ты на фина́л.

Он о́чень рад, но Ната́лья Ива́новна _____,⁹ что по́сле

ма́тча Серге́й Петро́вич не _____¹⁰** переоде́ться

пе́ред о́перой.

боя́ться
взять
доста́ть
«Евге́ний Оне́гин»
знамени́тый
ни
«Спарта́к»
спекта́кль
статья́
успе́ть

Ситуа́ции

З. How would you . . .

1. ask your classmate if he is interested in hockey? Basketball? Gymnastics? Soccer? _____

   _____

2. say that on Saturday and Sunday you won't have time to do anything because your parent(s) are arriving

   from _____ [*you name the place*]?

   _____

   _____

3. ask a classmate if she has ever read *Moby Dick?* _____

   _____

4. say that in the spring you read the novel *Lolita* and you hope that in the summer you will have time to

   watch the movie? _____

   _____

5. say that you managed to buy three tickets to the Bolshoi Theater for *Hamlet* («Га́млет»)? _____

_____

6. say that you want to do an interview with the Russian hockey players who arrived on Tuesday from Irkutsk?

_____

_____

Ва́ша о́чередь!

И. Answer the following questions.

1. Когда́ ты в после́дний раз был (была́) на конце́рте? Доста́ть биле́ты бы́ло тру́дно?

_____

_____

2. Когда́ ты в после́дний раз был (была́) на футбо́льном и́ли баскетбо́льном ма́тче? Ме́жду каки́ми

кома́ндами (*teams*)? _____

_____

3. Каки́м ви́дом спо́рта ты интересу́ешься? _____

_____

4. Кака́я му́зыка тебя́ интересу́ет? _____

5. У кого́ ты хоте́л (хоте́ла) бы взять интервью́? _____

_____

6. Ты когда́-нибудь чита́л (чита́ла) «Лоли́ту»? «До́ктора Жива́го»? «А́нну Каре́нину»?

«Евге́ния Оне́гина»? _____

_____

Сочине́ние

К. Write a short paragraph (seven or eight sentences) about a show (theater, ballet, concert, etc.) or game that you have been to (or are planning to attend). Ideas: When and where was it? Was it hard to get tickets? Were there any famous performers there? Did you get good seats? Are you especially interested in this art form or sport? Why?

_____

_____

_____

_____

_____

_____

_____

_____

РАБОТА В ЛАБОРАТОРИИ

ДИАЛОГИ

Диалог 1 У меня́ есть биле́ты на хокке́й... (Discussing preferences: sports)

АА.   Follow along as you listen to the dialogue.

ТО́ЛЯ.   У меня́ есть биле́ты на хокке́й на э́ту суббо́ту. Хо́чешь пойти́?
ВИ́ТЯ.   Спаси́бо, но я не о́чень люблю́ хокке́й.
ТО́ЛЯ.   А каки́е ви́ды спо́рта ты лю́бишь?
ВИ́ТЯ.   Гимна́стику и те́ннис.
ТО́ЛЯ.   Но ведь смотре́ть хокке́й намно́го интере́снее, чем смотре́ть гимна́стику.
ВИ́ТЯ.   О вку́сах не спо́рят (*There's no accounting for taste*)!

- Now read and repeat aloud in the pause after each phrase.
- Now read the lines for Vitya aloud.
- Now read the lines for Tolya aloud.

Rewrite the dialogue so that Tolya has tickets for a soccer game on Sunday, and Vitya's favorite sports are swimming and aerobics.

ТО́ЛЯ.   _____

ВИ́ТЯ.   _____

ТО́ЛЯ.   _____

ВИ́ТЯ.   _____

ТО́ЛЯ.   _____

_____

ВИ́ТЯ.   _____

Диалог 2 Не зна́ю, что де́лать (Giving advice on dating)

ББ.   Follow along as you listen to the dialogue.

МИ́ТЯ.   Не зна́ю, что де́лать. Я пригласи́л Ири́ну на футбо́льный матч, но она́ сказа́ла, что футбо́л её не интересу́ет.
ВА́НЯ.   Пригласи́ её на бале́т и́ли в теа́тр.
МИ́ТЯ.   Вчера́ я пригласи́л её в теа́тр, но она́ сказа́ла, что её и теа́тр не интересу́ет.
ВА́НЯ.   Всё поня́тно. Мо́жно дать тебе́ сове́т? Пригласи́ не Ири́ну, а Ка́тю. Мне ка́жется, что её интересу́ет всё, что интересу́ет тебя́.

- Now read and repeat aloud in the pause after each phrase.
- Now read the lines for Vanya aloud.
- Now read the lines for Mitya aloud.

Why might Katya be a better prospect for a date than Irina?

_____

ВВ.   You will hear two people discussing the performing arts. Listen carefully to the dialogue and answer the questions about it.

1.   What two arts are being discussed?

_____

2.   Which does the man like?

_____

3.   Which does the woman like?

_____

4.   What invitation is made?

_____

ГГ.   Circle the letter of the correct response to the questions you hear.

ОБРАЗЕЦ: Ты интересу́ешься о́перой?

а. Нет, бале́та.

б. Нет, бале́т.

в. Нет, бале́том.

1. а. С хоккеи́стом.
    б. У хоккеи́ста.
    в. К хоккеи́сту

2. а. Гимна́стика.
    б. Гимна́стикой.
    в. Гимна́стику.

3. а. Для хле́ба и ма́сла.
    б. За хле́бом и ма́слом.
    в. На хлеб и ма́сло.

4. а. «А́нна Каре́нина».
    б. «А́нной Каре́ниной».
    в. «А́нну Каре́нину».

5. а. Джаз.
    б. Джа́зу.
    в. Джа́зом.

6. а. Да, всю ночь.
    б. Да, вся ночь.
    в. Да, всей но́чи.

ДД.   You and your friends have tickets for a show at the Bolshoi Theater for Saturday evening. Since you waited till the last minute to buy the tickets, most of your seats will not be together. Write down where the seats are located. Then identify the only three who will be sitting together. The first one has been done for you.

	ROW	SEAT
1. Ди́ма:	10	37
2. Та́ня:	____	____
3. Анто́н:	____	____
4. Билл:	____	____
5. Мэ́ри:	____	____
6. А́ня:	____	____
7. До́рис:	____	____
8. Шейн:	____	____

The three students who will be sitting together are _____,

_____, and _____.

ГОВОРЕНИЕ

EE.   Change the sentences you hear to express interest with the verb <**интересова́ться** + Instrumental>.

> ОБРАЗЕЦ: *You hear:*   Ви́ктора интересу́ет пла́вание.
> *You see:*   (*swimming*)
> *You say:*   Ви́ктор интересу́ется пла́ванием.

1. (*gymnastics*)   5. (*aerobics*)
2. (*hockey*)   6. (*chess*)
3. (*rock music*)   7. (*opera*)
4. (*ballet*)   8. (*baseball*)

ЖЖ.   A Russian classmate is asking about you and the members of your study abroad group. In order to avoid worrying about changing endings on individual names, you decide to focus on one word only. Answer all the questions with a form of **все** (*everybody, all*). Sentences beginning with a preposition will keep the preposition in the short answer.

> ОБРАЗЕЦ: *You hear and see:*   У каки́х музыка́нтов ты хо́чешь взять интервью́?
> *You say:*   У всех.

1. Кому́ в гру́ппе нра́вится францу́зские фи́льмы?
2. Каки́х футболи́стов в кома́нде зна́ет Майк?
3. Кто в гру́ппе лю́бит пи́ццу?
4. Кого́ Ва́ня приглаша́ет на день рожде́ния?
5. С кем Бо́бби лю́бит разгова́ривать?
6. На ско́лько вопро́сов ты отве́тишь «все»?

33.   How would you say that the given person will manage to do the following things?

> ОБРАЗЕЦ: *You hear and see:*   (*Bob; change clothes before the performance*)
> *You say:*   Боб успе́ет переоде́ться пе́ред спекта́клем.

1. (*the children; eat lunch before the soccer game*)
2. (*we; get to the lecture on time*)
3. (*I; finish the term paper this evening*)
4. (*Volodya; watch a movie this week*)
5. (*Vera; call her parents on Sunday*)
6. (*Marissa; do everything*)
7. (*Trent; do nothing*)

ЧАСТЬ ВТОРАЯ
Мир тесен!

РАБОТА ДОМА

ПИСЬМО

Понима́ние те́кста

A. Review the reading on pages 355–356 of your textbook. Then circle the letter of the correct answer for each of the following questions.

1. Почему́ Джим сказа́л, что его́ фами́лия Кругло́в?

   а. Ему́ нра́вится э́та фами́лия.

   б. Э́то фами́лия изве́стного хоккеи́ста.

   в. Са́ша Кругло́в заказа́л для них сто́лик.

2. Кого́ Джим и Та́ня уви́дели в рестора́не?

   а. Ле́ну и Ви́ктора.

   б. Илью́ Ильича́ и Татья́ну Дми́триевну.

   в. Серге́я Петро́вича и Ната́лью Ива́новну.

3. Почему́ Джим вы́брал шардонне́?

   а. Э́то его́ люби́мое вино́.

   б. Та́ня лю́бит бе́лое вино́.

   в. Официа́нт рекомендова́л э́то вино́.

4. Почему́ Джим ещё никогда́ не танцева́л в рестора́не?

   а. Он не уме́ет танцева́ть.

   б. В Аме́рике в рестора́нах нет орке́стров.

   в. Он не лю́бит танцева́ть.

5. Кем рабо́тает Са́ша Кругло́в?

   а. Пиани́стом в рестора́не.

   б. Официа́нтом в рестора́не.

   в. Такси́стом.

6. Почему́ Татья́на Дми́триевна пе́рвый раз в э́том рестора́не?

   а. Она́ не лю́бит ходи́ть в рестора́ны.

   б. Она́ неда́вно живёт в Москве́.

   в. В э́тот рестора́н невозмо́жно попа́сть.

Б. For each of the following groups of food or drink choices, circle the item that doesn't belong. If you need help, you will find many of the items in the menu on page 354 of your textbook.

1. а. ассорти рыбное
   б. икра чёрная
   в. конфеты шоколадные
   г. помидоры свежие

2. а. минеральная вода
   б. омлет
   в. спрайт
   г. сок

3. а. бифштекс по-польски
   б. мороженое с орехами
   в. торт «Прага»
   г. шоколадные конфеты

4. а. борщ украинский
   б. солянка грибная
   в. суп овощной
   г. салат из огурцов

5. а. кофе чёрный
   б. чай с лимоном
   в. котлета по-киевски
   г. капучино

6. а. осетрина жареная
   б. эскалоп из свинины
   в. ростбиф
   г. салат «Летний»

Diminutives

В. Use the example to determine the diminutive of the following names.

ОБРАЗЕЦ: Лена > Леночка

1. Ира > _____
2. Света > _____
3. Стёпа > _____
4. Вера > _____
5. Слава > _____
6. Нина > _____
7. Люда > _____

Additional uses of «на»

Г. You have to reserve a table at the «**Москва**» restaurant for four people for Saturday at eight o'clock. Fill in the necessary information in the following conversation.

1. — Слушаю.

   — _____

2. — На какой день?

   — _____

3. — На сколько человек?

   — _____

4. — На какое время?

   — _____

5. — Фамилия?

   — _____

Д. Use the pictured items to tell what tickets each of the following people got or what they ordered and for what time or how many people. Use either **заказа́ть** or **доста́ть** and a «**на**» phrase.

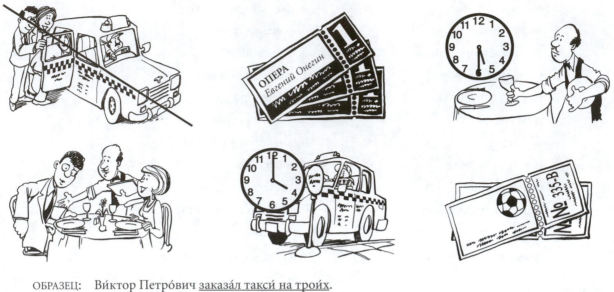

ОБРАЗЕ́Ц: Ви́ктор Петро́вич <u>заказа́л такси́ на трои́х</u>.

1. Любо́вь Васи́льевна _____

2. Леони́д _____

3. Мариа́нна _____

4. Ири́на Па́вловна _____

5. Макси́м _____

Survival Russian

E. Imagine that you are dining in a Russian restaurant. How might you complete the following conversation? Use the menu on page 354 of your textbook for ideas for food and drink.

— У нас зака́зан сто́лик на _____ ве́чера.

— Фами́лия?

— _____

— Сюда́, пожа́луйста.

* * * * * * * * * * * * * * *

— Вы уже́ вы́брали?

— _____

_____

— Что бу́дете пить?

— _____

— А на десе́рт?

— _____

* * * * * * * * * * * * * * *

— _____, пожа́луйста.

reVERBerations: To stop by, to drop in, to pick up: заходи́ть / зайти́ and заезжа́ть / зае́хать

Ж. Here is a list of errands that Natalya and her husband, Boris, had to do on their way home from work today. Describe what each of them did, using the verbs **зайти́** and **зае́хать.** One of the sentences has been done for you.

BY FOOT	BY TRANSPORT
по́чта — ма́рки	магази́н — карто́шка
банк — де́ньги	апте́ка — лека́рства
~~де́тский сад (day care center) — до́чка~~	библиоте́ка — журна́л «Огонёк»
спорти́вная шко́ла — дочь	дя́дя Же́ня — видеокассе́та фи́льма
химчи́стка (dry cleaner's) — костю́м	«Окно́ в Пари́ж»
колле́га — компа́кт-диск	

НАТА́ЛЬЯ

1. Ната́лья зашла́ в де́тский сад за до́чкой. _____

2. _____

3. _____

4. _____

5. _____

БОРИ́С

6. _____

7. _____

8. _____

9. _____

10. _____

3. Here is an application form for people who want to work at the McDonald's on Pushkin Square in Moscow. Fill it in. Remember, the competition for jobs is tough.

Вы ищете интересную и увлекательную работу?

McDonald's

СОВМЕСТНОЕ ПРЕДПРИЯТИЕ "МОСКВА-МАКДОНАЛДС"

ЗАЯВЛЕНИЕ О ПРИЕМЕ НА РАБОТУ

ФОТОГРАФИЯ

Дата "_____" _____ 19_____ г.

ПЕРСОНАЛЬНЫЕ ДАННЫЕ

Ф.,и.,о. _____

Адрес _____
(район города, улица, № дома и кв.)

Дата рождения "_____" _____ 19_____ г.
(не моложе 18 лет!)

№ тел. _____ (наличие личного телефона обязательно)

Семейное положение _____

Сколько времени займет проезд от Вашего дома до Пушкинской пл.? _____

Место работы (учебы) в настоящее время? _____
_____

Когда можете приступить к обязанностям?
"_____" _____ 20_____ г.

Вы говорите на иностранном языке? Если да, то на каком? _____

У Вас есть московская прописка? _____

Приемл. для Вас часы	Пн.	Вт.	Ср.	Чт.	Пт.	Сб.	Вс.
с							
до							

ТРУДОВАЯ БИОГРАФИЯ

Укажите два последних места работы:

Дата мес./год	Наименование и адрес учреждения	№ телефона
с по		
с по		

Ф.И.О. и должн. руков.	Ваша должность	Зар-та Нач. Посл.	Причина ухода

По условиям заявления/приема на работу я выражаю согласие на проверку всех данных, приведенных в настоящем заявлении и перевод в другие рестораны Макдоналдс по усмотрению фирмы.

Подпись заявителя _____

Перево́д

И. Translate the following dialogue into Russian.

"Lara, where are you going?"

"To the library. I have to study."

"Will you be there for long?"

"I don't know. Two or three hours. The library closes at 5. Then I have to stop by the store for bread."

"Don't forget. I ordered a cab for 6:30 and a table at the Prague (**Пра́га**) for 7. Will you have enough time to do everything?"

"Of course. See you (**уви́димся**) at half-past six."

_____

_____

_____

_____

_____

_____

_____

_____

_____

Повторе́ние — мать уче́ния

К. Following is a summary of the reading in Part 2. Fill in the blanks with words that maintain the context of the reading. You will have to change the form of some of the words. One of the words will be used twice. The events are retold in the present tense, as they occur in the reading. Events that happen before the action of the reading will call for the corresponding past tense (marked with an asterisk*).

Джим и Та́ня иду́т в рестора́н _____.[1] Джим заказа́л сто́лик _____[2] 7 ве́чера. То есть, сто́лик _____[3]* Са́ша Кругло́в. Ле́том он там рабо́тает, игра́ет в орке́стре. Джим в _____[4] в рестора́не, где игра́ет орке́стр. В Аме́рике в рестора́нах _____[5] нет. Он до э́того никогда́ и не танцева́л в рестора́не. Сейча́с он _____[6] Та́ню танцева́ть, и она́ соглаша́ется (agrees). В рестора́не они́ ви́дят Илью́ Ильича́ и Татья́ну Дми́триевну. Татья́на Дми́триевна _____[7] жизнь живёт в Москве́, но она́ то́же в пе́рвый раз в _____.[8] Са́ша заказа́л _____[9] и для них.	весь заказа́ть на орке́стр пе́рвый раз «Пра́га» приглаша́ть сто́лик

Ситуа́ции

Л. How would you . . .

1. ask a classmate if she stopped at the pharmacy to get aspirin? _____

   _____

2. tell a classmate you'll stop by (in your car) for her at half-past three? _____

3. say you reserved a cab for 7 o'clock tomorrow morning? _____

   _____

4. say you reserved a table for four (people) at the Chinese (**кита́йский**) restaurant? _____

   _____

5. ask a classmate if he got tickets for the soccer final? _____

   _____

6. ask a classmate if she has ever been to a restaurant where an orchestra was playing?

   _____

   _____

7. tell a classmate (who has just brought you to her favorite restaurant) that you don't know what to pick and

   ask what she recommends? _____

   _____

Ва́ша о́чередь!

М. Answer the following questions.

1. Когда́ ты в после́дний раз был (была́) в рестора́не? Ты зака́зывал (зака́зывала) сто́лик?

   На кото́рый час? _____

   _____

2. Когда́ ты в после́дний раз был (была́) на конце́рте? Ско́лько биле́тов ты доста́л на конце́рт?

   _____

   _____

3. Ты когда́-нибудь был (была́) в рестора́не, где игра́ет орке́стр? Как по-тво́ему, э́то хоро́шая иде́я?

   _____

   _____

Imagine that you are in a Russian restaurant. Use the menu on page 354 in your textbook to answer the following questions.

4. Что ты бу́дешь зака́зывать на пе́рвое? А на второ́е? _____

   _____

5. Что ты бу́дешь пить? _____

6. Что ты хо́чешь на десе́рт? _____

Сочине́ние

H. Write a short paragraph (seven or eight sentences) about an outing to a nice restaurant that you once had for some special occasion—a holiday, your birthday, the prom, an anniversary, etc. Ideas: Where did you eat? Was it your first time there? Who made the reservation? For how many people? Did you have appetizers? Soup? A main dish? Dessert? What did people order to drink? Who paid for the dinner?

_____

_____

_____

_____

_____

_____

_____

_____

_____

РАБОТА В ЛАБОРАТОРИИ

ДИАЛОГИ

Диало́г 1 Дава́й зака́жем. . . (Selecting something from a menu)

AA. Follow along as you listen to the dialogue.

ВИ́КА.   Како́й краси́вый рестора́н! Я в тако́м рестора́не пе́рвый раз.

ГРИ́ША.   Я тут оди́н раз был, и мне понра́вилось.

ВИ́КА.   (*Opening the menu.*) Посмотри́, тут одни́х сала́тов бо́льше двадцати́! Что ты зака́жешь?

ГРИ́ША.   Сала́т «Ле́тняя Фанта́зия†».

ВИ́КА.   А что, е́сли ока́жется (*it turns out*), что э́то обы́чный сала́т из огурцо́в?

ГРИ́ША.   (*Reads the menu.*) Ты, как всегда́, права́: э́то действи́тельно обы́чный сала́т из огурцо́в.

- Now read and repeat aloud in the pause after each phrase.
- Now read the lines for Grisha aloud.
- Now read the lines for Vika aloud.

1. What is surprising about the restaurant's menu?

_____

2. What is in the salad with the fancy name «**Ле́тняя Фанта́зия**»?

_____

Диалог 2 Сли́шком мно́го кало́рий! (Selecting something from a menu)

ББ. Follow along as you listen to the dialogue.

АНТО́Н. Ты бу́дешь зака́зывать десе́рт?

ЛА́РА. Наве́рно, нет. Сли́шком мно́го кало́рий. А что?

АНТО́Н. В э́том рестора́не о́чень вку́сный «наполео́н». Ты так ре́дко ешь сла́дкое (*sweets*). В конце́ концо́в, ты име́ешь пра́во раз в год съесть десе́рт, в кото́ром мно́го кало́рий. Мо́жет быть, зака́жешь?

ЛА́РА. Хорошо́, но пото́м дава́й пойдём домо́й пешко́м.

АНТО́Н. Но э́то о́чень далеко́ — киломе́тров де́сять!

ЛА́РА. О́чень хорошо́! Зна́чит, у меня́ бу́дет пра́во съесть десе́рт и за́втра.

- Now read and repeat aloud in the pause after each phrase.
- Now read the lines for Lara aloud.
- Now read the lines for Anton aloud.

1. What does the man say to try to convince the woman to order dessert?

_____

2. On what condition does she agree?

_____

3. How far is that?

_____

АУДИ́РОВАНИЕ

ВВ. You're waiting tables in a Russian restaurant. Put an ✕ by all of the items on the menu that the customers order. The first one has been marked for you.

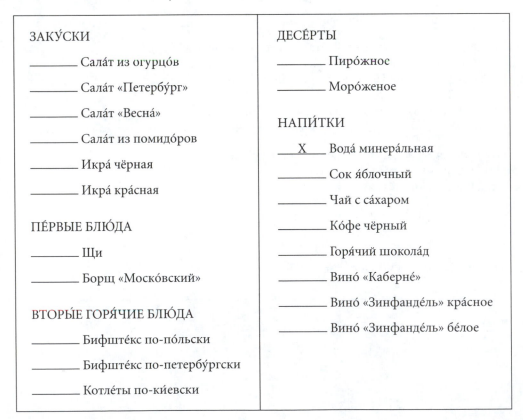

ЗАКУ́СКИ

_____ Сала́т из огурцо́в

_____ Сала́т «Петербу́рг»

_____ Сала́т «Весна́»

_____ Сала́т из помидо́ров

_____ Икра́ чёрная

_____ Икра́ кра́сная

ПЕ́РВЫЕ БЛЮ́ДА

_____ Щи

_____ Борщ «Моско́вский»

ВТОРЫ́Е ГОРЯ́ЧИЕ БЛЮ́ДА

_____ Бифште́кс по-по́льски

_____ Бифште́кс по-петербу́ргски

_____ Котле́ты по-ки́евски

ДЕСЕ́РТЫ

_____ Пиро́жнос

_____ Моро́женое

НАПИ́ТКИ

__X__ Вода́ минера́льная

_____ Сок я́блочный

_____ Чай с са́харом

_____ Ко́фе чёрный

_____ Горя́чий шокола́д

_____ Вино́ «Каберне́»

_____ Вино́ «Зинфанде́ль» кра́сное

_____ Вино́ «Зинфанде́ль» бе́лое

ГГ. Marina has planned a big Russian-American cooking party, but several people who were supposed to bring some of the key ingredients now can't come. She calls other students who offer to stop by their friends' homes on the way and pick up these items. Listen as the students tell her to whose house they are going (middle column) and for which ingredient (right-hand column). Place the corresponding letters next to the name of the person who volunteers to go there. The names to the left are in the order that the people speak. The first one has been done for you.

1. Tolya	__e__ __дд__	а. Angela		аа. cheese
2. Betsy	_____ _____	б. Lara		бб. eggs
3. Bryan	_____ _____	в. Linda		вв. ham
4. Amber	_____ _____	г. Lyonya		гг. mayonnaise
5. Zhenya	_____ _____	д. Mitya		~~дд. mushrooms~~
6. Nina	_____ _____	~~е. Sonya~~		ее. onions
7. Katya	_____ _____	ж. Taylor		жж. potatoes
8. Phil	_____ _____	з. Tom		зз. vinegar

ДД. Using the menu in Exercise **BB,** decide which food items you would order in response to each question you hear. Write your choices in the spaces provided.

1. _____
2. _____
3. _____
4. _____
5. _____

ГОВОРЕНИЕ

ЕЕ. Below is a list of locations and people or items that need to be picked up from there. How would you say you're going to stop by to get them? The pictured person or car indicates whether you should use **зайти** or **заехать**.

ОБРАЗЕЦ: *You hear:* аптéка / аспирѝн

 You see: (♦ / аптéка / аспирѝн)

 You say: Я зайдý в аптéку за аспирѝном.

1. (🚗 / пóчта / конвéрты)
2. (♦ / шкóла / дóчка)
3. (♦ / банк / дéньги)
4. (♦ / парк / дéти)
5. (🚗 / тётя Дáша / фотогрáфии)
6. (🚗 / магазѝн / мáсло и минерáльная водá)
7. (🚗 / друг / компáкт-диск америкáнской рок-грýппы)

ЖЖ. How would you say that you are going to order a table or a cab for the following number of people or times?

> ОБРАЗЕЦ: *You hear and see:* (*table for four* [*people*])
> *You say:* Я закажу́ сто́лик на четверы́х.

1. (*table for seven o'clock*)
2. (*taxi for four in the morning*)
3. (*table for three* [*people*])
4. (*taxi for half-past one*)
5. (*table for two* [*people*])
6. (*taxi for nine in the morning*)
7. (*table for half-past five*)

33. How would you say that you got a certain number of tickets to a musical performance, sports event, or movie?

> ОБРАЗЕЦ: *You hear and see:* (*three tickets to the soccer game*)
> *You say:* Я доста́л три биле́та на футбо́льный матч.

1. (*two tickets to* Romeo and Juliet [**Роме́о и Джулье́тта**])
2. (*four tickets to the hockey game*)
3. (*five tickets to the ballet* Carmen [**Карме́н**])
4. (*ten tickets to the basketball game*)
5. (*seven tickets to the conservatory*)
6. (*six tickets to Spielberg's new film*)
7. (*only one ticket to a rock concert*)

ЧАСТЬ ТРЕТЬЯ
Век живи́, век учи́сь

РАБОТА ДОМА

ПИСЬМО

Понима́ние те́кста

A.   Review the reading on pages 366–367 of your textbook. Then match the sentence halves below. The first group pertains to the characters and their actions. The second group pertains to opera, ballet, or concertgoing in general.

1. Ле́на и Ви́ктор уе́хали с ма́тча _____

2. Ма́нин забро́сил реша́ющую ша́йбу _____

3. Джим и Та́ня то́же _____

4. Джим _____

5. Все встре́тятся в антра́кте _____

6. Ната́лья Ива́новна, Ле́на и Ви́ктор _____

а. иду́т на «Евге́ния Оне́гина».

б. ждут Серге́я Петро́вича.

в. в фойе́ пе́рвого эта́жа.

г. сра́зу же по́сле интервью́ с Ма́ниным.

д. за пять мину́т до конца́ ма́тча.

е. не о́чень лю́бит о́перу.

* * * * * * * * * * * * * *

7. У вхо́да в Большо́й теа́тр

   обяза́тельно _____

8. В Росси́и ну́жно _____

9. Не пу́стят в о́перный зал _____

10. Когда́ берёшь бино́кль, _____

11. В Росси́и за програ́ммку _____

12. В Аме́рике в теа́трах програ́ммки _____

ж. на́до плати́ть.

з. сдать пальто́ в гардеро́б.

и. пото́м мо́жно получи́ть пальто́ без о́череди.

к. обы́чно даю́т беспла́тно.

л. встре́тишь знако́мых.

м. с пальто́.

The productive suffix -ист

Б.   Following are some of the words with the suffix **-ист** from the list in your book on page 370. Match the words with their definitions (taken from *Webster's Ninth New Collegiate Dictionary*). The first one has been done for you.

атеи́ст	~~морали́ст~~	реали́ст	фатали́ст
идеали́ст	оппортуни́ст	слави́ст	feminíст
коллективи́ст	оптими́ст	социали́ст	эгои́ст
материали́ст	пессими́ст	террори́ст	экстреми́ст
минимали́ст			

1. _____ морали́ст _____ : one concerned with regulating the morals of others

2. _____ : a specialist in the Slavic languages or literatures

3. _____ : one who believes in the systematic use of terror especially as a means of coercion

4. _____ : one who advocates or practices socialism

5. _____ : one who believes that events are fixed in advance for all time and that people are powerless to change them

6. _____ : one who denies the existence of God

7. _____ : one who believes in the political, economic, and social equality of the sexes

8. _____ : one who takes advantage of circumstances especially with little regard for principles or consequences

9. _____ : one who places ideals before practical considerations

10. _____ : one who is inclined to anticipate the best possible outcome

11. _____ : one who favors restricting the achievement of a set of goals to a minimum

12. What are the opposites of 9, 10, and 11?

    (9a.)   _____

    (10a.)   _____

    (11a.)   _____

13. Which words would you choose to classify yourself? _____

    _____

Review of multidirectional and unidirectional verbs of motion

B. Here is a list of places Molly visited during her seven-day trip to Moscow. The places on the left were nearby and she was able to walk to them. The places on the right were farther away and she took public transportation. Using **ходи́ть** and **е́здить,** complete the following sentences to tell where she went each day.

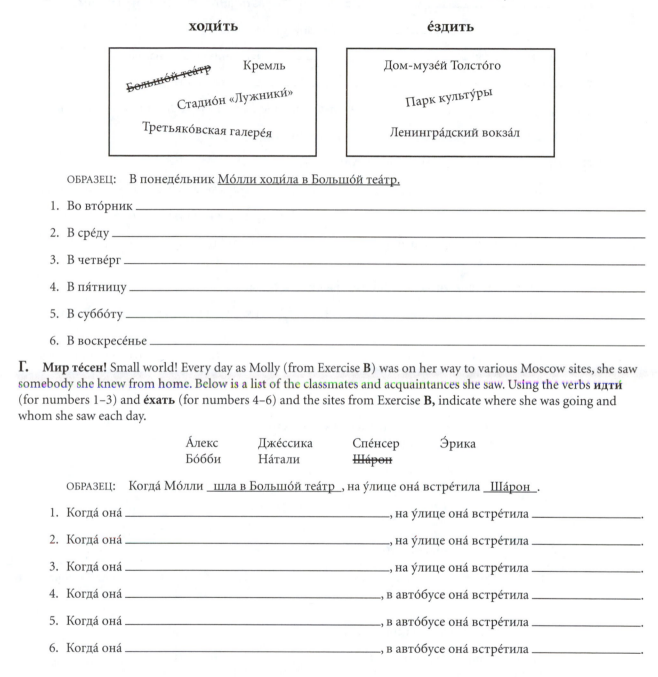

ХОДИ́ТЬ   **Е́ЗДИТЬ**

| ~~Большо́й теа́тр~~   Кремль |
| Стадио́н «Лужники́» |
| Третьяко́вская галере́я |

| Дом-музе́й Толсто́го |
| Парк культу́ры |
| Ленингра́дский вокза́л |

ОБРАЗЕ́Ц: В понеде́льник <u>Мо́лли ходи́ла в Большо́й теа́тр.</u>

1. Во вто́рник _____

2. В сре́ду _____

3. В четве́рг _____

4. В пя́тницу _____

5. В суббо́ту _____

6. В воскресе́нье _____

Г. Мир те́сен! Small world! Every day as Molly (from Exercise **B**) was on her way to various Moscow sites, she saw somebody she knew from home. Below is a list of the classmates and acquaintances she saw. Using the verbs **идти́** (for numbers 1–3) and **е́хать** (for numbers 4–6) and the sites from Exercise **B,** indicate where she was going and whom she saw each day.

А́лекс   Дже́ссика   Спе́нсер   Э́рика
Бо́бби   На́тали   ~~Ша́рон~~

ОБРАЗЕ́Ц: Когда́ Мо́лли <u>шла в Большо́й теа́тр</u>, на у́лице она́ встре́тила <u>Ша́рон</u>.

1. Когда́ она́ _____, на у́лице она́ встре́тила _____.

2. Когда́ она́ _____, на у́лице она́ встре́тила _____.

3. Когда́ она́ _____, на у́лице она́ встре́тила _____.

4. Когда́ она́ _____, в авто́бусе она́ встре́тила _____.

5. Когда́ она́ _____, в авто́бусе она́ встре́тила _____.

6. Когда́ она́ _____, в авто́бусе она́ встре́тила _____.

Д. Fill in the blanks in the following dialogue with the correct form of **идти, éхать, ходи́ть,** or **éздить.** The first one has been done for you.

ВАДИ́М. Приве́т, Андре́й! Как дела́? Куда́ <u>идёшь</u>?

АНДРЕ́Й. Я _____[1] в магази́н покупа́ть фотоаппара́т. За́втра у́тром мы

_____[2] к моему́ дру́гу в Герма́нию.

ВАДИ́М. Но вы, ка́жется, _____[3] в Герма́нию ме́сяц наза́д?

АНДРЕ́Й. Нет, ме́сяц наза́д мы _____[4] к мое́й сестре́ в По́льшу. Мы к ней

_____[5] ка́ждый год. А где ты был вчера́? Я звони́л тебе́ весь ве́чер.

ВАДИ́М. Я _____[6] в теа́тр с Ва́рей.

АНДРЕ́Й. Пра́вда? Я не знал, что ты лю́бишь теа́тр.

ВАДИ́М. Я ре́дко _____[7] в теа́тр, но Ва́ря сказа́ла, что э́то лу́чший спекта́кль

сезо́на. Она́ _____[8] в теа́тр почти́ ка́ждую неде́лю и всё зна́ет.

Е. Fill in the blanks in the following dialogues with the correct form of one of the motion verbs in parentheses. The first one has been done for you.

1. ВОЛО́ДЯ. Здра́вствуйте, А́лла Ви́кторовна. Ма́ша до́ма?

А́ЛЛА ВИ́КТОРОВНА. Нет, она́ <u>пошла́</u> (ходи́ть, пойти́) в апте́ку. А как у тебя́ дела́, Воло́дя? Ты давно́ к нам не заходи́л.

ВОЛО́ДЯ. Норма́льно. Я _____[a] (éздить, пое́хать) в Сиби́рь неде́лю наза́д.

А́ЛЛА ВИ́КТОРОВНА. Я вчера́ _____[б] (ходи́ть, пойти́) по магази́нам и встре́тила

твою́ ба́бушку. Она́ сказа́ла, что ты ча́сто туда́ _____[в] (éздить, пое́хать).

ВОЛО́ДЯ. Да, почти́ ка́ждый ме́сяц.

2. **По телефо́ну**

У́ТРОМ

ГА́ЛЯ. Алло́, мо́жно Са́шу?

МА́МА. Его́ нет до́ма. Он _____[a] (ходи́ть, пойти́) на ры́нок.

ВЧЕ́РОМ

ГА́ЛЯ. Извини́те, Са́ша ещё не пришёл?

МА́МА. Пришёл. Одну́ мину́тку.

ГА́ЛЯ. Са́ша, ты мне о́чень ну́жен. Где ты был весь день?

СА́ША. Я _____[б] (ходи́ть, пойти́) по магази́нам.

Перево́д

Ж.   Translate the following dialogue into Russian.

"Where did you buy such lovely flowers? In a store?"
"No, at the market."
"They're very pretty. I need a gift for Ira. I've been shopping all day, and I can't find anything. I didn't know you could buy flowers at the market."
"You can go there tomorrow. The market opens (**открыва́ться**) early."
"Great. I'll go there early in the morning and buy her roses."

_____

_____

_____

_____

_____

_____

_____

_____

Повторе́ние — мать уче́ния

З.   Following is a summary of the reading in Part 3. Fill in the blanks with words that maintain the context of the reading. You will have to change the form of some of the words. Use each word only once. The events are retold in the present tense, as they occur in the reading.

Ната́лья Ива́новна стои́т у _____[1] в Большо́й теа́тр. Там же стоя́т Ле́на и Ви́ктор. Они́ все иду́т на _____[2] и ждут Серге́я Петро́вича, _____[3] ещё не прие́хал с хокке́йного ма́тча. Ната́лья Ива́новна о́чень _____.[4] Джим и Та́ня то́же иду́т на спекта́кль, хотя́ Джим не о́чень лю́бит о́перу. Они́ все догова́риваются (_agree_) встре́титься в _____[5] в фойе́. Джим и Та́ня вхо́дят в теа́тр. Они́ _____[6] пальто́ в _____[7] и беру́т бино́кль, что́бы пото́м получи́ть пальто́ без _____.[8] Джим берёт _____,[9] но он не зна́ет, что в Росси́и за програ́ммку на́до _____.[10]	антра́кт беспоко́иться вход гардеро́б «Евге́ний Оне́гин» кото́рый о́чередь плати́ть програ́ммка сдава́ть

Ситуа́ции

И. How would you . . .

1. ask a classmate where he went last night after the movie?

   _____

   _____

2. ask a classmate where he was walking when you saw him yesterday afternoon?

   _____

   _____

3. say that in the summer you and your friend went to Turkey?

   _____

   _____

4. say that you are an optimist and you are sure you will be able to go to Russia next year?

   _____

   _____

5. say that every year you and your parents used to go to the mountains (**го́ры**)?

   _____

   _____

6. say that when you were little, you walked to the store and bought ice cream almost every day?

   _____

   _____

7. say that you were driving to work when you remembered that you were supposed to have called your grandmother this morning?

   _____

   _____

8. ask your classmate (the two of you are at a concert) if she wants to go to (**в**) the snack bar at intermission?

   _____

   _____

Ва́ша о́чередь!

К. Answer the following questions.

1. Когда́ ты в после́дний раз ходи́л (ходи́ла) в кино́? С кем ты ходи́л (ходи́ла)?

   _____

   _____

2. Ты ча́сто хо́дишь в кино́? Раз в неде́лю? Раз в ме́сяц?

   _____

   _____

3. Куда́ ты обы́чно е́здил (е́здила) с роди́телями, когда́ ты ещё ходи́л (ходи́ла) в шко́лу?

   _____

   _____

4. Куда́ ты е́здил (е́здила) в про́шлом году́?

   _____

   _____

5. Куда́ ты пое́дешь ле́том?

   _____

   _____

6. Куда́ ты пойдёшь за́втра ве́чером?

   _____

   _____

Сочине́ние

Л. Write a short paragraph (seven or eight sentences) about a concert or play that you attended. Ideas: What kind of a concert was it? What was the name of the play? With whom did you go? Did you meet there or did some people pick others up? At what time did the concert or play begin? Do you remember what row your seats were in? What did you do during intermission? Did you like the concert or play? Did your friends like it?

_____

_____

_____

_____

_____

_____

_____

_____

_____

РАБОТА В ЛАБОРАТОРИИ

ДИАЛОГИ

Диалог 1 Ты ведь по суббо́там не хо́дишь в университе́т (Asking where someone is going)

АА. Follow along as you listen to the dialogue.

ВЕ́РА. Ма́рта, куда́ ты идёшь?
МА́РТА. Сейча́с я иду́ в магази́н. Пото́м я верну́сь домо́й, переоде́нусь и пойду́ на заня́тия.
ВЕ́РА. Но сего́дня суббо́та. Ты ведь по суббо́там обы́чно не хо́дишь в университе́т.
МА́РТА. Я не сказа́ла, что пойду́ в университе́т. Я сказа́ла, что пойду́ на заня́тия.
ВЕ́РА. Не понима́ю.
МА́РТА. Ну почему́ ты не понима́ешь? По суббо́там я хожу́ на заня́тия по англи́йскому языку́.

- Now read and repeat aloud in the pause after each phrase.
- Now read the lines for Marta aloud.
- Now read the lines for Vera aloud.

How would the second line read if Marta were first going to go to the post office, then return home, eat lunch, and leave for the town of Vladimir?

МА́РТА. _____

_____

Диалог 2 Хо́чешь пойти́? (Arranging a theater date)

ББ. Follow along as you listen to the dialogue.

АЛЁША. Ты ча́сто хо́дишь в теа́тр?
СО́НЯ. Не о́чень. После́дний раз я была́ в теа́тре год наза́д. А почему́ ты спра́шиваешь?
АЛЁША. Моя́ сестра́ рабо́тает в теа́тре «Совреме́нник». Она́ дала́ мне биле́ты на «Га́млета» на за́втра. Хо́чешь пойти́?
СО́НЯ. Спаси́бо, с удово́льствием. Все говоря́т, что э́то о́чень хоро́ший спекта́кль.
АЛЁША. Встре́тимся о́коло теа́тра за полчаса́ до нача́ла, хорошо́?
СО́НЯ. Хорошо́. У гла́вного вхо́да.

- Now read and repeat aloud in the pause after each phrase.
- Now read the lines for Sonya aloud.
- Now read the lines for Alyosha aloud.

1. What is the name of the play that Alyosha has tickets for?

_____

2. How does he happen to have the tickets?

_____

3. Where are Alyosha and Sonya planning to meet?

_____

АУДИРОВАНИЕ

BB.   You will hear a dialogue between two women discussing their plans to go to the theater. Listen to the dialogue and answer the questions.

1. Where are both speakers planning to go?

   _____

2. When do they plan to meet?

   _____

3. In which part of the theater will they meet?

   _____

4. In which row and seats will the first woman and her husband be sitting?

   _____

ГГ.   **Такие некультурные американцы!** Nick and Sandi went to the opera, but it was their first time, and they did everything in a strange order. Listen to what they did and number the sentences below in the order that they did them. The first one has been done for you.

а. _____ The two walked around the theater lobby.

б. _____ The music started.

в. _____ Nick went to get a pair of binoculars.

г. _____ They tried to go to their seats.

д. _____ Sandi bought a program.

е. ___1___ They bought tickets from somebody at the entrance.

ж. _____ They sat down in their seats.

з. _____ Nick and Sandi checked their coats.

ДД.   You called on the phone to talk to a Russian classmate and were told that the person *went* someplace—to the library, the train station, St. Petersburg, etc. What might you infer from the Russian person's statement? Has your classmate already returned from this place or probably not?

ОБРАЗЕЦ: Вера сегодня утром пошла в библиотеку.

	HAS BEEN THERE AND RETURNED	HAS LEFT FOR THERE, BUT PROBABLY HAS NOT RETURNED
Об.	_____	___×___
1.	_____	_____
2.	_____	_____
3.	_____	_____
4.	_____	_____
5.	_____	_____
6.	_____	_____

ГОВОРЕНИЕ

ЕЕ. Would you use a multidirectional (**ходи́ть [пешко́м], е́здить**) or unidirectional (**идти́, е́хать**) verb of motion to express the following ideas?

> ОБРАЗЕЦ: *You hear and see:* (*He's a cab driver and drives around town a lot.*)
> *You say:* Он води́тель такси́ и мно́го е́здит по го́роду.

1. (*I do a lot of walking.*)
2. (*Vova, where are you going?*)
3. (*In June the Orlovs are going to France.*)
4. (*We often walk to that café.*)
5. (*I often ride that bus to work.*)
6. (*Nina and I are going to the movies.*)

ЖЖ. How would you complete the sentences that you hear? As a reminder, theater-related words are given in the box below.

амфитеа́тр	де́йствие	партёр	спекта́кль
антра́кт	ме́сто	~~програ́ммка~~	увертю́ра
гардеро́б	орке́стр	ряд	фойе́

> ОБРАЗЕЦ: *You hear:* Я хочу́ купи́ть...
> *You see:* (*I want to buy a program.*)
> *You say:* Я хочу́ купи́ть програ́ммку.

1. (*My seat is in the orchestra section.*)
2. (*Let's meet during the intermission.*)
3. (*We need to leave our coats at the coat check.*)
4. (*I have the 22nd row, seat 19.*)
5. (*Let's meet in the lobby.*)
6. (*A famous orchestra from Petersburg is playing.*)
7. (*My friend left after the first act.*)

33. Use the cued words to tell that Martin met or saw a certain person as he was going somewhere. The pictured pedestrian or automobile tells you whether to use the past tense of **идти́** or **е́хать**.

> ОБРАЗЕЦ: *You hear:* (университе́т / встре́тить Мари́ну)
>
> *You see:* (⋔ / университе́т / встре́тить Мари́ну)
>
> *You say:* Когда́ Ма́ртин шёл в университе́т, он встре́тил Мари́ну.

1. (⋔ / кино́ / встре́тить роди́телей Алексе́я)

2. (🚗 / вокза́л / ви́деть Степа́на в но́вом мерседе́се)

3. (🚗 / дя́дя Лёва / ви́деть профе́ссора Дубро́вского в дли́нной о́череди у кино́)

4. (⋔ / (конце́рт / встре́тить Лю́бу и Же́ню)

5. (🚗 / ры́нок / ви́деть Ната́лья Миха́йловна с но́вым му́жем)

6. (⋔ / теа́тр / встре́тить но́вых студе́нтов из Аргенти́ны)

7. (🚗 / аэропо́рт / ви́деть сосе́да о́коло ры́нка)

8. (⋔ / де́душка / встре́тить бра́та Мариа́нны)

ЧАСТЬ ЧЕТВЁРТАЯ
Лу́чше по́здно, чем никогда́

РАБОТА ДОМА

ПИСЬМО

Понима́ние те́кста

А. Review the reading on pages 380–381 of your textbook. Then complete each of the partial sentences below as they pertain to the reading.

1. Лю́ди спра́шивают Ната́лью Ива́новну: «У вас нет ли́шнего биле́тика?», потому́ что _____

   _____

2. Ната́лья Ива́новна се́рдится на Си́лина, потому́ что _____

   _____

3. Си́лин говори́т о «двойно́й» побе́де. Э́то зна́чит:

   а. _____

   б. _____

4. Си́лина не пу́стят в теа́тр, потому́ что _____

5. Си́лин до́лжен пое́хать домо́й и _____

6. Он до́лжен встре́титься с Ната́льей Ива́новной _____

Remaining time or quantity: оста́ться

Б. For each instance below, choose an appropriate expression from the box and use the verb **оста́ться** to tell how much time, money, etc., was left.

4 до́ллара	~~3 мину́ты~~	20 мину́т	неде́ля
студе́нты и аспира́нты		1 день	1 ме́сяц

ОБРАЗЕ́Ц: До конца́ уро́ка <u>оста́лось 3 мину́ты.</u>

1. Сего́дня уже́ два́дцать пя́тое декабря́. До Но́вого го́да _____.

2. До конца́ ма́тча _____.

3. На э́той неде́ле я мно́го ходи́ла по магази́нам. У меня́ _____.

4. Уже́ нача́ло а́вгуста. До нача́ла семе́стра _____.

5. До моего́ дня рожде́ния _____. Ура́!

6. Профессора́ ушли́, в ко́мнате _____

Declension of surnames

Б. Following is a conversation between the editor of the newspaper «**Спорт**» and his secretary. Fill in the blanks with the correct form of the surnames indicated. The first one has been done for you.

РЕДА́КТОР. Пожа́луйста, пошли́те э́тот факс __Андре́евой__ (Андре́ева) и позвони́те

_____[1] (Фоми́н). Он обеща́л присла́ть статью́ о гимна́стке

_____[2] (Кири́ллова).

СЕКРЕТА́РЬ. Фоми́н присла́л интервью́ с боксёром _____[3] (Покро́вский).

РЕДА́КТОР. А где репорта́ж (*report*) _____[4] (Афана́сьев) с чемпиона́та
по футбо́лу?

СЕКРЕТА́РЬ. До́лжен быть у вас на столе́.

РЕДА́КТОР. Хорошо́. Пригласи́те ко мне _____[5] (Богда́нова) и

_____[6] (Ва́син). Я наде́юсь, что их статья́ о бра́тьях

_____[7] (Зо́товы) уже́ гото́ва?

СЕКРЕТА́РЬ. Статья́ гото́ва, но Богда́нова с _____[8] (Ва́син) пое́хали на
фина́льный матч по волейбо́лу.

Special uses and declined forms of оди́н

Г. Fill in the blanks in each sentence with the correct form of **оди́н**. Then, from the following list, select the meaning conveyed by **оди́н** and write the corresponding letter in the blank preceding each sentence.

а. quantity (one)
б. alone
в. a (certain)
г. the same
д. only, exclusively

ОБРАЗЕ́Ц: __а__ До конца́ ма́тча оста́лась __одна́__ мину́та.

1. _____ Мой брат познако́мился с _____ де́вушкой, кото́рая рабо́тает в городско́й
поликли́нике.

2. _____ К сожале́нию, у нас есть то́лько _____ ли́шний биле́т на э́тот конце́рт.

3. _____ Почему́ Ли́за всегда́ хо́дит в кино́ _____?

4. _____ Мои́ роди́тели учи́лись в _____ шко́ле.

5. _____ В э́тот рестора́н хо́дят _____ тури́сты.

6. _____ Моя́ жена́ опозда́ла на спекта́кль, и я пошёл в теа́тр _____.

7. _____ По́сле ма́тча Наде́жда взяла́ авто́граф у _____ баскетболи́ста.

reVERBerations: More hints on aspect choice

Д. Complete each of the sentences below with the correct perfective or imperfective verb. Then identify in the first blank whether the sentence depicts an interruption (I) of an ongoing action or a simultaneity (S) of actions.

ОБРАЗЕЦ: __(I)__ Бабушка __позвонила__ (звонить / позвонить) вчера вечером, когда мы __ужинали__

(ужинать / поужинать).

1. _____ Девушки весь вечер _____ᵃ (танцевать / потанцевать) на

дискотеке, а молодые люди разговаривали и _____ᵇ (играть / сыграть) в

карты.

2. _____ Мы все _____ᵃ (танцевать / потанцевать) на дискотеке, когда

Надя вдруг почувствовала себя плохо и _____ᵇ (уходить / уйти) домой.

3. _____ Вчера с утра до вечера _____ᵃ (идти / пойти) дождь. Я весь день

_____ᵇ (писать / написать) письма, сестра всё время

_____ᵛ (читать / прочитать), а брат _____ᵍ

(смотреть / посмотреть) телевизор.

4. _____ Мама ещё _____ᵃ (готовить / приготовить) обед, когда

_____ᵇ (приходить / прийти) гости.

5. _____ Папа был на кухне и _____ᵃ (готовить / приготовить) ужин,

а в это время мама _____ᵇ (писать / написать) свою последнюю статью

о русских браках (*marriages*).

Перевод

Е. Translate the following dialogue into Russian.

"Do you want to go to a concert tonight?"
"Gladly. Do you have tickets?"
"No, but I'm sure that we'll be able to buy them before the start [of the concert]."
"What time does it start?"
"At half-past seven. Do you need to change your clothes or eat? We only have two hours left."

_____

_____

_____

_____

_____

_____

_____

_____

Повторе́ние — мать уче́ния

Ж. Following is a summary of the reading in Part 4. Fill in the blanks with words that maintain the context of the reading. You will have to change the form of some of the words. Use each word only once. The events are retold in the present tense, as they occur in the reading. Events that happen outside the action of the reading, either before or after, will call for the corresponding past tense (marked with an asterisk*) or future tense (marked with two asterisks**).

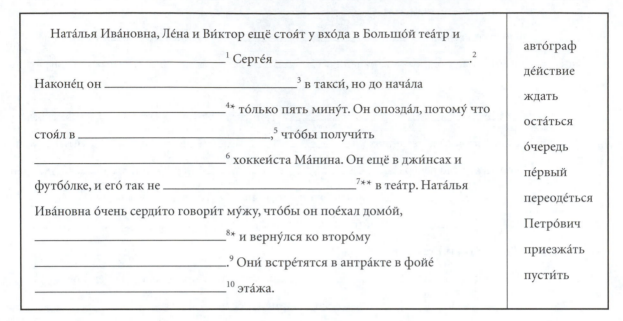

Ната́лья Ива́новна, Ле́на и Ви́ктор ещё стоя́т у вхо́да в Большо́й теа́тр и

_____¹ Серге́я _____.²

Наконе́ц он _____³ в такси́, но до нача́ла

_____⁴* то́лько пять мину́т. Он опозда́л, потому́ что

стоя́л в _____,⁵ чтобы получи́ть

_____⁶ хоккеи́ста Ма́нина. Он ещё в джи́нсах и

футбо́лке, и его́ так не _____⁷** в теа́тр. Ната́лья

Ива́новна о́чень серди́то говори́т му́жу, чтобы он пое́хал домо́й,

_____⁸* и верну́лся ко второ́му

_____.⁹ Они́ встре́тятся в антра́кте в фойе́

_____¹⁰ эта́жа.

автóграф
дéйствие
ждать
остáться
óчередь
пéрвый
переодéться
Петрóвич
приезжáть
пустúть

Ситуа́ции

З. How would you . . .

1. say that there is one month left until the end of the semester? _____

_____

2. ask a classmate how much money she has left? _____

_____

3. say you lost your ring when you were shopping yesterday? _____

_____

4. say you got three tickets for the soccer final? _____

5. say that you were waiting for Alyosha in front of the house when a woman came up to you

and asked where you had bought your coat? _____

_____

_____

6. say that you and _____ (name of a famous person) were on (**в**) the same plane?

_____

7. say that at that store they sell only vegetables? _____

_____

Ва́ша о́чередь!

И. Answer the following questions.

1. Ско́лько вре́мени оста́лось до твоего́ дня рожде́ния? _____
   _____

2. Ско́лько неде́ль оста́лось до конца́ семе́стра? _____
   _____

3. У кого́ ты хоте́л бы взять авто́граф? _____
   _____

4. Ты ча́сто ждёшь друзе́й, когда́ вы куда́-нибудь идёте? _____
   _____

5. А тебя́ ча́сто ждут? _____
   _____

6. Ты лю́бишь занима́ться по́здно ве́чером? _____
   _____

Сочине́ние

К. Write a short paragraph (seven or eight sentences) about a time that you had to wait for a friend or classmate. Where were you supposed to go? At what time were you supposed to meet? When did the person arrive? Why was he (she) late? Did you get angry?

_____

_____

_____

_____

_____

_____

_____

_____

_____

Fun with grammar! Case review

Л. Fill in the blanks of the following sentences with the appropriate case endings. Not all blanks, however, will have an ending. Then enter the words into the crossword puzzle below to help check your spelling. The letter-number combinations (e.g., **г**12) at the end of each sentence indicate the location of the word or words in the puzzle. The first letter and number are for the first word and so on. Note that **г** is for **горизонта́ль,** or horizontal; **в** is for **вертика́ль,** or vertical.

1. Э́то матч ме́жду «Спартак_____» и «Дина́мо». (г11)

2. Мы вс_____ ночь танцева́ли на дискоте́к_____. (в21) (в6)

3. Нам вс_____ нра́вится э́т_____ иде́я. (в14) (в3)

4. — Т_____ (*you, informal*) интересу́ет литерату́р_____? (в18) (в5)

   — Нет, я интересу́юсь геогра́фи_____. (г7)

5. И́нна доста́ла 4 биле́т_____ на «Евге́ни_____ Оне́гин_____». (г4) (г22) (г16)

6. Мы зае́дем за т_____ (*you, informal*) в 7 часо́в. (в2)

7. В э́т_____ семе́стре мы чита́ем Толст_____, Че́хов_____, Ахма́тов_____ и Петруше́вск_____.

   (*Nom. case:* Толсто́й, Че́хов, Ахма́това, Петруше́вская) (г17) (в13) (г10) (в1) (г12)

8. У мо_____ сестры́ в кла́ссе одн_____ де́вочки. (в20) (г8)

9. Ты уже́ заказа́л сто́лик_____ в италья́нск_____ рестора́не? На кото́рый час_____? (г23) (г19) (г15)

10. — У тебя́ есть маши́на?

    — Д_____, но о́чень ста́рая. (в9) (Unlike all of the above, this answer does not involve case endings!)

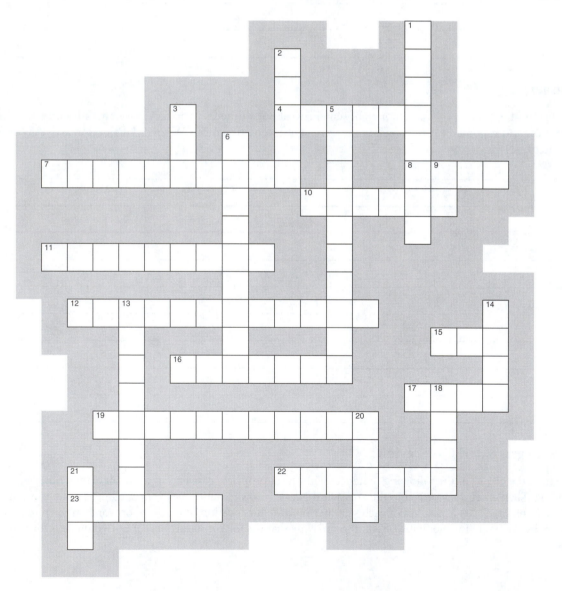

РАБОТА В ЛАБОРАТОРИИ

ДИАЛОГИ

Диалог 1 Плохо́й день (Making excuses)

AA. Follow along as you listen to the dialogue.

СЕРЁЖА. У меня́ сего́дня был тако́й плохо́й день.

ЮРА. Плохо́й? Почему́?

СЕРЁЖА. У́тром я проспа́л (*overslept*), не успе́л на авто́бус и из-за э́того опозда́л на рабо́ту.

ЮРА. Но ты и вчера́ опозда́л на рабо́ту.

СЕРЁЖА. У тебя́ сли́шком хоро́шая па́мять (*memory*).

- Now read and repeat aloud in the pause after each phrase.
- Now read the lines for Yura aloud.
- Now read the lines for Seryozha aloud.

Why is Yura not overly sympathetic with Seryozha or about his day?

_____

Диалог 2 У вхо́да в Большо́й теа́тр (Selling and buying extra tickets)

ББ. Follow along as you listen to the dialogue.

ЖЁНЩИНА. У кого́ есть ли́шний биле́тик? Прости́те, у вас нет ли́шнего биле́тика?

МУЖЧИ́НА. У меня́ есть оди́н ли́шний биле́т. Балко́н, пе́рвый ряд.

ЖЁНЩИНА. Ско́лько я вам должна́?

МУЖЧИ́НА. Биле́т сто́ит три́ста рубле́й.

ЖЁНЩИНА. Вот, пожа́луйста, де́ньги. И большо́е вам спаси́бо.

- Now read and repeat aloud in the pause after each phrase.
- Now read the lines for the man aloud.
- Now read the lines for the woman aloud.

1. How many extra tickets did the man have?

   _____

2. Where was the seat (were the seats) located?

   _____

3. How much did it (they) cost?

   _____

АУДИРОВАНИЕ

ВВ. You will hear a dialogue between two people discussing a potential problem with tickets. Listen to the dialogue and answer the questions.

1. For whom is Sasha waiting? _____

2. Where is Sasha probably waiting? _____

3. What type of performance might the friends be attending? _____

4. Why is Sasha's friend worried? _____

5. Why is Sasha not worried? _____

ГГ. You will hear a series of statements telling you how much time remains before certain events. Match the event in the left-hand column with the correct time on the right. The first one has been done for you.

1. ___г___ end of the semester   а. 7 minutes

2. _____ New Year   б. 17 minutes

3. _____ end of the lecture   в. 30 minutes

4. _____ Lara's birthday   ~~г. 6 days~~

5. _____ beginning of the semester   д. 1 week

6. _____ beginning of the film   е. 2 weeks

7. _____ March 8   ж. 1 month

8. _____ end of the lesson   з. 3 months

ДД. You will hear a series of sentences, each with more than one action. Decide whether the actions are simultaneous, sequential, or interrupted and mark the appropriate category.

ОБРАЗЕЦ: Вчера́ ве́чером мы игра́ли в ка́рты, когда́ вдруг позвони́л наш сосе́д.

	SIMULTANEOUS ACTIONS	SEQUENTIAL ACTIONS	SINGLE ACTION OCCURS WHILE ANOTHER IS ONGOING OR IN PROGRESS
Об.	_____	_____	___×___
1.	_____	_____	_____
2.	_____	_____	_____
3.	_____	_____	_____
4.	_____	_____	_____
5.	_____	_____	_____

ГОВОРЕНИЕ

EE. How would you say that you have only these things left?

> ОБРАЗЕЦ: *You hear and see:* (*one lemon*)
> *You say:* У меня́ оста́лся оди́н лимо́н.

1. (*fifteen rubles*)
2. (*one postcard*)
3. (*three tomatoes*)
4. (*two envelopes*)
5. (*five stamps*)
6. (*one exam*)

ЖЖ. You will hear a series of questions, each asking *who, whom, with whom,* etc. Answer the questions with the name provided. Pay attention to the case needed.

> ОБРАЗЕЦ: *You hear:* Кому́ вы подари́ли се́рьги?
> *You see:* (Тама́ра Вели́чкина)
> *You say:* Тама́ре Вели́чкиной.

1. (Никола́й Покро́вский)
2. (Ви́ктор Неча́ев)
3. (Ири́на Ильи́нская)
4. (Алексе́й Радзие́вский)
5. (Валенти́на Богда́нова)

33. How would you say that the following people prefer to do these things by themselves?

> ОБРАЗЕЦ: *You hear and see:* (*Sveta / go to the movies*)
> *You say:* Све́та предпочита́ет ходи́ть в кино́ одна́.

1. (*Alik / watch television*)
2. (*Nastya / prepare dinner*)
3. (*Dasha / go shopping*)
4. (*Fedya / study new English words*)
5. (*Oleg / fix the car*)
6. (*Yulya / go to the theater*)

EPILOGUE

ДО СВИДАНИЯ, МОСКВА, ДО СВИДАНИЯ!

SCENE A:
Когда́ вы уезжа́ете?

РАБОТА ДОМА

ПИСЬМО

Понима́ние те́кста

A. Each of the following statements about the reading on page 395 of your textbook is false. First review the reading, then rewrite the statements correctly.

1. Илья́ Ильи́ч уезжа́ет в Му́рманск. _____
_____

2. Он уезжа́ет с преподава́телями. _____
_____

3. Он уезжа́ет че́рез ме́сяц. _____

4. У него́ в гру́ппе освободи́лось два ме́ста. _____

5. Он предложи́л ме́сто Джи́му. _____

6. Джим уезжа́ет в Аме́рику че́рез пять дней. _____
_____

7. У Джи́ма и Та́ни две неде́ли впереди́. _____
_____

Б.   Here are the summer plans for three students. They have very limited time before their trips, so a neighbor who loves shopping has offered to help them. Write out three shopping lists (five items each) that they give her.

Валентин учится на биологическом факультете. Он идёт в поход на озеро Байкал.

Маргарита едет на Чёрное море, она будет плавать и играть в волейбол на пляже (*beach*).

Кирилл учится на факультете электроники. Он едет в Америку по обмену. Он плохо говорит по-английски.

1. ВАЛЕНТИН

   Купите мне, пожалуйста, _____

   _____

2. МАРГАРИТА

   Будьте добры, купите мне _____

   _____

3. КИРИЛЛ

   Мне нужно купить _____

   _____

Сочинение

В.   Write a short paragraph (seven or eight sentences) about how you plan to spend your next vacation. Ideas: Where will you go? With whom? Will you drive, take a train, take a bus, etc.? Will you be staying (living) in a hotel or with friends? What do you plan to do there?

_____

_____

_____

_____

_____

_____

_____

_____

_____

РАБОТА В ЛАБОРАТОРИИ

ДИАЛОГ

У меня́ больши́е пла́ны (Discussing summer plans)

АА.   Follow along as you listen to the dialogue.

СО́НЯ.   Ско́ро кани́кулы. Что ты бу́дешь де́лать ле́том?

СА́НДРА.   У меня́ больши́е пла́ны. По́сле экза́менов я пое́ду в Атла́нту к ба́бушке. Я всегда́ е́зжу к ней во вре́мя ле́тних кани́кул и на Рождество́.

СО́НЯ.   А кто пла́тит за биле́ты?

СА́НДРА.   Коне́чно, ба́бушка!

СО́НЯ.   Ты до́лго бу́дешь у ба́бушки?

СА́НДРА.   Две неде́ли. Пото́м я полечу́ (*will fly*) на Гава́йи. К тёте.

СО́НЯ.   Интере́сно, кто на э́тот раз пла́тит за биле́т — неуже́ли ты сама́?

СА́НДРА.   Ну что ты! Отку́да у бе́дной (*poor*) студе́нтки таки́е де́ньги?

- Now read and repeat aloud in the pause after each phrase.
- Now read the lines for Sandra aloud.
- Now read the lines for Sonya aloud.

1. Who lives in Atlanta? _____

2. Who lives in Hawai'i? _____

3. How does Sandra manage to pay for these trips?

   _____

АУДИРОВАНИЕ

ББ.   **Ско́лько вре́мени ещё оста́лось?** You will hear a series of short dialogues. Fill in the event mentioned and the amount of time remaining until that event.

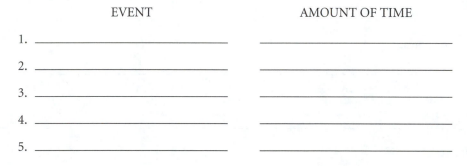

	EVENT	AMOUNT OF TIME
1.	_____	_____
2.	_____	_____
3.	_____	_____
4.	_____	_____
5.	_____	_____

SCENE B:
Нам порá!

РАБО́ТА ДОМА

ПИСЬМО́

Понимáние тéкста

A. Review the reading on pages 398–399 of your textbook. Then match the following sentence halves.

1. Илья́ Ильи́ч éдет со студéнтами _____   а. приéхал.

2. Диспéтчер сказáл, что такси́ 68-12 ужé _____   б. домáшнее варéнье.

3. Джим ещё не _____   в. уезжáет.

4. Бáбушка даёт Тáне _____   г. срéдство от простýды.

5. Онá даёт Ильé Ильичý _____   д. вы́ехало.

6. Лéна тóже _____   е. в Архáнгельск.

Б. You have to order a cab to go to Sheremetevo airport (**аэропóрт Шеремéтьево**) at 3:00 A.M. Fill in your responses to the dispatcher's questions.

ДИСПÉТЧЕР.   Алло́, диспéтчер.

ВЫ.   _____ 1

ДИСПÉТЧЕР.   Кудá éхать?

ВЫ.   _____ 2

ДИСПÉТЧЕР.   На какóе врéмя?

ВЫ.   _____ 3

ДИСПÉТЧЕР.   Фами́лия?

ВЫ.   _____ 4

ДИСПÉТЧЕР.   Ваш áдрес?

ВЫ.   _____ 5

ДИСПÉТЧЕР.   А телефóн?

ВЫ.   _____ 6

ДИСПÉТЧЕР.   Маши́на бýдет, нóмер 25-48.

Сочине́ние

B. Write a short paragraph (seven or eight sentences) about the things you need to get done before vacation. Ideas: Finish your term paper, return books to the library, buy tickets, find a job, write to friends whom you plan to visit, say good-bye to other friends.

_____

_____

_____

_____

_____

_____

_____

_____

_____

_____

РАБОТА В ЛАБОРАТОРИИ

ДИАЛОГ

Могу́ я заказа́ть такси́…? (Ordering a cab)

AA. Follow along as you listen to the dialogue.

ЖЕ́НЩИНА.	(*On the phone.*) Алло́! Диспе́тчер? Могу́ я заказа́ть такси́ на за́втра на 8 утра́?
ДИСПЕ́ТЧЕР.	Куда́ е́хать?
ЖЕ́НЩИНА.	На Ку́рский вокза́л.
ДИСПЕ́ТЧЕР.	Ваш а́дрес?
ЖЕ́НЩИНА.	Лесна́я, дом 3, кварти́ра 35.
ДИСПЕ́ТЧЕР.	Како́й подъе́зд?
ЖЕ́НЩИНА.	Второ́й.
ДИСПЕ́ТЧЕР.	Телефо́н?
ЖЕ́НЩИНА.	238-12-19.
ДИСПЕ́ТЧЕР.	Зака́з при́нят. Но́мер зака́за 35-90. Мы вам у́тром позвони́м.

- Now read and repeat aloud in the pause after each phrase.
- Now read the lines for the dispatcher aloud.
- Now read the lines for the woman aloud.

Where does the woman want to go and when? _____

_____

АУДИРОВАНИЕ

ББ. You will hear a dialogue of a person ordering a taxi from a dispatcher's office. Listen to the dialogue and answer the questions.

1. For what day and time is the man ordering a taxi? _____

2. The man answered «**В Шереме́тьево**» to one of the dispatcher's questions.

   What was the question? _____

3. What is **Шереме́тьево**? _____

4. What is the man's address? _____

5. What is the number of the man's order (**зака́з**)? _____

SCENE C:
Всё хорошо́, что хорошо́ конча́ется

РАБО́ТА ДО́МА

ПИСЬМО́

Понима́ние те́кста

A. Review the reading on pages 402–403 of your textbook. Then answer the following questions in Russian.

1. Что Ле́на бу́дет де́лать в Костроме́? _____

   _____

2. На како́й вокза́л ну́жно е́хать Илье́ Ильичу́ и Та́не? _____

   _____

3. Почему́ Та́ня бои́тся, что они́ опозда́ют на по́езд? _____

   _____

4. На како́й вокза́л ну́жно е́хать Ле́не? _____

   _____

5. Кто пое́хал с Ви́ктором на вокза́л? _____

   _____

6. Где у Джи́ма бы́ло интервью́? _____

   _____

7. Что Та́ня ду́мает о том, что Джи́му предложи́ли рабо́ту в Москве́? _____

   _____

Б. Several residents of an apartment building in Moscow have travel plans for tomorrow. The city's airports and train stations serve destinations in particular compass directions. Refer to the compass directions in parentheses at the end of each item to determine the point from which they'll leave. Passengers should arrive two hours before plane flights and thirty minutes before train departures. Allow one hour to reach the airport or train station from the apartment building. Indicate which airport or train station each person needs to go to and at what time.

Ю́ЖНОЕ НАПРАВЛЕ́НИЕ (*direction*)	ЗА́ПАДНОЕ НАПРАВЛЕ́НИЕ
Аэропо́рт Вну́ково	Аэропо́рт Шереме́тьево
Ку́рский вокза́л	Ки́евский вокза́л
ВОСТО́ЧНОЕ НАПРАВЛЕ́НИЕ	СЕ́ВЕРНОЕ НАПРАВЛЕ́НИЕ
Аэропо́рт Домоде́дово	Яросла́вский вокза́л
Каза́нский вокза́л	

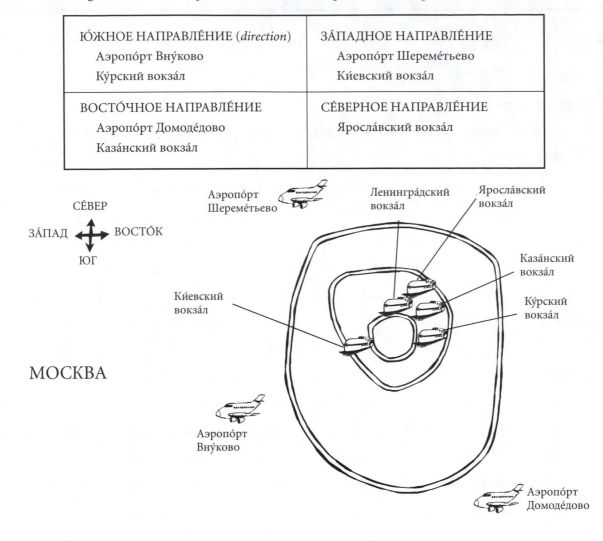

ОБРАЗЕ́Ц: Профе́ссор Его́ров е́дет на Байка́л собира́ть фолькло́р. У него́ биле́т на самолёт на 6 часо́в
утра́. (восто́к)
Профе́ссору Его́рову ну́жно е́хать в Домоде́дово в 3 часа́ но́чи.

1. Ари́на Петро́вна е́дет в Яросла́вль, к вну́ку в го́сти. Её по́езд в 6 часо́в утра́. (се́вер)

_____

_____

2. Вита́лий Серге́евич е́дет в Ри́гу на конфере́нцию. У него́ биле́т на самолёт (*plane*) на 7 часо́в

ве́чера. (за́пад) _____

_____

3. Виктóрия Ефи́мовна лети́т (*is flying*) в 8 часóв утрá в командирóвку в Новосиби́рск. (востóк)

_____

_____

4. Студéнтки И́нна и Мáша éдут на кани́кулы в Сóчи. У них нет дéнег на самолёт, поэ́тому они́ éдут на

пóезде в 7 часóв вéчера. (юг) _____

_____

5. Óльга éдет на экску́рсию в Ки́ев. Онá éдет на пóезде, в час дня. (зáпад) _____

_____

6. Мари́я Ивáновна éдет в Петербу́рг к мáме. Её пóезд в 6 часóв вéчера. (зáпад)

_____

_____

7. Америкáнский аспирáнт Майкл хóчет éхать в Екатеринбу́рг на пóезде. Пóезд ухóдит

в 5 часóв вéчера. (востóк) _____

_____

8. Зáвтра в 7 часóв утрá Алексéй Михáйлович лети́т в Новоросси́йск в командирóвку. (юг)

_____

_____

Сочинéние

B. Write a short paragraph (seven or eight sentences) in which you introduce yourself to a Russian organization that helps find summer jobs for foreign students in Russia. Tell about your studies, your interests, your family, and why you want to go and work there.

_____

_____

_____

_____

_____

_____

_____

_____

РАБОТА В ЛАБОРАТОРИИ

ДИАЛОГ

Такси́ опа́здывает (Checking on a late cab)

AA. Follow along as you listen to the dialogue.

МУЖЧИ́НА.	(*On the phone.*) Диспе́тчер? Алло́! Диспе́тчер?
ДИСПЕ́ТЧЕР.	Диспе́тчер слу́шает.
МУЖЧИ́НА.	Я заказа́л маши́ну на 8 утра́. Уже́ 8 часо́в. Маши́ны нет. А мне ну́жно на вокза́л.
ДИСПЕ́ТЧЕР.	Мину́точку. (*Pause.*) Такси́ 35-90 вы́ехало де́сять мину́т наза́д. Мы пыта́лись вам позвони́ть, но у вас бы́ло за́нято.
МУЖЧИ́НА.	Извини́те! Моя́ соба́ка. . .
ДИСПЕ́ТЧЕР.	Что, соба́ка по телефо́ну разгова́ривала?
МУЖЧИ́НА.	Да нет, э́то ветерина́р звони́л.
ДИСПЕ́ТЧЕР.	А что, соба́ка то́же е́дет на вокза́л? В такси́ с соба́кой нельзя́.
МУЖЧИ́НА.	Не волну́йтесь, соба́ка никуда́ не е́дет. Спаси́бо вам. Иду́ встреча́ть такси́.

- Now read and repeat aloud in the pause after each phrase.
- Now read the lines for the dispatcher aloud.
- Now read the lines for the man aloud.

1. For what time did the man order a taxi? _____

2. When did the taxi leave? _____

3. With whom was the man talking on the phone when the dispatcher tried to call?

_____

4. Why was the dispatcher confused? _____

_____

АУДИРОВАНИЕ

ББ. In a Moscow train station you hear the following boarding announcements. Which trains (number and destination) will be boarding when (in how many minutes) and from which tracks?

отправля́ется = *is leaving*	**путь** = *track*

1. по́езд: _____ куда́: _____ че́рез: _____ путь: _____

2. по́езд: _____ куда́: _____ че́рез: _____ путь: _____

3. по́езд: _____ куда́: _____ че́рез: _____ путь: _____

4. по́езд: _____ куда́: _____ че́рез: _____ путь: _____

5. по́езд: _____ куда́: _____ че́рез: _____ путь: _____

6. по́езд: _____ куда́: _____ че́рез: _____ путь: _____